DUITSTALIGE LITERATUUR NA 1945

DEEL 1: DUITSLAND 1945-1989

DUITSTALIGE LITERATUUR NA 1945

DEEL 1: DUITSLAND 1945-1989

Anke GILLEIR & Bart PHILIPSEN (red.)

PEETERS
2006

D. 2006/0602/55
ISBN-10 90-429-1763-6
ISBN-13 9789042917637

INHOUDSTAFEL

VOORWOORD

Ondanks het feit dat de Duitstalige literatuur zowat een tiental nobelprijswinnaars heeft voortgebracht, is ze in vergelijking met de Engelstalige en Franstalige literatuur in Vlaanderen en Nederland vaak onbekend. Natuurlijk zijn er uitzonderingen: *Het parfum* (1985) van Patrick Süskind, *De blikken trommel* (1959) van nobelprijswinnaar Günter Grass, *De laatste wereld* van Christoph Ransmayr (1986) of *De verloren eer van Katharina Blum* (1974) van Heinrich Böll zijn allicht ook bij een breder publiek bekend. En het Vlaamse theater van de laatste twintig jaar heeft een grote rol gespeeld in de receptie van auteurs als Heiner Müller en Peter Handke in ons taalgebied. Maar de Bondsrepubliek Duitsland, Oostenrijk en het Duitstalige Zwitserland zijn wat de kennis van hun taal en literatuur in de Lage Landen betreft sinds enkele decennia toenemend *terra incognita* geworden. Er worden vandaag vanuit het Duits minder literaire teksten naar het Nederlands vertaald dan vanuit kleinere talen zoals het Hongaars en het Tsjechisch. Met de twee bundels *Duitstalige literatuur na 1945* willen de samenstellers een overzicht geven van zowel gecanoniseerde figuren als actuele fenomenen uit de huidige literatuurscene en op een toegankelijke en actuele manier de Duitse letteren voorstellen aan een breed geïnteresseerd publiek.

De opbouw van de bundels is chronologisch en geografisch geordend: in het eerste deel komen auteurs uit de Bondsrepubliek en de voormalige DDR aan bod die in grote mate behoren tot de eerste 'post-45-generatie', in het tweede deel worden auteurs en literaturen voorgesteld uit de Bondsrepubliek na 1989, gevolgd door overzichten over de Oostenrijkse en de Duitstalige literatuur uit Zwitserland. Met de historische indeling 'na 1945' wordt een lijn gevolgd die in de historiografie van de Duitse letterkunde courant is en die uitdrukking geeft aan de drang naar radicale verandering die na twaalf jaar nationaal-socialistisch regime bij vele jonge auteurs en intellectuelen heerste. Tussen het puin van het Derde Rijk stond immers een generatie auteurs die hun jeugdjaren grotendeels in het nationaal-socialisme hadden doorgebracht en als jonge soldaten of *Flakhelfer* de oorlog hadden overleefd. Ze gingen na 1945 niet alleen op zoek naar een nieuwe maatschappij maar ook naar een nieuwe taal waarmee ze zich konden distantiëren van de ideologische retoriek van het nationaal-socialisme en die tegelijk zoiets als het begin van een rouwproces over het recente verleden mogelijk moest maken. Het drama *Draußen vor der Tür* (1947) van Wolfgang Borchert drukte de – noodzakelijke – schizofrenie van deze jonge generatie uit. Borchert, die in 1947 op zesentwintigjarige leeftijd overleed aan zijn oorlogsverwondingen, werd samen met zijn vertwijfelde protagonist Beckmann uit *Draußen vor der Tür* een symbool voor de getraumatiseerde en gedesoriënteerde *Heimkehrer*. Het kultuurkritisch en esthetisch modernisme dat in 1933 brutaal onderbroken was, kreeg een nieuwe invulling die gedragen werd door de protagonisten van de *Gruppe 47*. Het ging om een beweging van jonge auteurs die zich als belichaming van de nieuwe literatuur beschouwden en dat in zekere mate ook waren tot het einde van de jaren zestig. Maar vijftig jaar na de aankomst in het nieuwe Duitse modernisme blijkt ook hoe groot de mythologisering van de *Gruppe 47* is geweest in de Duitse literatuurgeschiedenis: de auratische groep nieuw-modernisten was een vereniging met werkzame uitsluitingsmechanismen – niet in het minst ten opzichte van vrouwelijke auteurs – en een succesvolle zelfmystificatie die op kosten ging van hen die na 1945 op een andere manier dan de *Gruppe* met literatuur omgingen.

Auteurs van de eerste post 45-generatie zoals Heinrich Böll, Günter Grass, Heiner Müller, Hans Magnus Enzensberger of Irmtraud Morgner gaan zowel qua taal als thematiek op uitermate verschillende manieren te werk. Maar wat hen in zekere mate verbindt, is een scherp intellectueel-politiek bewustzijn en skepticisme ten opzichte van 'authenticiteitsdiscours' en claims op historische of sociale waarheden. Deze politiek-maatschappelijke alertheid was geenszins kenmerkend voor de gecanoniseerde Duitse literatuur van de achttiende en negentiende eeuw, die een verschil cultiveerde tussen het politieke en esthetische. Maar na 1945 wordt zij haast iets als een algemeen kenmerk. De anti-ideologische houding maakte auteurs in de Bondsrepubliek tijdens de volle wederopbouw soms tot onpopulaire publieke figuren, maar met name in het repressieve klimaat van de Democratische Republiek ondervonden velen van hen reëel wat het was *persona non grata* van het regime te zijn.

Het traumatische NS-verleden verklaart de politieke skepsis en hoge graad aan taalreflexiviteit van de Duitse literatuur. De val van de Berlijnse muur in 1989 heeft de dwingende aanwezigheid van het verleden voor de huidige Duitse politiek en cultuur nog eens aangetoond. Literatuur van jongere auteurs die geen persoonlijke herinneringen aan die periode hebben, bewijst de actuele betekenis van het collectieve verleden. Maar naast deze steeds terug opduikende spoken is er ook zoiets als de radicale tegenwoordige tijd die tot uitdrukking komt in literaire teksten die heel andere thema's aansnijden dan het Grote Trauma. De migranten- en minderhedenliteratuur bijvoorbeeld dwingt de blik van de lezer op de veranderingen die de Duitse maatschappij, taal en cultuur in het kielzog van de ecomische globalisering op dit eigenste ogenblik ondergaat en bewijst hoe ideeën over homogene nationale identiteit aan plausibiliteit verliezen.

Dat laatste kenmerkt ook de jongste generatie van Zwitsers-Duitse auteurs die vaak afkomstig zijn uit een geëmigreerd meertalig milieu. Maar het verhaal van de Zwitserse literatuur is anders dan het Bondsduitse of Oostenrijkse. Omdat de *Eidgenossenschaft* gevrijwaard bleef van de Tweede Wereldoorlog, leefde er veel minder het bewustzijn van een breuk met het verleden. De grootste gecanoniseerde auteurs Max Frisch en Friedrich Dürrenmatt overbruggen in zekere mate de historische kloof die in Duitsland was geslagen tussen het pre- en post-45-tijdperk. De Zwitserse literatuur cultiveerde haar eigen levensgevoel en onbehagen: de claustrofobie van een in zich gesloten natie, de kloof tussen het gesproken en geschreven Duits, de profilering ten opzichte van het cultureel dominante Duitsland, het verhinderde leven in een als uitermate provinciaal ervaren cultuur.

De engte van de provincie in de bergen is tenslotte ook een thema in de Oostenrijkse literatuur. In tegenstelling tot de Duitse Bondsrepubliek kwam de Oostenrijkse republiek heel wat minder openlijk met haar nationaal-socialistische verleden in het reine. Deze taak was in grote mate weggelegd voor de literatuur, die zich tot op vandaag met het verdrongen verleden van Oostenrijk uiteen zet. Oostenrijk herbergt niet alleen enkele van de bekendste moderne Duitstalige auteurs – Ingeborg Bachmann, Thomas Bernhard, Peter Handke –, maar ook de laatste Duitstalige nobelprijswinnaar Elfriede Jelinek. Haar omstreden status als kritisch auteur in Oostenrijk is enigszins symptomatisch voor de moeizame manier waarop intellectuele zelfreflexie fungeert in het land met het mythische Habsburgse verleden.

De twee bundels *Duitstalige literatuur na 1945* bestaan voornamelijk uit een reeks auteursportretten die in zowat alle gevallen speciaal voor deze publicatie door specialisten uit België, Nederland en Duitsland werden geschreven. Ze schetsen elk op hun wijze de ontwikkeling en de talige, formele en thematische kenmerken van het oeuvre van auteurs die tot de canon van de Duitstalige letteren worden gerekend. Maar deze potretten zijn geen *Historienmalerei*. De specifieke accenten die ze leggen in de voorstelling van hun auteurs zijn ingegeven door actuele literatuurwetenschappelijke of cultuur-historische vraagstellingen, waardoor ze niet alleen informatief maar ook wetenschappelijk actueel zijn. In een aantal gevallen wordt afgeweken van het auteursportret en worden een generatie (die *Gruppe 47*) of een opvallend fenomeen (de zogenaamde migranten- en minderhedenliteratuur) of een combinatie van beide (de popliteratuur) onder de loupe genomen. In geen geval maken deze bundels aanspraak op volledigheid; noch willen ze uitvoerige literatuurgeschiedenissen die de Duitstalige literatuur – terecht – als een complex verhaal van personen, teksten, netwerken en culturele en institutionele structuren en processen uit de doeken doen, naar de kroon steken. Maar de bundeling van aparte – bij nader toezien toch ook onvermijdelijk naar elkaar verwijzende – verhalen over auteurs en hun teksten, aangevuld met beknopte maar bruikbare bibliografieën (inclusief een selectie met bestaande Nederlandse vertalingen), hoopt wel een meer dan oppervlakkige encyclopledische introductie te zijn in een literair landschap dat best gezien mag worden.

DUITSE LITERATUUR IN DE NEDERLANDEN

Leopold DECLOEDT

Tijdens de laatste jaren is de Duitstalige literatuur in Nederland en Vlaanderen nogal in de vergeethoek geraakt. Er verschijnen in onze contreien inmiddels meer vertalingen uit het Hongaars en het Tsjechisch dan uit het Duits. Daarenboven laat de pers het maar al te vaak afweten als het gaat om het promoten van literaire werken uit Duitsland, Oostenrijk of Zwitserland. Daaraan heeft ook de toekenning van de Nobelprijs voor literatuur aan Günter Grass (1999) en Elfriede Jelinek (2004) niet echt veel veranderd. Het droevige einde van een verhaal dat aan het begin van de twintigste eeuw veelbelovend begon, door twee oorlogen werd onderbroken en in de jaren tachtig een absoluut hoogtepunt bereikte? Of toch eerder een voorlopig dieptepunt? De toekomst zal het uitwijzen.

Op 21 februari 1946 werd in het Amsterdamse Centraaltheater met veel succes Franz Werfels toneelstuk *Jacobowsky und der Oberst* in een vertaling van Cees Laseur opgevoerd. Het stuk uit 1942 dat voor de eerste keer op 17 oktober 1944 in Basel te zien was geweest en ons kennis laat maken met een Poolse jood die op de vlucht is voor de Duitse troepen, was kort na de Tweede Wereldoorlog niet alleen bijzonder actueel. Het paste ook perfect in het kraam van een handjevol Nederlandse en Vlaamse literatuurcritici en -wetenschappers die er meteen na de oorlog alles aan deden om de culturele uitwisseling tussen het Nederlandse en Duitse taalgebied zo snel mogelijk te normaliseren. Daartoe beklemtoonden ze onder andere steeds weer dat er buiten de gehate nationaal-socialisten ook heel wat 'goede', 'andere' Duitsers waren. Met de term 'Duitsers' bedoelden ze trouwens niet zozeer uit Duitsland afkomstige auteurs, maar veelmeer auteurs uit om het even welk Duitstalig land die in hun werk voor universaliteit, de Europese gedachte en tolerantie opkwamen.

Hans de Leeuwe bracht in het tweede nummer van het tijdschrift *Litterair Paspoort* in 1946 de mening van heel wat critici en lezers tot uitdrukking, wanneer hij schreef dat men Duitse literatuur na 1945 alleen nog maar kan lezen voor zover het om boeken van 'goed gezinde' Duitsers gaat:

> Velen gevoelen heden instinctief een afkeer van het Duitse boek, de Duitse cultuur. [...] Het literair waarderingsvermogen is veelal geschokt doordat de oorlog andersgerichte gevoelens smartelijk geraakt heeft. En op het gebied van de taal zijn wij het meest kwetsbaar. Terecht wordt elke Duitse schrijver van thans ondervraagd of hij fascist of antifascist is en alleen als dit onderzoek bevredigend uitvalt, krijgt hij een visum in zijn litterair paspoort. Inderdaad zijn er in het tegenwoordige Duitsland litteratoren die een vurig antifascisme belijden. Maar het kost ons moeite hun volzinnen te geloven. [...] Al klinkt het mooi – we moeten het vooreerst geloven – en het is moeilijk de natie van den bezetter te geloven. We hebben aarzelingen te overwinnen voor we zelfs een goedgezinden Duitsen auteur van heden weer oprecht kunnen aankijken.

In tegenstelling tot de jaren twintig en dertig, toen de Nederlandse en Vlaamse critici zich bij de beoordeling van Duitstalige literatuur vooral door esthetische en confessioneel-wereldaanschouwelijke principes lieten leiden, hechtten de critici na 1945 groot belang aan de houding van de schrijvers ten opzichte van het nationaal-socialistische gedachtengoed. De belangstelling voor auteurs die slachtoffer van het NS-regime waren geworden, die zich tegen Hitler geweerd hadden of pas na de oorlog met schrijven begonnen waren en de sociaal-politieke ontwikkeling in eigen land slagvaardig becommentarieerden, bepaalt ook vandaag nog voor een belangrijk deel het beeld dat men in Nederland en Vlaanderen van de Duitstalige literatuur heeft. Niet voor niets behoren onder andere Heinrich Böll, Thomas Bernhard en Günter Grass tot de meest bekende Duitstalige schrijvers in het Nederlandse taalgebied.

De concentratie in de kritiek op deze auteurscategorieën hangt samen met de niet altijd even positieve manier waarop men tijdens de tweede helft van de twintigste eeuw naar Duitsland (en vanaf de jaren tachtig ook naar Oostenrijk) keek en vaak nog kijkt. Als mogelijke oorzaken voor de in bepaalde kringen gekoesterde negatieve houding ten opzichte van Duitsland – een typische Duitser geldt als dik en arrogant en filosofeert voortdurend over voetbal met een blik bier in de ene en een braadworst in de andere hand – worden in verschillende studies over de relatie van Nederland met zijn oostelijke buurland het minderwaardigheidscomplex van de Nederlanders ten opzichte van hun grote Duitse broer genoemd en de vreselijke ervaringen tijdens de Tweede Wereldoorlog, die het einde van een meer dan honderjarige neutraliteit betekende. De relatie tussen Vlaanderen en Duitsland werd nog niet diepgaand onderzocht.

Het beeld van Oostenrijk en Zwitserland, dat tijdens de Tweede Wereldoorlog letterlijk buiten schot bleef, was en is daarentegen matig tot zeer positief. In de eerste decennia na de Tweede Wereldoorlog was Oostenrijk, dat in overeenstemming met de Declaratie van Moskou als eerste slachtoffer van Nazi-Duitsland werd gezien, voor de meesten een populaire, degelijke burgerlijke vakantiebestemming, het land van de *Sound of Music*, Maria-Theresia, dansende Lippizaners en jodelende Tirolers. Ook toen Bruno Kreisky in 1970 een aantal voormalige SS-leden tot minister benoemde, werd dit door de Nederlandstalige pers nauwelijks geregistreerd. Pas door de snel op elkaar volgende politieke schandalen eind jaren zeventig, begin jaren tachtig en de commotie rond de verkiezing van Waldheim tot Oostenrijkse Bondspresident kreeg het positieve imago van Oostenrijk een flinke deuk. Vanaf nu werd Oostenrijk, en dit vooral in de Nederlandse pers, een land waarvan de onbeleerbare inwoners "onder hun normale kledij [...] een bruin hemd" (Estrik 1989) droegen – een indruk die nog versterkt werd door het succes van Jörg Haider. Oostenrijk nam de rol van antiland van Duitsland over. Dat betekende echter niet dat Duitsland automatisch een "proland" werd. Dat bleek maar weer eens uit allerlei argwanende krantencommentaren naar aanleiding van de Duitse eenmaking. De vreugde over de politieke ontspanning in Europa werd begeleid door de angst voor een sterk Duitsland.

Getuigen à charge

Terwijl een relatief grote belangstelling voor de zogenaamde emigrantenliteratuur zoals van Joseph Roth, Franz Werfel en Stefan Zweig tijdens het eerste decennium na de Tweede Wereldoorlog vooral werd ingegeven door het oprechte streven naar een zo snel mogelijke normalisering van de culturele contacten met het Duitse taalgebied, was de hernieuwde belangstelling voor het literaire werk van Duitstalige emigranten tijdens de jaren tachtig in de eerste plaats een uitloper van de renaissance van die literatuur in Duitsland en Oostenrijk. Verder maakte de versterkte aandacht voor de emigrantenliteratuur het mogelijk de rol van Nederland als anti-nationaalsocialistisch bolwerk extra in de verf te zetten en zodoende het eigen geweten wat te sussen. In de jaren tachtig gebruikten de recensenten zowel de teksten van emigranten als werk van auteurs als Thomas Bernhard, Elfriede Jelinek, Günter Grass, Heinrich Böll en Peter Turrini, die altijd weer door kritische uitspraken over hun eigen land opvielen. Niet om aan te tonen dat er ook goede Duitsers waren of dat er in het Duitse taalgebied een politiek debat aan de gang was over het (oorlogs-)verleden, maar als "getuigen à charge" (Vgl. Jušek 1997), wiens teksten als bewijs moesten fungeren voor het negatieve beeld dat heel wat mensen in de Lage Landen nog over de Duitsers resp. Oostenrijkers hadden en hebben.

Zo werd Heinrich Böll, wiens werk dankzij de inspanningen van de uitgeverijen Elsevier en Manteau en vertalers als Michel van der Plas, W. Wielek-Berg, J.W.F. Werumeus Bunning, Adriaan Morriën en Jan Blokker bijna volledig in het Nederlands beschikbaar is, vooral geapprecieerd omwille van zijn onafhankelijkheid, zijn ethisch bewustzijn en zijn pogingen om bij te dragen aan een nieuwe taal die niet door de retoriek van oorlogspropaganda verrot was en een nieuw beeld van de mensheid gaf. Dat Heinrich Böll de schuld voor het fascisme niet bij de hele Duitse bevolking legt, maar bij bepaalde groepen binnen de maatschappij, lieten de critici gemakshalve achterwege.

Ook de receptie van Günter Grass wordt nog altijd in hoge mate bepaald door de manier waarop hij over het Duitse maatschappelijk leven denkt en schrijft. Grass' kritische houding en zijn voortdurende waarschuwingen voor een al te grote zelfgenoegzaamheid komen bij de Nederlanders en Vlamingen goed aan. Net als in Duitsland wordt zijn werk ook in de Lage Landen bijzonder gewaardeerd omwille van de artistieke kwaliteit van zijn vertelkunst (critici verwijzen herhaaldelijk naar zijn stilistische virtuositeiten, zijn barok verteltalent) en zijn uitermate grote gevoel voor ironie en humor.Vooral dat laatste aspect wordt graag als ontypisch voor Duitsers beschouwd en bijgevolg als heel sympathiek ervaren. Het grootste succes kende de roman *Die Blechtrommel*, die in de Lage Landen weldra als de beste na-oorlogse Duitstalige roman gevierd werd en waarvan de Nederlandse vertaling van Koos Schuur uit het jaar 1964 al meer dan twintig oplagen beleefde.

Vanaf 1986, het jaar waarin het door de verkiezing van Kurt Waldheim tot president van Oostenrijk in de Nederlandstalige pers bon-ton werd negatief te doen over de "Alpenrepubliek" vervoegde Thomas Bernhard het groepje "getuigen à charge". Terwijl men hem in de jaren zeventig en begin jaren tachtig vooral zag als vertegenwoordiger van de Oostenrijkse traditie van de taalkritiek waartoe onder andere Ludwig Wittgenstein, Karl Kraus, Robert Musil, H.C. Artmann en Peter Handke geteld worden, hielden de critici zich in de tweede helft van de jaren tachtig niet zonder leedvermaakt vooral bezig met Bernhards provocatieve uitspraken over de Oostenrijkse samenleving en het tumult dat hij in Oostenrijk teweegbracht. Ook dan hadden de critici echter nog aandacht voor het innovatieve en eigenzinnige taalgebruik, waarmee Bernhard zijn diepe troosteloosheid over de menselijke existentie tot uitdrukking probeert te brengen. Ondanks het feit dat zijn werk prima paste bij het steeds meer in zwang komend negatieve beeld over Oostenrijk, bleef men er zich in Nederland en Vlaanderen steeds van bewust dat het Bernhard in eerste instantie niet ging om de veroordeling van een bepaald land, maar om de onbeduidendheid van het menselijk bestaan zoals hij het rondom zich ervoer. Thomas Bernhards duistere kijk op de wereld en de op zich fascinerende en bijzonder attractieve manier van schrijven die door de vele ellenlange zinnen en duizenden konjunktieven echter ook vaak afstotend werkt, hebben er uiteindelijk toe geleid dat de Nederlandse en Vlaamse uitgeverijen heel aarzelend vertalingen van zijn werk op de markt brachten. Het duurde tot 1977 – veertien jaar na de publicatie van zijn eerste werk – voor er een boek van hem naar het Nederlands werd vertaald.

Het besluit van de Arbeiderspers de in Oostenrijk heel omstreden tekst *Die Ursache* te vertalen viel pas nadat hij in het Nederlandse taalgebied door zijn toneelstukken een stevige reputatie opgebouwd had. Dat Bernhard ook in de jaren tachtig in de eerste plaats als toneelschrijver bekend was, hebben we te danken aan de succesvolle opvoerigen van stukken zoals *Die Jagdgesellschaft* en *Der Weltverbesserer* door het toneelgezelschap Baal dat verder ook Bertolt Brecht, die ondanks zijn internationale bekendheid toch nooit echt populair werd in

Nederland en Vlaanderen, Botho Strauß en Peter Handke opvoerde. Een absoluut hoogtepunt in de receptie van Bernhard als toneelschrijver vormde de van 1 tot 7 februari 1982 door het Haags Ontmoetingscentrum voor Theaterkunsten (HOT) en de Koninklijke schouwburg in Den Haag georganiseerde Bernhard-week. Geopend werd deze week met een bewerking van *Am Ziel* door het toneelgezelschap Onafhankelijk Toneel. Het in het Nederlandse Katwijk spelende stuk, waarin schrijvers als mislukkelingen voorgesteld worden, sloot precies aan bij de opvattingen van de door Jan Joris Lamers geleide toneelgroep. Een toneelstuk, aldus Onafhankelijk Toneel, is geen afbeelding van de realiteit, maar een object dat alleen maar naar zichzelf en de auteur verwijst.

Taalvernieuwing

Uit het voorgaande blijkt dat men er zich moet voor hoeden de receptie van literaire werken uit het Duitse taalgebied tijdens de laatste zestig jaar te willen reduceren tot de gespannen relatie van de schrijvers ten opzichte van hun land van herkomst. Hoewel zich heel wat critici bij het beoordelen van Duitstalige literatuur door morele en ideologische principes laten leiden, vindt men in de Nederlandstalige pers in de bijdragen over Duitstalige literatuur wel degelijk heel wat literaire en esthetische waardeoordelen. Steeds weer vragen critici zich af in welke mate de door hen besproken werken kunnen bijdragen tot een vernieuwing van de Nederlandse taal en in hoeverre ze aan bepaalde ontwikkelingen in de Nederlandse literatuur aanknopen of ervan afwijken. Tot de auteurs van wie een belangrijke bijdrage tot de vernieuwing van de Nederlandstalige literatuur verwacht werd, behoorde naast Thomas Bernhard vooral Peter Handke, die het beeld dat men in de jaren zeventig van de Duitstalige literatuur had voor een belangrijk deel bepaalde.

Zoals in het Duitse taalgebied zag men ook in Nederland en Vlaanderen weldra in dat de idealen van de jaren zestig niet hadden kunnen worden omgezet en dat de veel geprezen economische groei grenzen had. Het optimisme van de jaren zestig werd afgelost door twijfel, scepsis, egoïsme en gelatenheid. In de literatuur maakte het politieke en sociale engagement plaats voor ik-betrokkenheid en aandacht voor vormtechnische aspecten. In Nederland werd de heroriëntiering onder andere gedragen door het tijdschrift *De Revisor* dat zich distantieerde van elk –isme op artistiek en maatschappelijk-politiek terrein. De *Revisor*-auteurs – Frans Kellendonk, Doeschka Meijsing, Willem Brakman, Oek de Jong, Nicolaas Matsier, A.F.Th. van der Heijden – ging het niet meer om de weergave van de werkelijkheid op zich, maar om het hoe van deze weergave. Belangrijker dan de inhoud waren de vorm, de structuur van de tekst en de complexe relatie tussen taal en realiteit. Het is dan ook niet te verwonderen, dat er in het tweede nummer van de eerste jaargang van het tijdschrift *De Revisor* naast onder andere een bijdrage over Wittgenstein en Wenen ook een vertaling van Handkes toespraak bij de toekenning van de Büchnerprijs werd gepubliceerd. Handkes afwijzende houding ten opzichte van een wereldbeeld en een waardensysteem waarmee de lezer zich kan identificeren, het navelstaren van zijn personages en zijn belangstelling voor vormtechnische en talige aspecten maakten hem tot een belangrijk voorbeeld voor de literaire vernieuwing in de Lage Landen. De bewondering voor zijn taalgenie ging echter, zoals bij Bernhard, hand in hand met een zekere radeloosheid omtrent de als irriterende monotie ervaren eigenheden van zijn stijl. Verder zorgde ook zijn manier van optreden en zijn drang tot zelfprofilering vaak voor onbehagen bij de critici.

Net zoals Thomas Bernhard maakte ook Peter Handke in de eerste plaats als toneelschrijver opgang. Theatergezelschappen zoals onder andere Toneelgroep Theater, die de eer toekomt met een opvoering van *Hooggeëerd publiek* (*Publikumsbeschimpfung*) als eerste een stuk van Handke in Nederland te hebben opgevoerd, Toneelgroep Centrum, Baal, Discordia, Art & Pro en Arca maakten en maken nog steeds furore met opvoeringen van Handkes stukken. Een van de hoogtepunten van de receptie van Handke op het Nederlandse toneel was zonder twijfel het Peter-Handke-Project, dat het theatercentrum HOT (Haags Ontmoetingscentrum voor Theaterkunsten) in samenwerking met het Haags Filmhuis en de Koninklijke Schouwburg van 12 tot 23 juni 1984 in Den Haag organiseerde. Het project vormde het derde en laatste deel van een Duitstalig triptychon, waarvan de eerste twee delen de reeds vernoemde Thomas-Bernhard-week en een Heiner-Müller-festival (1983) geweest waren. In het kader van het Handke-project bracht de Maatschappij Discordia een nieuwe enscenering van

Publikumsbeschimpfung ten tonele. Het Amsterdamse toneelgezelschap behandelt teksten altijd in de eerste plaats als geschreven woord. Om te vermijden dat de theaterbezoeker zich met de optredende personages zou identificeren, worden steeds weer teksten gezocht die zich door authentiek taalgebruik en door een evenwicht tussen de verklarende gespreksstijl en de in de voorstellingen gebruikelijke gekunstelde manier van spreken kenmerken. Dat men daarbij automatisch bij mensen zoals Bernhard, Beckett en Handke terechtkomt, die de mogelijkheden van het theater als communicatiemiddel aftasten, is niet meer dan logisch.

Voor de eeuwigheid

Twee Duitstalige auteurs moeten hier nog worden genoemd wier receptie in de Lage Landen bijzonder intensief verlopen is. Beiden behoren al lang tot de internationale canon en worden door Nederlandstalige schrijvers graag genoemd als het erom gaat hun literaire wortels te benoemen: Franz Kafka, de "belangrijkste souffleur van de moderne literatuur" (Rouleaux) en Rainer Maria Rilke.

Nadat Rilkes *Duineser Elegien* en *Sonette an Orpheus* tijdens en in de eerste jaren na de Tweede Wereldoorlog door heel wat mensen als bron van troost gelezen werden en Rilke als charismatische vertegenwoordiger van een religieuze bewustwording werd gevierd, bereikte zijn populariteit in de jaren zestig en de eerste helft van de jaren zeventig een waar dieptepunt. In een tijd waarin sociaal geëngageerde en documentaire literatuur opgang maakte, werden zijn werken als te optimistisch, te wereldvreemd en te ik-betrokken ervaren. De verminderde aandacht voor zijn werk ging hand in hand met een demythologisering van zijn persoon – een proces dat al voor de oorlog was begonnen. Met behulp van onder andere de psychoanalyse en op basis van talrijke gepubliceerde brieven, getuigenissen en onthullingen werd de halfgod Rilke teruggebracht tot een normale mens met positieve en negatieve karaktertrekken.

Toen de kunst en literatuur zich in de tweede helft van de jaren zeventig weer meer ging bezighouden met het innerlijke profiteerde ook Rilke van deze ommezwaai. In het middelpunt van de Rilke-revival stonden die werken die na 1907 gepubliceerd werden en waarin de dichter zich niet als wereldvreemde dromer, maar als een vertegenwoordiger van een modern levensgevoel presenteert. Zijn afkeer van steden, machines en de industriële maatschappij, zijn daarmee samengaande heimwee naar een voorindustrieel tijdperk en naar de intimiteit van ambachtelijk werk waren bij de toenmalige jongeren zeer populair. De opmaat voor de hernieuwde belangstelling voor Rilkes werk vormde de in 1978 gepubliceerde vertaling *De Elegieën van Duino 1912/1922* van W.J.M. Bronzwaer. In de jaren tachtig volgde dan de ene Rilke-vertaling op de andere. Piet Thomas stelde in korte tijd drie anthologieën samen: *Het neigende uur* (1980), *De zachte wet* (1981) en *Uit alle daken* (1982). Maurits van Vossole gaf de anthologie *Tussen stroom en gesteente* (1980) uit en in 1984 de tweetalige anthologie *Uren en Beelden*. Verder maakte Pim Lukkenaer, ook bekend als vertaler van Heinrich von Kleist, Johann Wolfgang von Goethe en Arthur Schnitzler, in 1981 een nieuwe vertaling van *Die Aufzeichnungen des Malte Laurids Brigge*. In 1983 verscheen Blok en Jellemas vertaling van *Die Sonette an Orpheus*.

Gold de belangstelling voor Rilke in de jaren tachtig vooral zijn latere werken, ontdekte men in de jaren negentig weer de jonge Rilke, wiens vroege, mystieke, neoromantische en eerder makkelijke gedichten uit *Das Stundenbuch*, *Die Weise von Liebe und Tod des Cornets Christoph Rilke* en zijn enige poëtische roman *Die Aufzeichnungen des Malte Laurids Brigge* al in de jaren twintig en dertig door duizenden mensen werden geapprecieerd. Naast een nieuwe vertaling van *Die Weise von Liebe und Tod des Cornets Christoph Rilke* verschenen in het laatste decennium van de twintigste eeuw heel wat autobiografische geschriften van Rilke in het Nederlands. Het succes van vertalingen als *Brieven aan een jonge dichter* en *Brieven over Cézanne* of van Ruth Wolfs boeken *Rainer Maria Rilke en Lou Andreas-Salomé. Een vriendschap in brieven* (1991) en *Vannacht slaap ik met je. Rainer Maria Rilke en Marina Tsvetajeva. Een liefde in brieven* (1994) verklaart Bronzwaer als volgt: "Het late werk van Rilke, in de jaren twintig ontstaan, kan achteraf gezien worden als een verloochening van het nieuwe tijdperk dat toen juist aangebroken was; als een poging om het negentiende-eeuwse wereldbeeld nog eenmaal gestalte te geven, tegen het beter weten van de moderne tijd in. Wie weet is het deze rol van de grote restaurateur van het voorbije, die hem ook nu, honderd jaar later, zo actueel maakt. Met dit verschil, dat het nog steeds de negentiende eeuw is waar we, aan Rilkes hand, aan vast willen houden – alsof de twintigste niets heeft opgeleverd dat waard is te worden behoed. De Rilke-hausse van thans zou dan een symptoom zijn van wijdverbreide culturele regressie en een indicatie van het culturele faillissement van de afgelopen honderd jaar." (Bronzwaer, 1994)

Franz Kafka, wiens werk maar al te vaak tot een enkel adjectief gereduceerd wordt, brak niet alleen in de Lage Landen pas echt door na de Tweede Wereldoorlog. Aanvankelijk had de uitgeverij Kurt Wolff de grootste moeite om Kafkas verhalen te slijten; een situatie die mede door de politieke ontwikkelingen in Duitsland in de jaren dertig en de daaruit voortvloeiende Tweede Wereldoorlog niet snel zou veranderen. Toch was Kafka al in de jaren twintig bij een aantal mensen in Nederland en Vlaanderen geen onbekende meer. Zo vertaalde Paul van Ostaijen in 1924 naar aanleiding van Kafka's overlijden een vijftal verhalen uit de bundel 'Betrachtung' en schreven critici als Nico Rost, Menno ter Braak, Hendrik Marsman en Simon Vestdijk nu en dan een artikel over Kafka's werk. Na de Tweede Wereldoorlog kon het succes van Kafka nauwelijks nog gestopt worden. De ene vertaling volgde op de andere, het echo in de pers was steeds uitzonderlijk groot. Om de haverklap verschenen er boekbesprekingen, speciale tijdschriftennummers en beschouwingen over Kafkas leven. In 1977 verscheen bij Querido het *Verzameld Werk*. In een mum van tijd gingen er 200.000 exemplaren over de toonbank. Uitgaande van de opvatting dat Kafka's uitermate moeilijke taalgebruik het noodzakelijk maakte voor elke nieuwe generatie een nieuwe vertaling te maken, begon men bij Querido in de jaren negentig deze taak voor te bereiden. Inmiddels zijn er al een paar nieuwe vertalingen op de markt gekomen.

Net als in andere landen stond ook in Nederland en Vlaanderen de Kafka-receptie lange tijd in het teken van de door Max Brod geïnitieerde discussie over het religieuze, joodse karakter van Kafkas Werk. De bekendste en hevigste tegenstrever vond Brod toch wel in de Vlaamse Rilke- en Kafka-kenner Herman Uyttersprot die in heel wat publicaties reageerde op de volgens hem niet alleen eigenzinnige maar ook foutieve omgang van Brod met Kafkas teksten. Pas in de jaren tachtig kreeg men ook voor andere aspecten van Kafkas werk belangstelling.

AFSLUITEND

In dit kort bestek kon jammer genoeg niet op alle Duitstalige auteurs worden ingegaan, die door de inspanningen van critici, vertalers en uitgevers in Nederland en Vlaanderen bekend zijn geworden. Paul Celan, Hans Magnus Enzensberger, Botho Strauß en Hermann Hesse, die het ondanks vele ups en downs tot op vandaag vooral bij jongere lezers heel goed doen, ontbreken hier net zo goed als Robert Musil, Elias Canetti, Martin Walser, Patrick Süskind, Elfriede Jelinek, Ingeborg Bachmann en Marlen Haushofer.

Wanneer men de vertalingen van Duitstalige literatuur uit de zes voorbije decennia volgens herkomst van de schrijvers indeelt, valt op dat vooral de literatuur uit de DDR en Zwitserland ondergerepresenteerd is en in heel wat gevallen met grote vertraging werd vertaald. De Zwitserse literatuur bestaat voor de Nederlandse lezer in hoofdzaak uit Max Frisch en Friedrich Dürrenmatt, de DDR-literatuur uit Christa Wolf, Jurek Becker en Stefan Heym. Van Heiner Müller, van wie wel al heel wat toneelstukken werden opgevoerd, Uwe Johnson en Hermann Kant verschenen tot nu toe slechts een paar werken in een Nederlandse vertaling. De literatuur uit de BRD en uit Oostenrijk is daarentegen beter vertegenwoordigd. Heel wat boeken van bijvoorbeeld Heinrich Böll, Peter Handke en Günter Grass verschenen bijna tegelijkertijd in het Duits en in het Nederlands. De boeken van Elias Canetti daarentegen werden pas door de Nederlandse uitgeverijen ontdekt toen hij in 1981 de Nobelprijs voor Literatuur kreeg.

Jammer genoeg zijn er in het verleden heel wat vertalingen in het antiquariaat De Slegte geland. Het feit dat er steeds minder vertalingen uit het Duits worden gemaakt, is dus niet alleen toe te schrijven aan de steeds voorzichtiger wordende uitgeverijen. Hoe vaker een goede vertaling van een goed boek in de ramsj terechtkomt, hoe minder uitgeverijen ertoe geneigd zijn hun vaak beperkte financiële middelen in dergelijke projecten te stoppen. Deze vicieuze cirkel kan volgens mij alleen doorbroken worden door critici en journalisten. Want onbekend blijft jammer genoeg tot op vandaag ook onbemind.

Beknopte bibliografie

AMANN, Wilhelm e.a. (red.). *Annäherungen. Wahrnehmung der Nachbarschaft in der deutsch-niederländischen Literatur des 19. und 20. Jahrhunderts*, Münster: Waxmann, 2004.

ANBEEK, Ton. *Geschiedenis van de Nederlandse literatuur tussen 1885 en 1985*, Amsterdam: De Arbeiderspers, 1990.

BOKHOVE, Niels Willem. *Reiziger in scheerapparaten. Kafka in Nederland en Vlaanderen. Overzicht, bloemlezing en bibliografie van de receptie van Franz Kafka's werk in het Nederlandse taalgebied*, Amsterdam: Querido, 1984.

BOTERMAN, Frits & VOGEL, Marianne (red.). *Nederland en Duitsland in het interbellum*, Hilversum: Uitgeverij Verloren, 2003.

BRONZWAER, Wim. "Inleiding", in: Rainer Maria Rilke, *De Elegieën van Duino & De sonnetten aan Orpheus*, Baarn: Ambo, 1978.

BRONZWAER, Wim. "Angst voor de nieuwe eeuw", *De Volkskrant*, 14.1.1994.

BUURMAN, Paul. *Duitse literatuur in de Nederlandse dagbladpers 1930-1955. Een historisch-documentair receptie-onderzoek*, Amsterdam: Buurman, 1996.

DECLOEDT, Leopold R.G. "'Langs Hollandsche en Vlaamsche wegen...' Het Nederlandstalig cultuurgebied en zijn contacten met Hermann Hesse", *duitse kroniek* 39/2 (1989), pp. 59-71.

DECLOEDT, Leopold R.G. "Der flämisch-niederländische Kulturraum", in: Martin Pfeifer (red.), *Hermann Hesses weltweite Wirkung*, deel 3, Frankfurt/M.: Suhrkamp, 1991, pp. 51-63.

DECLOEDT, Leopold R.G. "Der zeitgenössische Hofnarr. Die Rezeption Heinrich Bölls (1917-1985) im niederländischen Sprachraum", in: Jattie Enklaar & Hans Ester (red.), *Ungenaue Grenze. Deutsch-Niederländische Beziehungen in Vergangenheit und Gegenwart*, Amsterdam/Atlanta: Rodopi, 1994, pp. 215-221.

DECLOEDT, Leopold R.G. *Helemaal goed komt het nooit: Bertol(d)t Brecht in Nederland en Vlaanderen. Een bescheiden aanzet tot een bibliografie voor de periode 1945-1996*, Amsterdam: Theater Instituut Nederland, 1998.

DECLOEDT, Leopold R.G. (red). *Der oft steinige Weg zum Erfolg. Deutsche Literatur in den Niederlanden und in Flandern 1900-2000*, Amsterdam/Atlanta: Rodopi, 2004.

DECLOEDT, Leopold R.G. (red). *Rezeption, Interaktion und Integration. Niederländisch- und deutschsprachige Literatur im Kontext*, Wien: Edition Praesens, 2004.

DEKKER, Henk e.a. (red.). *Duitsland in beeld. Gemengde gevoelens blootgelegd*, Lisse: Swets & Zeitlinger, 1997.

De Landsheere, Gilbert. *Rainer Maria Rilke en de Nederlandse kritiek.* Luik (ongepubliceerde dissertatie), 1949.

De Leeuwe, Hans H.J. "Duits lezen – nu?", in: *Litterair Paspoort* 1/2 (maart 1946), p. 14.

De Smet, Tom. *Jörg Haider. Makelaar in ongenoegen*, Antwerpen/Amsterdam: Houtekiet, 2003.

Dittrich, Kathinka & Würzner, Hans (red.). *Nederland en het Duitse Exil 1933-1940. Achttien essays*, Amsterdam: Van Gennep, 1981.

Elema, Hans. *Literarischer Erfolg in sechzig Jahren. Eine Beschreibung der belletristischen Werke, die zwischen 1900 und 1960 aus dem Deutschen ins Holländische übersetzt wurden*, Assen: Van Gorcum, 1973.

Enklaar, Jattie & Ester, Hans (red.). *Wechseltausch. Übersetzen als Kulturvermittlung. Deutschland und die Niederlande*, Amsterdam/Atlanta: Rodopi, 1995.

Van Estrik, Chris. "Oostenrijk na Waldheim", in: *Actuele Onderwerpen* 2252 (3.2.1989).

Houtekiet, J. "Peter Handke. Formalisme als maatschappijkritiek", *De Spectator* 9 (1969)

Hupperetz, Karel J. "Ein kleines, aber aufgeschlossenes Publikum: Die Rezeption der Stücke in den Niederlanden", in: Wolfram Bayer (red.), *Kontinent Bernhard*, Wien e.a.: Böhlau, 1995, pp. 386-403.

Joosten, S. H. *Denkend aan Oostenrijk...Beeldvorming over Oostenrijk in Nederland sinds de Tweede Wereldoorlog*, Utrecht (ongepubliceerde afstudeerscriptie), 1997.

Jušek, Karin (red.). *Een broeierige idylle? Beelden van het moderne Oostenrijk*, Amsterdam: Het Spinhuis, 1997.

Licher, Edmund. "Eine durchweg positive Aufnahme: Die Rezeption der Prosa in den Niederlanden", in: Wolfram Bayer (red.). *Kontinent Bernhard*, Wien: Böhlau, 1995, pp. 370-385.

Licher, Edmund & Onderdelinden, Sjaak (red.). *Het gevoel heeft verstand gekregen. Brecht in Nederland*, Rotterdam/Amsterdam: Aristos/Theater Instituut Nederland, 1998.

Linthout, Dirk. *Onbekende buren*, Amsterdam/Antwerpen: Atlas, 2000.

Müller, Bernd. *Sporen naar Duitsland. Het Duitslandbeeld in Nederlandse romans 1945-1990*, Aachen: Alano, 1993.

Ros, Martin. "Die Niederlande", in: Martin Pfeifer (red.), *Hermann Hesses weltweite Wirkung*, deel 2, Frankfurt/M.: Suhrkamp, 1979, pp. 31-43.

Rouleaux, Wil. "Een formidabele briefschrijver en vriend", *Vrij Nederland*, 26.6.1993.

Spits, Jerker. "'Der Hellsichtigste aller Narren'. Stationen der Bernhard-Rezeption in Österreich und den Niederlanden", in: Anke Bosse & Leopold

Decloedt (red.), *Hinter den Bergen eine andere Welt. Österreichische Literatur des 20. Jahrhunderts*, Amsterdam/Atlanta: Rodopi, 2004.

VAN BORK, Gerrit Jan & LAAN, Nico (red.). *Twee eeuwen literatuurgeschiedenis. Poëticale opvattingen in de Nederlandse literatuur*, Groningen: Wolters-Noordhoff, 1986.

VAN DEN DRIES, Luk. *Omtrent de opvoering. Heiner Müller en drie decennia theater in Vlaandern*, Gent: Koninklijke Academie voor Nederlandse Taal- en Letterkunde, 2001.

VAN TROTSENBURG, Edmund Adolf. *Niederlande – Österreich. Eine fünfhundertjährige Begegnung*, Wien: Böhlau, 1993.

VELDHUISEN, Peter. "Literatuur in Duitsland, Oostenrijk en Zwitserland", in: Bert Peene (red.), *Literatuur in West-Europa na de Tweede Wereldoorlog*, Leiden: Martinus Nijhoff, 1992.

WIELINGA, Friso. *West-Duitsland: partner uit noodzaak. Nederland en de Bondsrepubliek 1949-1955*, Utrecht: Het Spectrum, 1989.

GRUPPE 47

Marianne VOGEL

Op 8 mei 1945 was de Tweede Wereldoorlog door de onvoorwaardelijke capitulatie van Duitsland definitief voorbij. Twee jaar later ontstond de Gruppe 47, die tussen de ruïnes van het totaal verwoeste land een nieuwe literatuur schiep en tot begin jaren zestig praktisch alle belangrijke West-Duitse literaire stromingen vertegenwoordigde. Dat is de gangbare opvatting tenminste, die in veel literatuurgeschiedenissen te vinden is. Maar hebben deze literatuurgeschiedenissen gelijk, of is dit een mythe die later is ontstaan? Was de Gruppe 47 werkelijk zo belangrijk en alomvattend? En zo ja, waarom precies? Om deze vragen te kunnen beantwoorden, zal in dit stuk het fenomeen Gruppe 47 onder de loep worden genomen: het begin en verloop ervan, de schrijvers die in haar kringen verkeerden en de achtergronden voor de grote reputatie van de Gruppe 47.

DE VERNIETIGDE LITERATUUR

In mei 1945 was Duitsland – strikt genomen: de vier bezettingszones, want pas in de herfst van 1949 ontstonden de Bondsrepubliek Duitsland en de Duitse Democratische Republiek – in alle opzichten vernietigd. Hoe kreeg men de literatuur in die situatie weer van de grond? Er waren maar weinig mannelijke auteurs gezond en op vrije voeten. Honderdduizenden mannen die al dan niet vrijwillig in het leger hadden gevochten, waren dood of gewond, terwijl de meesten die overleefd hadden na de oorlog in geallieerde gevangenenkampen zaten of – soms jarenlang – op weg naar huis waren. Voor de vrouwelijke auteurs lag dit anders. De vrouwen waren in de meeste gevallen wel vrij, maar om die reden waren ze de voornaamste groep die als *Trümmerfrauen* letterlijk en figuurlijk puin ruimde. Ze werden in beslag genomen door het probleem om steden weer op te bouwen, zichzelf en hun familie van eten en onderdak te voorzien, de economie op gang te helpen en dergelijke.

Toch zou men al met al verwachten dat het voor de mannen moeilijker was om literair actief te worden dan voor de vrouwen. Maar vanwege de traditionele maatschappij van de jaren veertig en vijftig was dat niet het geval. Er was een grote behoefte aan orde en stabiliteit, en in zulke gevallen grijpt men vaak terug op oude man-vrouwpatronen (zoals ook de jaren vijftig in Nederland en Vlaanderen bewijzen). Ondanks al het werk dat vrouwen in Duitsland in en kort na de oorlog verrichtten, bleef men bijvoorbeeld denken in *Männerarbeitsplätze*, die zo snel mogelijk weer in handen van de rechtmatige eigenaars moesten komen. Ook wat de literatuur betreft dacht men er zo over. Bovendien was er het verlangen van mannen om hun geschokte zelfbesef als sterke sekse – door een verloren oorlog en de last van een enorme schuld – te herstellen. Daarom spande men zich in om mannen hun status terug te geven, ook op literair gebied.

Het verhaal over de Gruppe 47 is dan ook grotendeels een verhaal over mannelijke auteurs. Bepaalde praktische omstandigheden waren eveneens bevorderlijk voor de mannen. Zo werden er in die eerste jaren veel literair-culturele tijdschriften opgericht, omdat men grote behoefte had aan discussie en samenwerking, en er voor boeken nog weinig papier was. Nu boden juist de kampen voor krijgsgevangenen veel gelegenheid voor het maken van tijdschriften. Met name de Amerikaanse geallieerden stimuleerden culturele activiteiten in het kader van de *re-education* van het Duitse volk. Daarom kon bijvoorbeeld Gustav René Hocke in 1945 in Amerikaanse gevangenschap het blad *Der Ruf* oprichten. Na zijn vrijlating in 1946 zette Hocke *Der Ruf. Unabhängige Blätter für die junge Generation* met onder meer Hans Werner Richter, Alfred Andersch en Ilse Schneider-Lengyel voort. Toen het Richter en Andersch in april 1947 vanwege anti-geallieerde uitspraken werd verboden om nog langer als redacteur op te treden, ontstond uit dit groepje de Gruppe 47. De nieuwe West-Duitse literatuur, inclusief de ideeën waarover en hoe men diende te schrijven, wortelt dus ten dele in de gevangenenkampen, en dat was in het geval van de Gruppe 47 duidelijk merkbaar.

Hans Werner Richter, die vanaf het begin de leiding van de Gruppe 47 op zich nam, was een van degenen die de kampen als dé plek voor moderne literatuur propageerden. In de inleiding van zijn poëzieanthologie *Deine Söhne, Europa. Gedichte deutscher Kriegsgefangener* (1947, nieuwe druk 1985) schreef hij dat nieuwe ontwikkelingen hier eerder merkbaar waren dan "draußen in der Hast des Getriebes um das tägliche Brot. So kommen auch die ersten Zeichen einer neuen literarischen Entwicklung aus den stacheldrahtumfriedeten Dörfern und Städten dieses Krieges". Dit is er één voorbeeld van hoe men de moderne West-Duitse literatuur, zeker bij de Gruppe 47, vanaf het begin aan de inspanningen van mannen koppelt. Niet de *Trümmerfrauen*, maar de gevangenen en de *Kriegsheimkehrer* staan centraal.

Het begin van de Gruppe 47

Vooral de eerste vijftien jaar van de Gruppe 47 nemen in literatuurgeschiedenissen en boeken over deze groep mythische proporties aan (zie bijv. Arnold 1987, Fetscher 1991, Lettau 1967, Wehdeking/Blamberger 1990). Ook het prachtige boek met foto's, anecdotes en teksten dat Toni Richter, de weduwe van Hans Werner Richter, in 1997 uitgaf, moet daarom met de nodige voorzichtigheid worden gebruikt. Keer op keer wordt verteld hoe Richter de legendarische (half)jaarlijkse bijeenkomsten organiseerde, hoe het voorlezen en de daaropvolgende genadeloze discussies verliepen, en dat de bijeenkomsten uitgroeiden tot de belangrijkste gebeurtenissen van het West-Duitse literaire leven. Maar nieuw onderzoek heeft aangetoond dat dit beeld eenzijdig is en dat het ook niet allemaal vanzelf ging; de Gruppe 47 heeft flink aan haar eigen imago geknutseld (zie bijv. Briegleb 1999, Cofalla 1997, Gendolla/Leinecke 1997, Parkes/White 1999).

De allereerste bijeenkomst in september 1947 aan de Bannwaldsee trok nog nauwelijks de aandacht en had ook een ander doel. Medewerkers van het tijdschrift *Der Ruf* en een aantal andere literatoren kwamen bij *Ruf*-medewerker en surrealistische auteur Ilse Schneider-Lengyel bijeen om het eerste nummer van een nieuw tijdschrift, *Der Skorpion*, te bespreken. Dat nummer werd vervolgens inderdaad gedrukt (als reprint is het in universiteitsbibliotheken te vinden). Maar tijdens de bijeenkomst erover in november 1947, bij Hanns en Odette Arens in Herrlingen bij Ulm, bleek men het voorlezen en bespreken van teksten bijna interessanter te vinden dan het maken van een tijdschrift. De naam van de Gruppe 47 ontstond al tussen de eerste en de tweede bijeenkomst en is volgens de overlevering bedacht door Hans Georg Brenner.

Omdat *Der Skorpion* geen licentie van de Amerikaanse bezettingsmacht kreeg, en dus niet verder gedrukt mocht worden, leek het logisch dat men verder ging als voorlees- en discussiegroep. Maar Hans Werner Richter lijkt dit idee vanaf het begin gekoesterd te hebben. Voor de eerste bijeenkomst aan de Bannwaldsee werd hij kennelijk geïnspireerd door een schrijversbijeenkomst van Ingeborg Stahlberg. Zij had in 1946 de uitgeverij Stahlberg opgericht, en in juli 1947 in Altenbeuren discussiedagen georganiseerd over de richting die de nieuwe Duitse literatuur in moest slaan. Hier waren zo'n veertig jonge en oudere schrijvers aanwezig, waaronder Richter. Volgens verschillende berichten ergerde hij zich aan de dominantie van de ouderen en wilde hij iets voor de jongeren onder elkaar opzetten, wat in de herfst van dat jaar dus gebeurde.

Richter heeft vaak gezegd dat de Gruppe 47 geen pogingen deed om bekend te worden, maar dat vanzelf werd. Het hoort echter bij de mythe dat de kwaliteit van de groep zo hoog zou zijn dat niemand er omheen kon. In werkelijkheid werkte Richter (en anderen) vanaf het begin doelgericht aan de bekendheid van de groep. Kort na de bijeenkomst in november 1947 schreef hij aan Wolfdietrich Schnurre: "Als wir spät nachts Ulm verliessen, hatte jeder von uns das Gefühl, dass nunmehr die Gruppe 47 völlig feste Konturen angenommen hat und dass sie in der deutschen literarischen Öffentlichkeit sehr bald zu Wort kommen wird". Ernst Wilhelm Geisenheyner, lector van de bekende uitgeverij Rowohlt, constateerde in dezelfde maand in een brief aan een collega dat Richter erop uit was om "Männer und Namen für sich in Anspruch zu nehmen, die bereits in der neuen Literatur einen gewissen Klang haben". Richter was er dus al in 1947 op gespitst om de Gruppe 47 een positie in de openbaarheid te geven en van gewicht te voorzien.

Richter nodigde daarvoor niet alleen schrijvers van naam uit, maar ook literatoren die tevens journalist of recensent waren of bij een uitgeverij werkten. Zo vroeg recensent Fritz J. Raddatz zich af: "War Klaus Roehler ein junger unbegabter Erzähler oder ein junger begabter Luchterhand-Lektor? War Peter Härtling Herausgeber der

"Monat", Chef des S. Fischer-Verlages oder ein Schriftsteller? War Walter Jens ein gescheiterter Romancier, ein gescheiter Kritiker oder ein Piper-Zuträger?" De resultaten waren dat schrijvers ter plaatse met uitgeverijen over publicaties konden onderhandelen, en deelnemers aan de bijeenkomsten vanaf de eerste keer berichten hierover in de pers publiceerden. De reputatie van de Gruppe 47 groeide op die manier snel. De persoonlijkheid van Hans Werner Richter was hierbij van groot belang. Hij verenigde bijna tegenstrijdige kwaliteiten: hij was een perfecte middelaar, maar ook het middelpunt van de groep, hij had een uitstekende neus voor nieuwe teksten en auteurs, maar ook voor belangrijke contactpersonen, hij was bescheiden, maar had ook een grote drang naar macht.

Doelstellingen en klimaat van de Gruppe 47

Der Ruf was een tijdschrift geweest met een duidelijk politieke instelling. Men ging er – net als de westerse geallieerden – van uit dat er een jonge democratische elite opgevoed moest worden, die Duitsland zou vernieuwen en de wederopbouw zou leiden. Samen met talloze andere tijdschriftjes vervulde *Der Ruf* die functie in het begin inderdaad. Men kreeg in 1947 bijvoorbeeld op artikelen over de politieke hervorming van Europa veel lezersreacties, en de redactie werd er zelfs toe opgeroepen een *Ruf*-partij op te richten.

De Gruppe 47, die uit *Der Ruf* voortvloeide, voelde zich wel een deel van die nieuwe leidende elite, maar de politieke idealen vervlogen gauw. In de nieuwe machtsstructuren en de Koude Oorlog bleken culturele intellectuelen geen enkele rol te spelen, zodat het zwaartepunt van de groep rond 1950 verschoof van de politiek naar de esthetiek. Zoals Arnold Bauer in 1949 in een verslag in de *Neue Zeitung* meldde, werd er op een bijeenkomst van de Gruppe 47 niet naar gevraagd wat je schreef, maar hoe je schreef. En Martin Walser zei in een radio-interview van 1952 dat het belangrijkste discussiepunt was "daß ein Satz ein guter Satz sei, daß einer die Sprache, die Ausdrucksmittel der Sprache beherrsche".

De situatie werd daardoor gecompliceerd. Want ondanks het verschoven zwaartepunt wilde de Gruppe 47 haar moderne, progressieve imago vasthouden en zich kritisch tegen de restauratieve tendenzen van de jaren vijftig blijven keren. Maar vanwege haar behoefte om een leidende positie in het literaire leven in te nemen kon zij ook weer niet al te kritisch zijn, anders zou men teveel vijanden scheppen en zich isoleren. Aan de *Elitewechsel* die de Gruppe 47 nastreefde zaten dus allerlei problemen vast.

Daar kwam nog het probleem van de 'jonge generatie' bij. Na 1945 probeerden velen de term *junge Generation* voor zichzelf te claimen, omdat men daarmee liet zien dat men modern was en niet bij de oudere, fascistische generatie hoorde (zie hierover Wagner 2002). De term 'jonge generatie' had dus niet zozeer met leeftijd te maken, maar vooral met literaire en politieke wensvoorstellingen. Ook de Gruppe 47 presenteerde zich, zoals *Der Ruf* in zijn ondertitel eveneens had gedaan, nadrukkelijk als podium voor de jonge generatie en de nieuwe literatuur. Om die reden verzweeg een aantal Gruppe 47-schrijvers, waaronder Günter Eich (de eerste laureaat van de groep in 1950), Alfred Andersch en Wolfgang Weyrauch, teksten van voor 1945. De redenen hiervoor waren ten eerste dat men niet tot het 'foute' Duitsland gerekend wilde worden, en ten tweede dat men jong en nieuw wilde zijn en dus niet kon bekennen dat men al voor 1945 of zelfs voor 1940 gedebuteerd was. Men zette zich daarom extra scherp af tegen de 'oudere generatie', zowel de exilschrijvers als degenen die waren gebleven en een 'innerlijke emigrant' waren geweest. Op die manier raakte de Gruppe 47, zoals Sabine Cofalla en andere onderzoekers hebben vastgesteld, verstrikt in tegenstrijdige wensen en tegenstrijdig gedrag, wat haar in de jaren zestig definitief op zou breken.

Het klimaat van de Gruppe 47 was dan ook eigenaardig. Velen hebben bericht over de vriendschappelijke, serieuze sfeer tijdens de bijeenkomsten, het 'familiegevoel' en de onvergelijkelijke roes van de afsluitende feestavond. Anderen hebben het haantjesgedrag, de genadeloze discussies en de vijandschappen benadrukt. Ongetwijfeld zijn beide kanten waar. Belangrijker zijn echter de impliciete geboden en verboden die de groep hanteerde – de "symbolische Ordnung des Schweigens", in de woorden van Klaus Briegleb. Het was duidelijk dat er niet gediscussieerd diende te worden over onderwerpen als de eigen betrokkenheid bij de Tweede Wereldoorlog, de literaire prestaties van de 'oudere generatie' of de gematigde positie van de Gruppe 47. Toen de bloedjonge Peter Handke het waagde om op de beruchte bijeenkomst van 1966 in Princeton de verzamelde schrijvers van 'conventioneel proza' te betichten, kende de verontwaardiging geen grenzen. Hetzelfde was het geval toen Urs Widmer in onderzoek aantoonde dat de taal van de vroege Gruppe 47 meer leek op die van de nazi's dan men altijd had beweerd. Wolfgang Weyrauch had in zijn beroemd geworden anthologie *Tausend Gramm. Sammlung neuer deutscher Geschichten*, 1949) weliswaar verkondigd dat de nieuwe literatuur werd geschreven door de 'Männer des Kahlschlags'. Maar, zei Widmer terecht, deze 'kaalslag' gebeurde in zulke vechtlustige en martiale termen dat hij sterk aan de oorlogstaal deed denken.

De Gruppe 47 bleek al met al conservatiever, aangepaster en ook mannelijker – vergelijk Weyrauchs 'Männer des Kahlschlags' – dan het imago wel wilde. Verschillende onderzoekers hebben de groep als 'Männerbund' bestempeld; de literatuurwetenschapper Heinz Arnold spreekt in zijn artikel in Jürgen Schuttes boek *Dichter und Richter* zelfs venijnig van de 'Beschränktheit einer männlichen Kriegsheimkehrer-Kameraderie' (zie hierover ook Bachér 1988, Vogel 2001). In elk geval werd de Gruppe 47 gevormd door gemeenschappelijke militaire ervaringen en een gemeenschappelijke zwijgcultuur, waardoor men vrouwelijke auteurs makkelijk over het hoofd zag. Illustratief hiervoor is de fameuze discussie over de *Obergefreiten*. Hans Schwab-Felisch introduceerde dit begrip toen hij de Gruppe 47 in 1952 in het stuk 'Die Literatur der Obergefreiten' verweet dat zij meer korporaals dan gewone soldaten in haar kringen opnam en elitair dacht. De groep was hier zeer door gepikeerd. Nog in 1967 schreef Heinrich Böll verdedigend dat alleen vriendschap telde en de groep "im statistischen Sinne so repräsentativ ist, daß sich, nimmt man überhaupt den verflossenen Dienstgrad als Merkmal, aus ihr zwei kriegsstarke Kompanien von Überlebenden, vielleicht gar inzwischen ein Bataillon, zusammenstellen ließe". Kortom, zelfs de zachtaardige, linkse Böll vergat met een dergelijke redenering gewoon dat de Gruppe 47 niet alleen uit mannen bestond.

Alhoewel de vrouwelijke auteurs vanwege het 'mannelijke' klimaat in de minderheid waren, hebben zij in de Gruppe 47 echter wel een rol gespeeld. Het beste bewijs hiervoor zijn de laureaten Ilse Aichinger en Ingeborg Bachmann. Maar in latere handboeken is het beeld dat Richter, Weyrauch, Andersch, Böll en anderen verspreidden lange tijd overgenomen, zodat de deelnemende vrouwen zelden nog werden genoemd.

HET VERDERE VERLOOP VAN DE GRUPPE 47

De Gruppe 47 is in totaal vierendertig keer bij elkaar geweest, er hebben op de bijeenkomsten een kleine tweehonderd schrijvers voorgelezen, en er zijn tien schrijvers die de literatuurprijs van de Gruppe 47 hebben gekregen: Günter Eich (1950), Heinrich Böll (1951), Ilse Aichinger (1952), Ingeborg Bachmann (1953), de Nederlander Adriaan Morriën (1954), Martin Walser (1955), Günter Grass (1958), Johannes Bobrowksi (1962), Peter Bichsel (1965) en Jürgen Becker (1967).

Deze getallen lijken achteraf niet zo spectaculair, maar mede door de strategische marketing van Hans Werner Richter was het effect groot. Officieel bestond de groep niet buiten de bijeenkomsten, maar inofficieel was ze er wel degelijk voortdurend. Dat blijkt bijvoorbeeld uit allerlei controverses in het West-Duitsland van de jaren vijftig en zestig, waarin schrijvers duidelijk met de Gruppe 47 als achtergrond optraden. Te denken valt aan de protesten tegen atoomwapens van eind jaren vijftig en de campagnes in de eerste helft van de jaren zestig om de SPD en Willy Brandt aan de macht te helpen. Omgekeerd werd de Gruppe 47 ook als groep door de buitenwereld aangesproken. Zij werd bijvoorbeeld menigmaal door conservatieve tegenstanders aangevallen, en door auteurs die zich buitengesloten of onrechtvaardig behandeld voelden betiteld als 'mafia'.

Vanaf begin jaren vijftig was de Gruppe 47 stevig verankerd in het literaire netwerk. Ten dele kwam dat, zoals gezegd, door de zorgvuldig afgewogen bijeenkomsten met zowel auteurs als journalisten, critici en medewerkers van uitgeverijen. Verder had Richter bijvoorbeeld met verschillende radiozenders afgesproken dat zij opnamen van de bijeenkomsten konden maken, in ruil voor een financiële vergoeding van onder meer de reiskosten van deelnemende auteurs. Daarmee sloeg hij twee vliegen in één klap: financiering van de bijeenkomsten en publiciteit. Ook al blijkt uit de berichten dat de voorgelezen teksten niet altijd even spectaculair waren, en al sloegen soms veel schrijvers Richters uitnodiging af – wat onder andere in oktober 1954 gebeurde –, de bijeenkomsten van de Gruppe 47 waren zonder meer belangrijke literaire gebeurtenissen geworden.

Omdat de organisatie van de bijeenkomsten steeds meer tijd vergde, reduceerde Richter het aantal ervan vanaf 1956 van twee tot één per jaar, al kwam men in 1960 en 1961 toch weer twee keer per jaar bij elkaar. De exclusiviteit van de bijeenkomsten bleef gewaarborgd doordat alleen degenen aanwezig mochten zijn die hij persoonlijk per briefkaart had uitgenodigd. Het hoogtepunt van de groep, toen zij de meeste invloed had en nog weinig kritiek te horen kreeg, ligt in de jaren 1958-1962. Wel dreigden de bijeenkomsten toen al tot een ritueel te verstarren. De ongeschreven regels waren: uitgenodigde schrijvers wisten van tevoren meestal niet of ze wel of niet voor zouden moeten lezen, als ze aan de beurt kwamen, dienden ze iets ongepubliceerds te kiezen, ze moesten tijdens het voorlezen op de zogenaamde 'elektrische stoel' naast Richter plaatsnemen en mochten zich na afloop niet mengen in de discussie. De discussie bestond uit spontane, doorgaans zeer kritische bijdragen van de aanwezigen, die de tekst alleen uit de mond van de schrijver hadden gehoord.

Eind jaren vijftig begon men er echter over te klagen dat met name bekende auteurs uit al gepubliceerde teksten voorlazen – uit angst in de discussies onderuit gehaald te worden –, en dat spontane reacties onmogelijk werden. De vaste sterrecensenten Walter Höllerer, Joachim Kaiser, Walter Jens, Hans Mayer en Marcel Reich-Ranicki domineerden de discussie. Ook leek het aantal personen dat simpelweg schrijver was steeds kleiner te worden. Begin jaren zestig was de Gruppe 47, in de woorden van de jonge lector Hermann Peter Piwitt, "eine geschlossene Gesellschaft von Funktionsträgern und politischen Repräsentanten geworden". Bovendien was de marketing, die Hans Werner Richter ooit zo ijverig had gestimuleerd, hem boven het hoofd gegroeid. Zo koos hij in 1964 Sigtuna, in Zweden, als plaats van de bijeenkomst, ter verbetering van de Duits-Zweedse culturele betrekkingen. Prompt organiseerde men daar officiële recepties, er waren een speciale theatervoorstelling en tentoonstelling, en er werd een Duitse literaire week aan vastgeknoopt. Daarop sloegen veel bekende auteurs Richters uitnodiging af: Heinrich Böll, Ingeborg Bachmann, Martin Walser, Wolfgang Hildesheimer, Ilse Aichinger, Siegfried Lenz en anderen zeiden dat zij met zo'n circus niets te maken wilden hebben. De bijeenkomst van 1965 in Berlijn werd daarom bewust eenvoudiger gehouden, maar was niet bijzonder inspirerend.

De bom barstte in 1966 in Princeton, waar men bijeen was gekomen op uitnodiging van Princeton University. Hierboven kwam al ter sprake dat het zwaartepunt van de Gruppe 47 rond 1950 verschoven was van de politiek naar de esthetiek. Naast de al genoemde redenen was een belangrijke reden dat Richter, terecht, vreesde dat discussies over politiek de groep binnen de kortste keren zouden splijten. Daarom hebben wel allerlei schrijvers rond de Gruppe 47 zich over politieke kwesties uitgelaten, inclusief Richter zelf, maar heeft de groep nooit als zodanig een politiek standpunt verkondigd. Deze afzijdigheid werd haar door de nieuwe generatie van de jaren zestig ten zeerste kwalijk genomen. De provocatie van Peter Handke moet ook in dit licht worden gezien. Princeton bleek tevens een ongelukkige keus, omdat men midden in anti-Vietnam-demonstraties terechtkwam, waar Richter de Gruppe 47 niet aan mee wilde laten doen, terwijl Günter Grass, Erich Fried, Hans Magnus Enzensberger en anderen desondanks deelnamen. Deze politieke controverse betekende praktisch het einde van de groep. De chaotische bijeenkomst in 1967, in hotel-restaurant Die Pulvermühle bij Erlangen, zou in zekere zin de laatste zijn. Ze werd verstoord door een demonstratie van studenten tegen het rechtse mediaconcern Axel Springer en andere acties. Tot grote verbluffing van Richter en andere aanwezigen die zichzelf altijd als links-kritisch hadden ervaren, noemde men de Gruppe 47 een zelfgenoegzaam onderdeel van het establishment.

Desondanks plande Hans Werner Richter een volgende bijeenkomst in Praag, die door de Russische inval van augustus 1968 niet doorging. Daarna kwam de Gruppe 47 niet meer bij elkaar, al hief Richter haar ook niet formeel op. Er was een lustrumbijeenkomst in 1972 en één in 1977. Op de tweede wilde Richter de Gruppe 47 definitief beëindigen, maar moet niet verder zijn gekomen dan de legendarische zin: “Es ist vorbei”. De vierendertigste en laatste bijeenkomst in mei 1990 ten slotte sloot symbolisch een tijdperk af: ze vond plaats in Praag met Vaclàv Havel als eregast, in het kasteel dat al in 1968 als ontmoetingsplek was uitgekozen.

Schrijvers rond de Gruppe 47

Hans Werner Richter heeft altijd bestreden dat de Gruppe 47 een vereniging was of vaste deelnemers had. Dat klopte officieel wel, maar inofficieel lag het ingewikkelder. Men probeerde vanaf het begin grote namen te claimen; in interviews en krantenartikelen vertelde men graag dat een bekende persoonlijkheid op een bijeenkomst was geweest of zich met hun doelstellingen verwant voelde. Tevens was het voor veel auteurs al snel van belang om te kunnen zeggen dat men op een bepaalde bijeenkomst uitgenodigd was geweest; dit fungeerde in het literaire wereldje als een teken van kwaliteit. Daardoor werden en worden allerlei schrijvers, van Wolfdietrich Schnurre tot Luise Rinser en van Gabriele Wohmann tot Siegfried Lenz, geassocieerd met de Gruppe 47, zeker als ze meer dan eens hebben voorgelezen of de prijs van de groep in ontvangst hebben genomen.

Om die reden stellen bijvoorbeeld verschillende literatuurwetenschappers dat het *bundesdeutsche Literaturwunder* van 1959 te danken is aan schrijvers die zich 'im Umkreis der Gruppe 47' bevonden. Het gaat hierbij om het feit dat er in dat jaar drie grote romans verschenen: *Die Blechtrommel* van Günter Grass, *Mutmaßungen über Jakob* van Uwe Johnson en *Billard um Halbzehn* van Heinrich Böll. Böll was inderdaad sterk verbonden met de Gruppe 47, maar Uwe Johnson kwam net uit de DDR en had zijn boek daar nog geschreven, en Günter Grass – al was hij op veel bijeenkomsten aanwezig – was naar de smaak van veel Gruppe 47-ers eigenlijk veel te links en politiek geëngageerd. In hoeverre een bepaalde gebeurtenis dus al dan niet met de Gruppe 47 te maken heeft, is vaak moeilijk te bepalen. De neiging is groot om literaire hoogtepunten achteraf aan deze groep toe te schrijven, alhoewel het vormloze karakter van de groep dat eigenlijk onmogelijk maakt: het was geen vereniging, er bestond geen ledenlijst of manifest, het was geen organisatie waar men – behalve Hans Werner Richter zelf – eenduidig bij kon horen.

Soms tracht men een link te leggen via de prijsdragers van de Gruppe 47: er wordt dan betoogd dat zij de belangrijkste kanten van de West-Duitse literatuur tot eind jaren zestig vertegenwoordigen. Dit is echter evenmin juist. Want in oudere schrijvers zoals Thomas Mann, Elisabeth Langgässer, Hermann Hesse, Marie Luise Kaschnitz, Ernst Jünger en Hans-Erich Nossack was de groep principieel niet geïnteresseerd. Ook had men weinig belangstelling voor onder meer de surrealistische tendens van eind jaren veertig (Wolfdietrich Schnurre, Ilse Schneider-Lengyel), de thematiek van het joodse lijden in de Tweede Wereldoorlog (Nelly Sachs, Paul Celan), maatschappelijk cynisme (Wolfgang Koeppen, Renate Rasp), de concrete poëzie (Ernst Jandl, Friederike Mayröcker, Konrad Bayer) en de arbeidersliteratuur (Günter Wallraff, Erika Runge, Max von der Grün). In totaal zijn er dus heel wat literaire vissen door het net van de Gruppe 47 geglipt.

Daar komt nog bij dat de namen van de laureaten meer eenduidigheid suggereren dan in werkelijkheid het geval is. Zo won Heinrich Böll de prijs in 1951 slechts met één stem meerderheid; zijn belangrijkste concurrenten waren Wolfgang Hildesheimer en de Joegoslavische schrijver Milo Dor. Ook Ilse Aichinger en Johannes Bobrowski kregen respectievelijk in 1952 en in 1962 een zeer krappe meerderheid. Verder roept de naam van de betreffende auteur soms verkeerde associaties op. Ilse Aichinger kreeg kreeg de prijs niet voor haar beroemde roman *Die größere Hoffnung* (1948), waarin op symbolisch-apocalyptische wijze de ervaringen van joodse kinderen in de oorlog worden geschilderd, maar voor *Die Spiegelgeschichte*. Dit verhaal geeft zonder politieke implicaties het leven van een mens als een groei van dood naar geboorte weer. Günter Grass kreeg de prijs in 1958 weliswaar voor *Die Blechtrommel*, zoals men zou denken, maar hij had slechts uit de eerste hoofdstukken voorgelezen. Daarin kwamen wel uitvoerig de rokken van de grootmoeder voor waarmee ook de gelijknamige film begint, maar geen fascisme of Tweede Wereldoorlog.

De Gruppe 47 heeft vanwege haar vormloosheid nooit een 'literair programma' gehad. Wel vertegenwoordigde ze bepaalde literaire tendenzen. Tot ongeveer 1950 stonden op haar bijeenkomsten realistische teksten over het naoorlogse leven en het menselijk leed tijdens de Tweede Wereldoorlog in het middelpunt (de zgn. *Trümmerliteratur*). Qua stijl was deze gebaseerd op de Amerikaanse spaarzame *short story*. Heinrich Böll is hier het bekendste voorbeeld van: vroege werken van hem zijn verhalenbundels *Der Zug war pünktlich* (1949) en *Wanderer, kommst du nach Spa...* (1950), en de roman *Wo warst du, Adam?* (1951). Vergelijkbare thema's hebben Luise Rinsers verhalenbundel *Jan Lobel aus Warschau* (1948) en haar roman *Mitte des Lebens* (1950); Rinser las voor het eerst in 1949 bij de Gruppe 47 voor. Andere realistische auteurs zijn bijvoorbeeld Alfred Andersch, Walter Kolbenhoff, Franz Josef Schneider en Richter zelf. Rond 1950 richtte de Gruppe 47 zich op esthetisch-symbolische literatuur waarin de realiteit naar een hoger niveau wordt getild. De belangrijkste naam in dit verband is die van Ingeborg Bachmann, met de poëziebundels *Die gestundete Zeit* (1953) en *Anrufung des Großen Bären* (1956), en het hoorspel *Der gute Gott von Manhattan* (1958). Verder kan men onder meer denken aan Günter Eich, Ilse Aichinger, Karl Krolow, Walter Jens en Ingrid Bachér.

In de tweede helft van de jaren vijftig kwam daarnaast politiek geëngageerde literatuur als tendens op. In verband hiermee is Günter Grass al genoemd. Ook vallen hier schrijvers onder als Martin Walser, Ruth Rehmann, Siegfried Lenz, Gabriele Wohmann en Klaus Roehler. Uit de kritisch-experimentele literatuur, die rond 1960 in de BRD ontstond, werd op de bijeenkomsten nauwelijks voorgelezen. Wel waren schrijvers uit deze hoek op een aantal bijeenkomsten aanwezig, waaronder Hans Magnus Enzensberger (*landessprache*, 1960), Gisela Elsner (*Die Riesenzwerge* (1964), Peter Weiss (*Der Schatten des Körpers des Kutschers*, 1960) en Peter Rühmkorf (*Irdisches Vergnügen in g*, 1959).

Overigens kon de Gruppe 47 om geheel andere redenen nauwelijks de DDR-literatuur vertegenwoordigen. Men nodigde wel regelmatig wat DDR-schrijvers uit, maar deze mochten of wilden lang niet altijd komen. Qua organisatie, deelnemers en houding bleef de groep hoofdzakelijk gericht op de BRD, ook al ontving de Oost-Duitse dichter Johannes Bobrowski haar prijs in 1962.

TERUGBLIK OP DE GRUPPE 47

Eind jaren zestig was de Gruppe 47 grotendeels vergeten. Ze werd opgevolgd door een nieuwe generatie die alle onderwerpen aanboorde die de groep niet had willen en kunnen bespreken. Al in 1961 was als 'tegengroep' de Gruppe 61 opgericht om de arbeidersliteratuur te stimuleren en aandacht aan de industriële kant van de samenleving te besteden. Vervolgens begon men links-socialistische en feministische literatuur te schrijven, de exilliteratuur uit de jaren 1933-1945 werd belangrijk, en de Tweede Wereldoorlog kwam op tafel. Men verweet de vorige generatie – inclusief de Gruppe 47 – gezwegen te hebben over de oorlog, de concentratiekampen en de Duitse schuld en stelde deze onderwerpen uitvoerig ter discussie.

Een aantal schrijvers van de vorige generatie, vooral degenen die nooit tot de kringen rond de Gruppe 47 hadden behoord, deelde deze kritiek. Een goed voorbeeld hiervan is Ingeborg Drewitz, die sinds begin jaren vijftig toneelstukken, verhalen en romans had geschreven. Drewitz richtte eind jaren zestig samen met enkele anderen het Verband deutscher Schriftsteller op en was vanaf 1969 vice-voorzitter van deze invloedrijke organisatie. Het Verband deutscher Schriftsteller had als doel een nieuw platform voor West-Duitse schrijvers te zijn, dat zich in politieke discussies mengde en opkwam voor de rechtspositie van schrijvers. In artikelen als 'Die Literatur und ihre Medien' (1972) en 'Zur Situation der Literatur in der Bundesrepublik Deutschland' (1975) verweet Drewitz de Gruppe 47 deze dingen juist niet aangepakt te hebben. De groep had volgens haar van Adenauers restauratie geprofiteerd en "die Literatur in den Ziergarten der Tagungen verbannt". Daardoor zou men de aansluiting met de volgende generatie verloren hebben, zodat het geen wonder was dat de Gruppe 47 juist in 1967-68, toen de acties van de studentenbeweging en andere linkse groeperingen een hoogtepunt bereikten, was verzand.

Inderdaad was de Gruppe 47 niet opgewassen gebleken tegen de confrontatie met de volgende generatie. Pas na de grote teleurstellingen van eind jaren zeventig – de nieuwe politieke verschuiving naar rechts, de terreuracties van de RAF, de beroepsverboden en het trauma van de *Deutsche Herbst* met de moord op de machtige industrieel Hanns Martin Schleyer in 1977 – werd de Gruppe 47 herontdekt. Toen begon de echte mythenvorming, die vervolgens rond de tijd van het vijftigjarige jubileum in 1997 weer afgebouwd zou worden. De mythenvorming werd uiteraard grotendeels geproduceerd door degenen die de Gruppe 47 vroeger mee hadden gedragen of aan bijeenkomsten hadden deelgenomen. Zo noemde Alfred Andersch de groep in 1981 "die größte Widerstandszelle der westdeutschen Schriftsteller gegen die Restauration der Bourgeoisie, gegen das Regime Konrad Adenauers". Dergelijke typeringen doen echter, zoals inmiddels duidelijk zal zijn, geen recht aan het ambivalente karakter van de groep.

Dat de Gruppe 47 een uniek fenomeen is geweest in de West-Duitse naoorlogse literatuur tot begin jaren zestig staat buiten kijf. Zij heeft veel nieuwe, progressieve literatuur gestimuleerd, debutanten de kans gegeven om hun teksten te presenteren, en als 'literaire beurs' talloze vruchtbare contacten tot stand gebracht. En tot op zekere hoogte lag de Gruppe 47 tijdens de wederopbouw van de jaren vijftig inderdaad dwars in het conservatieve West-Duitsland. Maar niet zo dwars als Alfred Andersch achteraf beweerde. Want een feit blijft eveneens dat de Gruppe 47 zich heeft teruggetrokken uit de politiek-maatschappelijke openbaarheid, bepaalde soorten literatuur evenals vrouwelijke auteurs in het algemeen weinig kansen heeft gegeven, en het zwijgen over problematische thema's heeft bevorderd.

BEKNOPTE BIBLIOGRAFIE

Primaire literatuur

AICHINGER, Ilse. *Die größere Hoffnung*, Amsterdam: Bermann-Fischer, 1948. (*Naar de andere oever*, vert. Frank Schuitemaker, Amsterdam: Wereldbibliotheek, 1987.)

-- *Rede unter dem Galgen*, Wien: Jungbrunnen-Verlag, 1952.

ANDERSCH, Alfred. *Die Kirschen der Freiheit: ein Bericht*, Hamburg: Claassen, 1952.

BACHMANN, Ingeborg. *Die gestundete Zeit. Gedichte*, Frankfurt/M.: Frankfurter Verlagsanstalt, 1953.

-- *Anrufung des Großen Bären. Gedichte*, München: Piper, 1956. (*Aanroeping van de Grote Beer: gedichten*, vert. Paul Beers & Isolde Quadflieg, Amsterdam: Amber, 1989.

-- *Das dreißigste Jahr. Erzählungen*, München: Piper, 1961. (*Het dertigste jaar*, vert. Paul Beers e.a., Amsterdam: Manteau, 1984.)

BECKER, Jürgen: *Ränder*, Frankfurt/M.: Suhrkamp, 1968.

BICHSEL, Peter. *Eigentlich möchte Frau Blum den Milchmann kennenlernen. 21 Geschichten*, Olten: Walter Verlag, 1964.

BOBROWSKI, Johannes. *Sarmatische Zeit. Gedichte*, Berlin: Union Verlag, 1961.

BÖLL, Heinrich. *Der Zug war pünktlich. Erzählungen*, Opladen: Verlag Friedrich Middelhauve, 1949.

-- *Haus ohne Hüter. Roman*, Köln/Berlin: Kiepenheuer & Witsch, 1954. (*Huizen zonder vaders*, vert. Jan Blokker, Baarn: Anthos, 1993.)

-- *Billard um halb zehn. Roman*, Köln/Berlin: Kiepenheuer & Witsch, 1959. (*Biljarten om halftien*, vert. Michel van der Plas, Baarn: Diogenes, 1995.)

EICH, Günter. *Abgelegene Gehöfte*, Frankfurt/M.: Schauer, 1948.

-- *Botschaften des Regens*, Frankfurt/M.: Suhrkamp, 1955.

GRASS, Günter. *Die Blechtrommel. Roman*, Darmstadt: Luchterhand, 1959. (*De blikken trommel: roman*, vert. Koos Schuur, Amsterdam: Meulenhoff, 1988 (19e herz. dr.).)

-- *Katz und Maus. Eine Novelle*, Neuwied: Luchterhand, 1961. (*Kat en muis* (=Rainbow Pocketboeken 477), vert. Jan Gielkens. Amsterdam: Muntinga, 1999.

LENZ, Siegfried. *Der Mann im Strom. Roman*, Hamburg: Hoffmann und Campe, 1957.

REHMANN, Ruth. *Illusionen. Roman*, Frankfurt/M.: Suhrkamp, 1959.

RINSER, Luise. *Jan Lobel aus Warschau. Erzählungen*, Kassel: Harriet Schleber Verlag, 1948.

-- *Mitte des Lebens. Roman*, Frankfurt/M.: S. Fischer Verlag, 1950.

WALSER, Martin. *Ehen in Philippsburg. Roman*, Frankfurt/M.: Suhrkamp, 1957.

WOHMANN, Gabriele. *Mit einem Messer. Erzählungen*, Düsseldorf: Verlag Eremiten-Presse, 1958.

Secundaire literatuur

ARNOLD, Heinz Ludwig (red.). *Die Gruppe 47. Ein kritischer Grundriß.* München: Ed. text + kritik, 1987.

BACHÉR, Ingrid. "...und die Frauen in der Gruppe 47. Bruchstücke zu einem Thema", in: Jürgen Schutte (red.), *Dichter und Richter. Die Gruppe 47 und die deutsche Nachkriegsliteratur. Ausstellungskatalog*, Berlin: Akademie der Künste, 1988, pp. 91-93.

BRIEGLEB, Klaus. "'Neuanfang' in der westdeutschen Nachkriegsliteratur - Die Gruppe 47 in den Jahren 1947-1951", in: Stephan Braese (red.), *Bestandsaufnahme. Studien zur Gruppe 47.* Berlin: Schmidt, 1999, pp. 35-63.

COFALLA, Sabine. *Der 'soziale Sinn' Hans Werner Richters. Zur Korrespondenz des Leiters der Gruppe 47*, Berlin: Weidler Buchverlag, 1997.

FETSCHER, Justus e.a. (red.). *Die Gruppe 47 in der Geschichte der Bundesrepublik*, Würzburg: Königshausen & Neumann, 1991.

GENDOLLA, Peter & LEINECKE, Rita (red.). *Die Gruppe 47 und die Medien*, Siegen: Universität-GH Siegen, 1997.

LETTAU, Reinhard (red.). *Die Gruppe 47: Bericht Kritik Polemik. Ein Handbuch*, Neuwied/Rhein: Luchterhand, 1967.

PARKES, Stuart & WHITE, John J. (red.). *The Gruppe 47 Fifty Years On. A Re-Appraisal of Its Literary and Political Significance*, Amsterdam/Atlanta: Rodopi, 1999.

RICHTER, Hans Werner (red.). *Almanach der Gruppe 47 1947-1962*, Neuwied: Luchterhand, 1962.

RICHTER, Hans Werner. *Im Etablissement der Schmetterlinge. 21 Portraits aus der Gruppe 47*, München: Hanser, 1986.

RICHTER, Toni. *Die Gruppe 47 in Bildern und Texten*, Köln: Kiepenheuer & Witsch, 1997.

SCHUTTE, Jürgen (red.). *Dichter und Richter. Die Gruppe 47 und die deutsche Nachkriegsliteratur*, Berlin: Akademie der Künste, 1988.

VOGEL, Marianne. "Platz, Position, Profilierung. Geschlechteraspekte des deutschen Literaturbetriebs 1945-1950 unter anderem am Beispiel der Gruppe 47", in: Christiane Caemmerer e.a. (red.), *Erfahrung nach dem Krieg. Autorinnen im Literaturbetrieb 1945-1950. BRD-DDR-Österreich-Schweiz*, Frankfurt am Main e.a.: Lang, 2001, pp. 225-242.

WAGNER, Hans-Ulrich. "Autoren, Foren, Diskussionen - Die 'junge Generation' nach 1945", in: Hans-Gerd Winter (red.), *'Uns selbst mussten wir misstrauen.' Die 'junge Generation' in der deutschsprachigen Nachkriegsliteratur.* Hamburg/München: Dölling & Galitz, 2002, pp. 16-46.

WEHDEKING, Volker & BLAMBERGER, Günter. *Erzählliteratur der frühen Nachkriegszeit (1945-1952)*, München: Beck, 1990.
WIDMER, Urs. *1945 oder die 'Neue Sprache'. Studien zur Prosa der 'Jungen Generation'*, Düsseldorf: Pädagogischer Verlag Schwann, 1966.

HEINRICH BÖLL
(1917-1985)

Ludo VERBEECK
(m.m.v. Anke Gilleir)

De Duitsers hebben het altijd al moeilijk gehad met Heinrich Böll. En dit om uiteenlopende redenen. Op zijn debuutjaren na, waarbij hij als meester van het beknopte verhaal naar buiten trad, zijn nagenoeg al zijn romans, om van zijn essayistisch en journalistiek werk maar te zwijgen, het voorwerp geworden van kritiek, gaande van bedeesde instemming tot onverholen afwijzing. Symptomatisch is de reactie van literatuurcriticus Marcel Reich-Ranicki die bij de publicatie van *Ansichten eines Clowns* in 1963 schamper opmerkte dat Böll het de tegenstanders van zijn talent wel erg makkelijk maakte terwijl zijn aanhangers het veel moeilijker hadden. Maar kritiek kwam niet alleen uit de literaire hoek, ook kerkelijke en politieke kringen mengden zich in het debat en de media droegen er op gespannen ogenblikken tijdens zijn leven niet weinig toe bij het "proces Böll" – want daar leek het soms haast op – in de actualiteit te houden. Heinrich Böll was een publieke en omstreden figuur. Dit zou een banale vaststelling zijn, was er niet dat andere feit dat om een verklaring vraagt: geen enkel naoorlogs Duits auteur vond bij de lezers zowel in het voormalige West- als Oost-Duitsland zoveel bijval en bijna liefdevolle aandacht. De totale oplage van zijn boeken loog er niet om: die werd in 1970 geschat op 8 miljoen, in 1979 lag ze om en bij de 17 miljoen exemplaren. Vandaag is de auteur Böll enigszins het slachtoffer van de met publieke moraliteit beladen figuur van weleer. Zoals een recensent uit de *Süddeutsche Zeitung* enkele jaren geleden opmerkte, is het moeilijk om Böll nog op een onbevangen te lezen en zich doorheen *Spiegel*- en schoollectuurreminiscenties een weg tot bij de literaire teksten te banen. Die zijn echter geen bestsellers die een kritiek die naam waardig niet verdienen en ook niet nodig hebben. Böll was veeleer een succesauteur tegen wil en dank. Des te dringerder wordt de vraag naar wat in de schrijver en de mens Böll de lezer aansprak en nog steeds aanspreekt. Daarbij hoeft niemand zijn mening opzij te zetten om een idool of een monument te sparen, want Böll is dat bij zijn leven nooit willen zijn. Dan krijgen ook zijn belagers hun plaats in het tableau: het vermoeden is gewettigd dat precies zij meer dan de critici, en wel vanuit drijfveren die de literatuur te buiten of te boven gaan, hebben bijgedragen tot de schepping van dit idool, al was het in hun ogen eerder een ketter die op de brandstapel moest. Ondanks het feit dat Böll sinds een kwarteeuw duidelijk aan belang heeft ingeboet, bewijst de nieuwe zeventwintig delen omvattende uitgave van Bölls verzamelde werk bij de uitgeverij Kiepenheuer&Witsch die vanaf 2002 verscheen (en tegen 2009 moet afgerond zijn), dat de misschien wat stoffig geworden intellectueel zijn schaduw niet over de literaire auteur heeft geworpen. Deze nieuwe uitgave heeft in ieder geval de Böll-receptie een nieuw elan gegeven, al blijft de controverse tussen voor- en tegenstanders bestaan: Andreas Rosenfelder schrijft in de *Frankfurter Allgemeine* (08.03.2003) bij het lezen van enkele van Bölls ongepubliceerde teksten onder de indruk te zijn, terwijl Rainer Moritz in de *Neue Zürcher Zeitung* (11.02.2003) niet verder komt dan het oordeel "goed bedoeld".

Het begin van een mythe

Een verklaring voor het irriterende complex van meningen en tegenmeningen dat in de loop der jaren rond de persoon en zijn werk is gegroeid, moet voor een deel gezocht worden in het misverstand omtrent de vroege Böll. De in 1917 in Keulen geboren schrijnwerkerszoon die vanaf de machtsovername in 1933 lid was van verboden katholieke jeugdbewegingen, in 1939 zijn studie germanistiek en klassieke filologie moest onderbreken om soldaat te worden en in 1945 uit krijgsgevangenschap naar zijn vaderstad terugkeerde (hij was een jaar voordien gedeserteerd) om de draad van zijn studies terug op te nemen, kreeg in 1951 de prijs van de Gruppe 47 en werd daardoor in bredere kringen bekend. Hij had toen reeds twee boeken gepubliceerd: *Der Zug war pünktlich* (1949), een roman die het verhaal vertelt van de soldaat Andreas die met de trein naar het Oostfront rijdt en beseft dat hij zijn dood tegemoet gaat, en *Wanderer, kommst du nach Spa...*(1950), een bundel kortverhalen die de ellende van de oorlog in beeld brengen. De mysterieuze titel van deze bundel is een afgebroken citaat dat op het bord staat geschreven in een schoollokaal dat ondertussen als provisoir militair ziekenhuis gebruikt wordt. De protagonist van het verhaal, een zwaargewonde soldaat waarvan beide armen en een been geamputeerd zijn, herkent het lokaal waarin hij op een draagberrie werd binnengebracht als de plek waar hij tot voor kort les volgde en ook het door hem geschreven – afgebroken – citaat van de Griekse held Leonidas ("Wanderer kommst Du nach Sparta, so sage, du habest uns liegen gesehen, wie das Gesetz es befahl".) dat door de nationaal-socialistische pedagogie gebruikt werd om de heroïek van de oorlogsvoering cultuur-historisch te stofferen. In snel tempo volgden andere bundels, daarnaast de romans *Wo warst du, Adam* (1952), *Und sagte kein einziges Wort* (1953), zijn beste boek uit die vroege periode, en *Haus ohne Hüter* (1954). Deze teksten vestigden niet alleen zijn faam als verteller, zij hebben ook het beeld opgeleverd dat voor lange tijd bepalend zal zijn voor de wijze waarop het publiek en de kritiek op zijn werk reageerde: dat van de gevoelige realist, de goedmoedige Rijnlander die met bedwongen maar bewogen aandacht en in een proza dat aanslaat door zijn humoristische en satirische accenten, het lot van de kleine mens van onderuit beschrijft. De frontsoldaat, de "Heimkehrer", de mens die poogt te overleven in de puinen van wat eens Duitsland was: altijd gaat het om mannen en vrouwen op zoek naar wat menselijkheid en liefde, die in de verwoeste stad even schaars zijn als levensmiddelen en brood. Ook een aantal van Bölls vroegste literaire teksten die hij zelf nooit gepubliceerd had, maar die bij verschillende gelegenheden nu voor het eerst verschenen, de romans *Der Engel schwieg* (uit 1950, maar voor het eerst naar aanleiding van de 75ste verjaardag van de auteur in 1992 gepubliceerd) en *Kreuz ohne Liebe* (dat vanaf 1948 ergens in een lade zat en pas voor het eerst in 2002 als begin van het verzamelde werk, de zogenaamde *Werkausgabe*, uitgegeven), bevestigen in zekere zin het beeld van de "phrasenlose Heimkehrer" die beseft dat hij geen thuis meer heeft.

Böll heeft dit eerder onschuldige beeld bij gelegenheid zelf mee ondersteund. Zo schrijft hij in 1952 in zijn essay *Bekenntnis zur Trümmerliteratur*:

> Aber wir wollen es so sehen, wie es ist, mit einem menschlichen Auge, das normalerweise nicht ganz trocken und nicht ganz nass ist, sondern feucht – und wir wollen daran erinnern, dass das lateinische Wort für Feuchtigkeit Humor ist –, ohne zu vergessen, dass unsere Augen auch trocken werden können oder nass, dass es Dinge gibt, bei denen kein Anlass für Humor besteht.

Op grond van zulke uitlatingen zou men geneigd kunnen zijn in Böll een nazaat te zien van die zo typisch Duitse traditie van het poëtisch realisme, van auteurs als Raabe, Keller en Stifter. Vooral deze laatste is voor Böll van belang, want nog in de *Frankfurter Vorlesungen* (1966) laat hij zich lovend over Stifter uit om zijn esthetica van het humane te funderen, waarin wonen, huisraad, familieleven, een positief begrepen provincialisme, ja zelfs het belaste begrip "Heimat" weer een plaats zouden kunnen vinden. Ondanks de gemoderniseerde setting is het intussen toch zo, dat de harde werkelijkheid door de lens van het poëtisch oog verschoond en verzoend lijkt. Maar Böll legt in zijn vroege werk nog heel andere accenten. Hiertoe volstaat het zich de irriterende lichtreclame uit *Und sagte kein einziges Wort* te herinneren die aan de gevel van een torengebouw in de nacht opflikkert: "Vertrau dich deinem Drogisten an." Het in allerlei, ook sprekender varianten voorkomende zinnetje verwijst naar een drogistencongres dat op dat ogenblik in Keulen plaatsvindt en de stad publicitair overrompelt. *Und sagte kein einziges Wort* – de titel beschrijft de reactie van het vrouwelijke hoofdpersonage vanuit de perceptie van haar man – is een roman waarin een typische tijdsproblematiek van de jaren 50 aangekaart wordt. Vooral in de vorm van een interne monoloog wordt het verhaal van Fred en Käte Bogner verteld, een stel dat voor de oorlog trouwde en verschillende kinderen kreeg, maar in de onmiddellijke naoorlogse stad met moeite het hoofd boven water kan houden. Fred moet zelfs het huis verlaten omdat de leefruimte van zijn gezin zo klein is, dat samenleven onmogelijk wordt. Hun 'echtelijke' leven bestaat dan enkel nog uit afspraken in goedkope hotels. In het elfde hoofdstuk wordt de betekenis van dit contrastmotief duidelijk, wanneer Fred en Käte, die tot haar ontsteltenis merkt dat ze weer zwanger is, nog maar eens een afspraak hebben in de stad en zij hem zegt dat zij niet langer als een hoer met hem op hotelkamers wil gaan slapen. Misschien hadden de opstellers van de notoire encycliek *Humanae Vitae* waarin de gelovigen in 1968 aangemaand werden enkel 'natuurlijke' vormen van geboorteperking te gebruiken, gesteld dat zij romans lazen, uit dit contrast argumenten kunnen puren voor een vrije beleving van liefde en seksualiteit. Schrijnend wordt deze veronderstelling wanneer we er de passus uit het hoofdstuk daarvoor bij betrekken, waarin Käte na het horen van de mis in de kathedraal even gaat bidden bij het beeld van de Heilige Maagd:

> Ich betete darum, nicht schwanger zu sein, obwohl ich Angst hatte, darum zu beten. Es brannten sehr viele Kerzen vor dem Bild der Muttergottes, und links neben dem grossen eisernen Kerzen-halter lag ein ganzes Bundel gelber Kerzen. Daneben war ein Pappschild angeheftet: Stiftung der Arbeitsgemeinschaft Die katholische Drogerie innerhalb des Deutschen Drogistenverbandes.

De vooral in de protestantse cultuur gewortelde Duitse literatuur heeft niet veel voorlopers of parallellen voor teksten als deze die zich met een specifiek katholiek gewetensprobleem uiteenzetten. Vergelijkbaar is Böll daarin met teksten buiten de Duitse literatuur, met auteurs als Graham Greene of Julien Green.

Grimmig geloof

Achter de schijnbaar op het idyllische afgestemde Böll gaat een grimmig schrijver schuil. Het is wel zo dat uit heel zijn werk een sterk geloof in de mens spreekt, maar de utopische hardnekkigheid waarmee hij dit geloof belijdt, wekt het vermoeden dat het hier om een echte utopie gaat, een onmogelijke mogelijkheid, een onvindbare plek. Een blik op de evolutie in zijn romans maakt duidelijk dat er voor hem in toenemende mate nog slechts reservaten van menselijkheid te vinden zijn, ver van de wereld die zich persoonlijkheid toeëigent als ging het om een eerstgeboorterecht. Reservaten van de niet-persoonlijkheid, van de weigering, van het woord dat niet te koop is. Hier lijkt mij de eigenlijke impuls te liggen van Bölls schrijverschap. Een ingehouden woede, die in verklaringen en gesprekken onverbloemd naar buiten treedt en hem zelden in dank is afgenomen, maar die in het literaire werk als vormscheppende kracht is opgegaan. Het maatschappelijk correlaat van die woede kennen we. Böll omschrijft het als zondeval, als een historisch verzuim en wel van twee kanten tegelijk, politiek en kerkelijk. In zijn ogen bood de situatie van het totaal verwoeste Duitsland in de eerste jaren na de oorlog een uitzonderlijke kans op de vestiging van een nieuwe maatschappij. Ook dat bleek een utopische hoop die door de loop van de gebeurtenissen al snel de bodem werd ingeslagen. Om al deze redenen is het juist, wanneer Böll zich gaandeweg meer en meer als een politiek schrijver is gaan definiëren.

Maar er is meer. Böll was een religieus auteur en dat aspect wordt wel eens uit het oog verloren of afgedaan met het argument dat het optreden van priesters en nonnen in voldoende aantal, de aanwezigheid van kerkgebouwen of vicariaten of de beschrijving van liturgie en sacramenten nog geen religieuze roman maken. Dat is natuurlijk juist en daarom moet op dit probleem wat dieper ingegaan worden. De verhouding van Böll tot wat hij het kerkinstituut noemde, was bekend. Zijn principiële weigering om kerkbelasting te betalen was daar slechts het meest eclatante voorbeeld van. Maar ook deze daad – men zou het een jaarlijks herhaalde clowneske happening kunnen noemen, zoals er ook in zijn romans herhaaldelijk voorkomen – wordt slechts begrijpelijk vanuit zijn compromisloos gelovige instelling. Böll heeft zich in teksten en interviews herhaaldelijk uitgelaten over de wortels van zijn katholicisme en over zijn vroegste lectuur en daarbij komen Duitse acteurs nauwelijks aan bod. Hij verwijst dan uitdrukkelijk naar schrijvers als Dostojevski, Bloy, Bernanos, Mauriac en Chesterton. In 1977 riep hij in een interview voor de *Westdeutscher Rundfunk* over Léon Bloy (1846-1917) het volgende in herinnering:

> 1936, Weihnachten, ich war 19 Jahre alt. Das erste Buch von Bloy. Es hiess *Das Blut der Armen*, schlug ein wie eine Bombe im deutschen Katholizismus und bei mir und meinen Freunden. Weil es etwas ausdrückte, nicht nur das Mystische bezüglich Geld, Blut des Armen, sondern eine Freiheit, eine Kühnheit der Gedanken und des Ausdrucks [...] Insofern war das Buch eine Offenbarung im mystischen Sinne und eine Befreiung zugleich, weil diese Art katholischer Ausdruck – möchte ich sagen – für uns etwas ganz Sensationelles war, auch bezogen auf alles, was Léon Bloy über das geschrieben hat, was man die körperliche Liebe zwischen Mann und Frau nennt, sowohl sexuell wie erotisch. Auch das war von einer Kühnheit, und das hineingesprochen – gelesen von mir in das total barbarische isolierte Deutschland von 1936.

Hier wordt zichtbaar wat in de naoorlogse context van Bölls thematiek niet meteen opviel: de band met de katholieke vernieuwingsbeweging van vóór de Eerste Wereldoorlog, vooral in Frankrijk, dat een hele generatie gelovige schrijvers zou zien opstaan. Een merkwaardig maar niet te onderschatten fenomeen wanneer men denkt aan de engheid die het toen binnen de Katholieke Kerk heersende antimodernisme aan de geesten oplegde. Een grote aandacht voor het sacramenteel en mystiek karakter van de kerkgemeenschap ging bij deze schrijvers gepaard met een onverschrokken analyse van licht en schaduw in de psyche van de verlost-onverloste mens die in de wereld moet staan. Veel van het gelovige anarchisme van iemand als Léon Bloy is bij Böll terug te vinden, met al de heftige oprechtheid en polemische eenzijdigheid die door die naam wordt opgeroepen. Ook in hun stijl zijn beide schrijvers verwant en het profiel van sommige Böll-personages lijkt door Bloy te zijn geschetst. Dat is zo voor de protagoniste Leni Pfeiffer uit de roman *Gruppenbild mit Dame* (1971), die reminiscenties van de vrouwenfiguren uit *Le désespéré* heeft.

Het is niet helemaal verwonderlijk dat dit soort integer, maar ook radicaal katholicisme zich vroeg of laat scherp zou profileren tegenover een op burgerlijke middelmaat bedachte kerkelijke praktijk. In *Billard um halbzehn* (1959) is dit nog niet zo duidelijk. *Billard* vertelt het verhaal van een familie van architekten, drie generaties, die telkens bij een project rond hetzelfde gebouw, de abdij van Sankt Anton, betrokken zijn: de grootvader bouwt de abdij, de zoon moet het gebouw tijdens de oorlog opblazen en de kleinzoon krijgt de opdracht het herop te bouwen, maar raakt in een dilemma. Aan de hand van deze familie en een aantal andere protagonisten wordt een stuk Duitse geschiedenis verteld. Böll stelt het recente verleden als de strijd tussen goed en kwaad voor, tussen fascisten en pacifisten, die in het dubbele bijbelse beeld van het sacrament van het Lam en het sacrament van de Buffel een bijna allegorische afstandelijkheid meekrijgt. Böll gaf later in een interview toe dat de tweedeling goed-kwaad te weinig gedifferentieerd was, maar de roman was betekenisvol: hij verscheen in hetzelfde jaar waarin Günter Grass' *Die Blechtrommel* en Uwe Johnsons *Mutmaßungen über Jakob* verscheen en dat als symbolisch jaar voor het hervonden modernisme in het naoorlogse Duitse proza gold.

In *Ansichten eines Clowns* (1963) wordt het trieste lot van de mimekunstenaar Hans Schnier geheel ingebed in de maatschappelijke context van een hals over kop welvarend geworden Duitsland. Schnier is niet alleen de eerste in de reeks half-groteske, half-meewarige maar in de grond diep ernstige outsiderfiguren die Bölls romans tot aan het postuum verschenen *Frauen vor Flusslandschaft* toe gaan bevolken. Hij vertegenwoordigt ook een van de kernthema's van de hele vroege Böll: de liefdesrelatie tussen man en vrouw in een gewild opruiende constellatie: die van een niet-kerkelijk ingezegende gemeenschap met de katholieke Marie. Schmiers geliefde heeft hem echter onder de druk van klerikale instanties verlaten om met ene katholieke Züpfner een ordentelijk huwelijk aan te gaan. Terwijl Schnier vruchteloos in het rond telefoneert naar familieleden en vrienden, is zij reeds op huwelijksreis vertrokken, naar Rome. Bölls in vijfentwintig hoofdstukken verdeelde relaas van de ik-verteller Schmier is niet echt een pleidooi voor zoiets als vrije liefde: "Als Material gesehen ist nichts spannender als eine feste unbeugsame Moral", heet het in de *Frankfurter Vorlesungen* met een verwijzing naar Graham Greene. Hoewel Schnier elke institutionele binding – zowel maatschappelijke als kerkelijke – afwijst, blijft deze spanning toch ook hier aanwezig. Wat Böll onder liefde verstaat, heeft hij elders gepreciseerd: "Was mich beschäftigt hat (...) ist die Verbindung von Ehe, Sexualitat, Erotik und Religion und der Ausdruck dafür im Alten und Neuen Testament". Hij is, terecht of ten onrechte, van mening dat de Kerk de existentieel-theologische dimensie van de geslachtelijke liefde braak heeft laten liggen, "dass das Heilende und das Heil, das im Erotisch-Sexuellen liegt, von den Kirchen (...) nicht erkannt worden ist" (Wie hältst du's mit der Religion l, Sender Freies Berlin 1968). Op dit niveau situeert zich de liefdesgemeenschap tussen Schnier en Marie. Door het onverkwikkelijke contrast ten opzichte van een van bovenaf opgelegde moraal wordt het gezochte probleem niet alleen scherp gesteld, maar de personages worden ook gedwongen als het ware onder te duiken, omdat liefde en menselijkheid in hun creatuurlijke sacramentaliteit enkel nog in schuiloorden te vinden zijn.

Eén van de redenen waarom *Ansichten eines Clowns* vrij bitter uitvalt, is de geringe distantie, hoewel de titel het bewust verengde vertelperspectief duidelijk signaleert. In alle geval werd dit door de lezers niet altijd correct waargenomen en werden de meningen van de clown soms al te vlug voor de meningen van Böll versleten. Een beproefd middel nu om distantie te scheppen, is de ironie, ook zij een legitiem schuiloord. In *Gruppenbild mit Dame*, Bölls meest complexe roman, die hem in 1972 de Nobelprijs opleverde, is de ironie tot een verfijnd instrument omgewerkt, waarmee het onachterhaalbare kan worden opgespoord zonder het prijs te geven. Van de dame op de groepsfoto – Leni Pfeiffer – is alleen het negatief beschikbaar: haar profiel ontstaat uit de door de "steller" (Verf., zo afgekort in de Duitse tekst) geduldig ingezamelde getuigenissen van derden. Zijzelf is een zwijgende figuur van wie nauwelijks enkele korte uitspraken in omloop zijn. Maar allen die haar ontmoeten, komen in de ban van haar mysterieuze vrouwelijkheid. Zij werd als jong meisje in de liefde onderwezen door een bekeerde joodse non, excrementenspecialiste en mystica, die in 1942 in geheimzinnige omstandigheden sterft (geboorte- en overlijdensdata komen overeen met die van Edith Stein) en uit wier as elk jaar in december een rozenstruik opschiet. Naar buiten toe vertegenwoordigt Leni het in vele variaties doorgevoerde thema van de "weigering", van de afwijzing van het efficiëntieprincipe (Leistungsverweigerung). Haar ware idioom is dat van de liefde, die hier een "totale" zin krijgt, existentieel zowel als maatschappelijk, die eros en caritas, zinnelijk en mystiek in één is. Verborgen achter het scherm van de ironie, dat nooit gelicht wordt, belichaamt Leni wat Böll in de *Frankfurter Vorlesungen* de drievoudige natuur van de vrouw genoemd heeft: Eva, Magdalena, Maria, drie hypostasen van de geschapen liefde.

Van al de romans uit de rijpe periode is in *Gruppenbild mit Dame* de existentieel-religieuze thematiek het sterkst uitgewerkt. Zij is niettemin overal aanwezig en slechts vanuit die kern kunnen de maatschappijkritische aspecten bij Böll op de juiste wijze worden begrepen. Denkt men terug aan het kabaal dat sommige van zijn publieke uitspraken en initiatieven bij het begin van de jaren 70 verwekten, dan zou men geneigd zijn te menen, dat hij zich eerst laattijdig en door de omstandigheden gedwongen als sociaal of politiek geëngageerd auteur is gaan ontpoppen. Toch is hier van een plotselinge koerswending niet echt sprake. Böll kwam in die periode in opspraak – of in de media – omdat hij zich door de politieke ontwikkelingen in de Bondsrepubliek en elders in Europa genoodzaakt voelde als intellectuele instantie op te treden. Gebruik makend van zijn gezag als Duits en internationaal voorzitter van de PEN-Club kwam hij herhaaldelijk op voor de rechten van schrijvers in de Oostbloklanden; het bekendst is zijn actie ten gunste van Solzjenitsyn geweest. Maar beslissender voor Bölls verdere schrijversloopbaan was het beruchte artikel in *Der Spiegel* van

10 januari 1972. Daarin beklemtoonde hij tegen het gestook van de Springer-pers in een Duitsland dat zijn 'loden jaren' doormaakte, dat ook Ulrike Meinhof recht had op een eerlijk proces. De wijze waarop hij toen zelfs in de betere kranten voor lange tijd het mikpunt werd van verdachtmakingen, is tekenend voor de hysterie die tijdens de lang aanslepende Baader-Meinhofprocessen in de Bondsrepubliek heerste. Toen in 1974 op de dag van de begrafenis van de vermoorde Berlijnse rechter Günter von Drenkmann tijdens de t.v.-commentaar op de zender Freies Berlin zijn naam uitdrukkelijk in verband werd gebracht met het terrorisme, sloeg Böll terug met een proces dat in 1981, na een beroep bij het Constitutioneel Hof, in zijn voordeel werd beslecht.

Het was te verwachten dat hij ook als schrijver op die aantijgingen zou reageren. In zijn misschien meest gelezen roman *Die verlorene Ehre der Katharina Blum* (1974) vormen de criminele manipulaties van een bepaalde pers het centrale thema, maar dan wel verweven met een liefdesaffaire die Katharina heeft met een door de politie gezochte terrorist, die achteraf dan weer niet zo gevaarlijk blijkt te zijn. De wijze waarop Böll de terreur tegenover zijn persoon hier in een doorzichtige intrige omzet, verzwakt aanzienlijk het beoogde satirische effect. Geslaagd lijkt eerder paradoxaal alleen de tekst die aan het verhaal voorafgaat. Die geeft op een scherpe toon het juiste register aan, maar demonstreert tegelijk de moeilijkheid om op brute feiten een verhaal te enten:

> Personen und Handlung dieser Erzahlung sind frei erfunden. Sollten sich bei der Schilderung gewisser journalistischer Praktiken Ähnlichkeiten mit den Praktiken der "Bild"-Zeitung ergeben haben, so sind diese Ähnlichkeiten weder beabsichtigt noch zufällig, sondern unvermeidlich.

De dialectiek van die onvermijdelijkheid wordt door de gekozen plot nergens hardgemaakt. Nu was Böll nooit een beschrijver van feiten. Het was hem altijd al om levenslopen te doen, om de vraag hoe mensen zich gedragen onder de subtiele druk van moeilijk grijpbare fenomenen zoals hier de invloed van de media, van opinievorming en -vervorming in het algemeen. Uiteindelijk gaat het ook om de beschrijving van die fenomenen zelf. Zij verschijnen weliswaar naar buitenuit als feiten, maar in laatste instantie zijn zij machten die de mens oproepen om er zich in te verstrikken. In zijn voorlaatste grote roman *Fürsorgliche Belagerung* (1979) slaagt Böll erin deze existentiële achtergrond op een gelukkige wijze te versmelten met een reeks actuele gebeurtenissen in de Bondsrepubliek van de jaren 70. Enkele daarvan zijn: de ontvoering en moord op de industrieel Hans-Martin Schleyer, de dood van Ulrike Meinhof en van Holger Meins, het zogenaamde "Berufsverbot" en de "Radikalenerlass", de roep om veiligheid en de afluisterschandalen. In de roman laat de schrijver het fenomeen van de veiligheid letterlijk uitwaaieren: gaat het om prominenten, in dit geval Fritz Tolm, voorzitter van het werkgeversverbond, dan is er sprake van beveiliging; gaat het over verdachten, in principe allen die met hem in aanraking komen, dan is er sprake van bewaking. Bij de kinderen van Tolm en hun partners of ex-partners, van wie de enen tot de burgerlijke kringen te rekenen zijn, de anderen in een gamma gaande van links ecologist tot radicaal terrorist thuishoren, is het niet meer duidelijk of het om beveiligen of bewaken gaat. Uiteindelijk slaat beveiliging om in beleg, bewaking in onderdrukking.

De titel van het boek suggereert met een arglistige retorische kunstgreep deze fatale dialectiek van een menselijk bestel dat niet voor het zijn maar voor het hebben heeft gekozen. Want wat beveiligd moet worden, is het bezit, dat in het symbool van het geld slechts zijn eigen masker meedraagt. En er ligt een stuk bevrijdende ironie in de vaststelling dat aan degenen die zowel aan beveiliging als aan bewaking weten te ontsnappen, niet alleen een catacombenachtige vorm van vrijheid ten deel valt, maar tegelijk ook een andere angst en een andere zorg, niet om bezit maar om mensen. Hun namen moeten ons nu wel vertrouwd voorkomen: het zijn de minnenden, de beproefden, de vrijwillig armen. Het is dan ook niet moeilijk in de metafysische paradox van een door beveiligingshysterie bezeten maatschappij zoals die in *Fürsorgliche Belagerung* getekend wordt, de centrale thema's van Bölls oeuvre te herkennen.

In zijn visie op de maatschappij en in wat zijn 'verborgen katholicisme' zou kunnen genoemd worden, is Böll zichzelf tot het laatst verrassend gelijk gebleven. Ook al lijkt de blijvende waarde van zijn werk niet unaniem, hij was in ieder geval in de eerste decennia van het naoorlogse Duitsland een stem die door velen beluisterd werd. En voor een tijd waarin overtuiging goedkoop is, misschien toch zoiets als 'het geweten van de natie'.

Beknopte bibliografie

Primaire literatuur

Der Zug war pünktlich, Opladen: Middelhauve, 1949.

Wanderer, kommst du nach Spa..., Opladen: Middelhauve, 1950.

Wo warst du, Adam, Opladen: Middelhauve, 1951. (*Adam, waar ben je?*, vert. A.P. Angevaare, Amsterdam: Manteau, 1984.)

Und sagte kein einziges Wort. Roman, Köln/Berlin: Kiepenheuer & Wisch, 1953. (*Eng is de poort*, vert. Michel van der Plas, Amsterdam: Manteau, 1986.)

Haus ohne Hüter, Köln: Kiepenheuer & Witsch, 1954. (*Huizen zonder vaders*, vert. Jan Blokker, Baarn: Anthos, 1993.

Das Brot der frühen Jahre. Erzählung, Köln: Kiepenheuer & Witsch, 1955. (*Het brood van mijn jeugd*, vert.Vic Stalling, Amsterdam: Manteau, 1985.)

Billard um halbzehn, Köln: Kiepenheuer & Witsch, 1959. (Biljarten om half-tien, vert. Michel van der Plas, Baarn: Diogenes, 1995.)

Ansichten eines Clowns. Roman, Köln: Kiepenheuer & Witsch, 1963. (*Meningen van een clown*, vert. Michel van der Plas, Baarn: Diogenes, 1994.)

Irisches Tagebuch, Keulen: Kiepenheuer & Witsch, 1965. (*Iers dagboek*, vert. J.W.F. Werumeus Buning Amsterdam: Amber, 1987.)

Frankfurter Vorlesungen, Köln: Kiepenheuer & Witsch, 1966.

Ende einer Dienstfahrt, Keulen: Kiepenheuer & Witsch, 1966. (*Einde van een dienstreis*, vert. W.Wielek-Berg, Amsterdam: Manteau, 1983.)

Gruppenbild mit Dame. Roman. Köln: Kiepenheuer & Witsch, 1971. (Groepsfoto met dame, vert. Margaretha Ferguson, Amsterdam: Manteau, 1985.)

Die verlorene Ehre der Katharina Blum, oder, Wie Gewalt entstehen und wohin sie führen kann, Köln: Kiepenheuer & Witsch, 1974. *(De verloren eer van Katharina Blum, of Hoe geweld kan ontstaan en waartoe het kan leiden*, vert. Jan Bernard, Amsterdam: Amber, 1989.)

Gedichte, Bornheim-Merten: Lamuv, 1975. *(Gedichten*, vert. Wim Zaal, Amsterdam: Manteau, 1982.)

Fürsorgliche Belagerung, Köln: Kiepenheuer & Witsch, 1979. (*Liefdevolle belegering*, vert. W. Wielek-Berg, Amsterdam: Elsevier Manteau, 1981.)

Vermintes Gelände. Essayistische Schriften 1977-1981, Köln: Kiepenheuer & Witsch, 1982. *(Mijnenveld: essays 1977-1981*, vert. W.Wielek-Berg / D. Ouwendijk, Amsterdam: Manteau, 1983.)

Die Verwundung, Bornheim: Lamuv, 1983. (*De verwonding*, vert. Pim Lukkenaer, Amsterdam: Manteau, 1984.)

Ein- und Zusprüche: Schriften, Reden und Prosa 1981-1983, Keulen: Kiepenheuer & Witsch, 1984. (*De moed tot verzet,* vert. Gerda Pancras, Amsterdam: Amber, 1986.)

Frauen vor Flusslandschaft: Roman in Dialogen und Selbstgesprächen, Köln: Kiepenheuer & Witsch, 1985. (*Vrouwen voor rivierlandschap: roman in dialogen en zelfgesprekken,* vert.Gerda Pancras, Amsterdam: Manteau, 1986.)

Der Engel schwieg. Roman, Köln: Kiepenheuer & Witsch, 1992 (1950). (*De engel zweeg,* vert. Elly Schippers, naw. Werner Bellmann, Amsterdam: Amber, 1994.)

Werke. Kölner Ausgabe, 27 vols, Köln: Kiepenheuer & Witsch, 2002-

Secundaire literatuur

ARNOLD, Heinz Ludwig (red). *Heinrich Böll* (=text + kritik 33), München: ed. text + kritik, 1982.

BALZER, Bernd. *Das literarische Werk Heinrich Bölls. Einführung und Kommentare,* München: dtv, 1997.

BUTLER, Michael (red.). *The Narrative Fiction of Heinrich Böll: Social Conscience and Literary Achievement,* Cambridge (UK): Cambridge UP, 1994.

DE BRUYN, Günter. "Über Böll, das Geschwätz und das Schweigen", *Neue Deutsche Literatur: Zeitschrift für Deutschsprachige Literatur,* 46 (1998), pp. 31-43.

DURZAK, Manfred. "Heinrich Böll", in: Hartmut Steinecke (red.), *Deutsche Dichter des 20. Jahrhunderts,* Berlin: Schmidt, 1996, pp. 609-23.

GLATZ, Lawrence F. *Heinrich Böll als Moralist: Die Funktion von Verbrechen und Gewalt in seinen Prosawerken,* New York: Peter Lang, 1999.

REID, James H. "Private and Public Filters: Memories of War in Heinrich Böll's Fiction and Nonfiction", in: Helmut Peitsch (red. + introd.), Burdett, Charles (red.), Gorrara, Claire (red.). *European Memories of the Second World War.* New York: Berghahn, 1999, pp. 2-10.

REID, James H. "'Mein eigentliches Gebiet...': Heinrich Bölls Kriegsliteratur", in: Hans Wagener (red.), *Von Böll bis Buchheim: Deutsche Kriegsprosa nach 1945.* Amsterdam: Rodopi, 1997. pp. 91-109.

REID, James H.: *Heinrich Böll. Ein Zeuge seiner Zeit.* München: Deutscher Taschenbuch Verlag, 1991.

SANDER, Gabriele. "'Verantwortlich sein für eine weitere deutsche Geschichte': Heinrich Bölls politisches Engagement der fünfziger und sechziger Jahre in chronikalischer Darstellung", *Wirkendes Wort: Deutsche Sprache und Literatur in Forschung und Lehre,* 47/3 (1997), pp. 358-98.

SOWINSKI, Bernhard. *Heinrich Böll.* Stuttgart: Metzler, 1993.

PAUL CELAN
(1920-1970)

Ton NAAIJKENS

Een van de bekendste regels uit de Duitstalige poëzie is geschreven door Paul Celan, een dichter uit een voormalig randgebied van de Duitse cultuur, geboren in een stad die nu tot Oekraïne behoort. 'Der Tod ist ein Meister aus Deutschland,' luidt de regel, en hij is afkomstig uit een in 1945 geschreven gedicht dat je gerust kunt lezen als een tekst die de holocaust probeert te verwerken. 'Todesfuge' heet het gedicht, fuga van de dood. Het gedicht, dat met klanken, cadans en thematische herhalingen een muzikale figuur imiteert, kent een vertellende onderlaag waarin personages figureren. Als je het gedicht reduceert tot het verhaal dat erin verteld wordt, zie je een bewaker van een concentratiekamp die zijn honden ophitst en gevangenen dwingt tot het graven van hun eigen graf. En onderwijl wordt muziek gespeeld, om het bittere van de situatie te versterken. Maar het gedicht draait maar voor een klein deel om het vertelde verhaal: de werkelijkheid ervan wordt bijvoorbeeld overschaduwd door irrealiteiten, zoals melk die zwart is en een man die met slangen speelt. Abstract is ook de tegenstelling tussen twee meisjes, een met blond haar en een Duitse naam en een met een joodse naam en haar dat as is geworden. Uiteindelijk is het gedicht gebaseerd op een paradoxale tegenstelling, die namelijk dat de graven niet in de grond gegraven worden maar in de lucht, een graf dat je ironisch genoeg moet beschouwen als een geschenk van de kampbewaarder (want 'daar lig je niet krap').

Schwarze Milch der Frühe wir trinken dich nachts
wir trinken dich mittags der Tod ist ein Meister aus Deutschland
wir trinken dich abends und morgens wir trinken und trinken
der Tod ist ein Meister aus Deutschland sein Auge ist blau
er trifft dich mit bleierner Kugel er trifft dich genau
ein Mann wohnt im Haus dein goldenes Haar Margarete

er hetzt seine Rüden auf uns er schenkt uns ein Grab in der Luft
er spielt mit den Schlangen und träumet der Tod ist ein Meister aus
Deutschland

dein goldenes Haar Margarete
dein aschenes Haar Sulamith

Een van de problemen die Paul Celan als dichter tegenkwam, was het feit dat aan het realiteitsgehalte van zijn poëzie getwijfeld werd, zelfs bij een zo voor zich sprekend gedicht als 'Todesfuge'. Nog in 1961 schreef hij aan een bekende literatuurcriticus het volgende: 'Dat "graf in de lucht" – beste Walter Jens, dat is, in *dit* gedicht, bij God geen ontlening noch een metafoor.' Het gaat er Celan steeds om de verschrikkingen van de holocaust en de vergassingen van de joden onder woorden te brengen. In die zin kun je hem een politiek dichter noemen. Maar zijn stijl van schrijven is een moderne, een die door hem zelf ontwikkeld wordt en die de Duitse poëzie naar een ongekend hoog peil brengt. Daarenboven worden steeds ook andere thema's door hem aan de orde gesteld en komen er bijvoorbeeld heel wat liefdesgedichten in zijn oeuvre voor. Ook 'Todesfuge' kent een laag die je er als lezer toe uitnodigt het als een liefdesgedicht te beschouwen, de liefde voor een gestorven geliefde weliswaar, maar toch. Die dubbelheid van dichtregels – waardoor je dingen van meerdere kanten kunt bekijken – is een kenmerk van Celans poëzie; zelf heeft hij daarvoor het beeld van een kristal aangedragen, een edelsteen waar het licht op verschillende manieren op kan vallen en die telkens andere tinten weerkaatst.

Een waaier van woorden

Paul Celan was een Duitstalige, joodse dichter die in 1920 – als Paul Antschel – geboren werd in Cernauti (in het Russisch Tsjernovtsy, in het Duits Czernowitz), een toen Roemeense, nu Oekraïense stad. Celan verloor zijn ouders in de Tweede Wereldoorlog. Hij woonde vanaf juli 1948 in Parijs, waar hij in 1970 zelfmoord pleegde. Hij geldt als de belangrijkste Duitstalige dichter van de tweede helft van de vorige eeuw. Celan schreef een bijzonder soort poëzie waarin hij filologisch en moreel tot het uiterste ging. Hij achtte het contemporaine Duits, na alles wat er gebeurd was, niet meer geschikt om 'poëtisch' te zijn en zag af van het streven 'mooi' te schrijven. Hij zocht wat hij noemde 'waarheid' in de woorden en beschouwde zichzelf als een realist – 'auf meine Weise', zoals hij er in een brief aan zijn vriend Erich Einhorn aan toevoegde.

Elk woord is bij Celan eerder een waaier van woorden. Zijn gedichten verwijzen daardoor gebroken naar de werkelijkheid, of liever: de werkelijkheden. Ze zijn op alle vlakken vergeven van de onvatbare verschrikkingen van de oorlog. De holocaust is het prisma waar doorheen gekeken wordt. Je ziet in Celans woorden geen pogingen tot mimesis, maar hebt rekening te houden met gevarieerde hoeken van lichtval en met een variatie aan betekenissen. Je zou kunnen zeggen dat de taal die Celan gebruikt – uiteraard zijn moedertaal, maar gesproken buiten het eigenlijke taalgebied en ook tegen het taalgebied – een nieuwe, volstrekt eigen taal is. Celan wilde 'een breuk met de bestaande taal', zegt Jean Bollack, vriend en Celan-kenner, en dat is volgens hem de consequentie van de holocaust en de herinnering eraan.

Paul Celan was getrouwd met Gisèle Lestrange (1927-1991), een Franse kunstenares uit een adellijke, katholieke familie. Hun oudste zoon François overleed een dag na zijn geboorte in 1953. Hun jongste zoon Eric (*1955) beheert nu Celans nalatenschap. Celan had in de loop der tijd verschillende liefdesrelaties, onder meer met de dichteres Ingeborg Bachmann. Hij werkte lange tijd als lector Duits aan de École Normale Supérieure, waar hij vertaalcursussen gaf. Een groot deel van zijn werkende leven ging hij gebukt onder het onterechte verwijt de poëzie van een ander (Yvan Goll) te hebben geplagieerd. Celan verbond die beschuldiging met antisemitisme. In de jaren zestig kreeg hij psychische problemen (depressies en wanen) en werd hij een paar keer opgenomen in klinieken. Tijdens een van zijn wanen deed hij een poging zijn vrouw te doden. Hij sprong, vermoedelijk op 20 april 1970, in de Seine, niet meer in staat om zijn leven verder te leven.

In het geheel niet hermetisch

In de literatuurgeschiedenis is een aantal malen geprobeerd Celan in te delen bij de zogenaamde hermetische dichters. Zelf benadrukte Celan steevast de helderheid van zijn gedichten. Het is weliswaar onmogelijk ze volledig te doorgronden, maar erin doordringen, de betekenissen ervan ervaren, is wel degelijk mogelijk. Je moet er alleen moeite voor doen. Op 7 april 1970, vlak voor zijn dood, schreef Celan aan zijn uitgever Siegfried Unseld:

> Mijn gedichten zijn niet hermetischer geworden, ook niet geometrischer; het zijn geen geheime tekens, het is taal; ze verwijderen zich niet nog verder van het leven van alledag, ze staan, ook in hun woordelijkheid [...], midden in het heden. Ik meen te mogen zeggen dat ik met dit boek een uiterste aan menselijke ervaring in de huidige wereld en de huidige tijd heb ingebracht, onverstomd en op weg naar meer.

Hij geeft daarmee te kennen actuele poëzie geschreven te hebben. Vooral in zijn begintijd als dichter wees Celan expliciet op de verplichting je te herinneren, en hij bedoelde: je de holocaust te herinneren. In zijn eerste echte bundel, *Mohn und Gedächtnis* (1952, in het Nederlands *Roes en memorie*), probeerde hij met alle macht te beseffen wat de mens met de holocaust is overkomen. In zijn volgende werk werd de plicht tot herinneren nog sterker, maar ze ging gepaard met de noodzaak te reageren op wat het actuele heden brengt. In zijn latere werk deden het gedenken en zijn actuele situatie hem steeds meer pijn, zozeer dat hij er uiteindelijk aan onderdoor is gegaan.

De gedichten van *Roes en memorie*, met daarin het befaamde gedicht 'Todesfuge', maakten van Celan in één klap een klassiek auteur. Ze zijn zeer visueel van aard; ze spreken van liefde, dood en geschiedenis, maar staan vooral in het teken van het verdriet om de verwoestende kracht van de oorlog en van de rouw om de doden. De eerste gedichten van de bundel ontstonden aan het eind van de oorlog. Sommige (uit de eerste cyclus) werden nog geschreven in de streek waar Celan vandaan komt, de Boekovina, andere in Boekarest, waar de dichter vanaf 1945 enige tijd onder zijn eigen naam werkte bij een uitgeverij. Ook de volgende stations in zijn leven, Wenen (vanaf december 1947) en Parijs (vanaf juli 1948), werden plaatsen van ontstaan. Met het thema van de roes – en letterlijk van de papaver ('Mohn') die vergetelheid brengt – verwoordt Celan de keerzijde van de verplichting je de dingen te herinneren (inderdaad ook als talent om daadwerkelijk en oprecht te rouwen, om met Alexander Mitscherlich te spreken). De gedichten uit de tweede bundel (*Von Schwelle zu Schwelle* uit 1955, in het Nederlands *Van drempel naar drempel*) werden voor het merendeel in Parijs geschreven. De bundel bevat 47 gedichten, ondergebracht in drie afdelingen. De titel van de eerste afdeling, 'Sieben Rosen später', is een citaat uit het gedicht 'Kristal' uit de voorafgaande bundel *Mohn und Gedächtnis*, een procédé dat Celan vaker hanteerde en dat de samenhang van zijn werk aangeeft. Ook de titel van de gehele bundel grijpt terug op een eerder gedicht, 'Chanson einer Dame im Schatten'. In dat gedicht is sprake van een persoon 'die heeft wat ik zei' en die dat bezit niet weggooit, maar met zich meedraagt 'van drempel naar drempel'. De dichter citeert zichzelf en wijst in feite op de roeping die hij zichzelf oplegt. Hij neemt zo letterlijk zijn eigen woorden met zich mee naar een volgende fase in zijn dichterlijke leven. Tegelijkertijd refereert de titel natuurlijk ook aan de verschillende stadia in het leven van de dichter, niet alleen geografisch maar ook biografisch. De eerste cyclus van de bundel sluit aan bij het telkens terugkerende thema: nadenken over de mogelijkheden om voort te leven na een oorlog die je beroofd heeft van je naasten en in ballingschap deed gaan. Dat impliceert in het geval van Celan, die mensen direct wil aanspreken en zijn gedichten ent op de structuur van de dialoog, heel concreet nadenken over de mogelijkheden om met de doden te praten en in contact te komen met het verloren vaderland en wie daar woonden en een gemeenschappelijke taal spraken.

De bundel *Van drempel naar drempel* is door Celan aan zijn Franse vrouw Gisèle opgedragen, iets dat vooral door de tweede cyclus aan betekenis wint aangezien die expliciet in het teken staat van de nagedachtenis aan hun beider eerste zoon François die kort na zijn geboorte overleed. In een brief aan zijn vriend Petre Solomon schreef Celan in juli 1957 dat het 'hard, hard, hard' was. De opdracht drukt een bijzonder stempel op de intimiteit van de gedichten, waarin dit specifieke verdriet langs verschillende wegen wordt verwerkt. Het is niet zo dat de gedichten daardoor particulier worden. De vormgeving en de formulering zijn steeds van dien aard dat het thema uitgetild wordt boven het louter persoonlijke en samenvalt met de andere thema's rond verloren geliefden en familie. Wat zijn dit voor tijden, wat heb ik gedaan met mijn verantwoordelijkheid, hoe verantwoord ik mijn spreken: dat zijn de vragen die gesteld worden en die in de derde cyclus in *Van drempel naar drempel* meer op de actualiteit betrokken worden. John Felstiner, een van de biografen van Celan, geeft naar aanleiding van het gedicht 'Nachtelijk gestulpt' bijvoorbeeld de informatie dat Celan in de zomer van 1952 in Tirol zijn vrienden Klaus en Nani Demus bezoekt en tijdens de busreis huiswaarts door de Alpen het genoemde gedicht schrijft: 'In their own landscape, those arrested by untimely death press on language itself. (...) With a ritual pulse of ministering to the dead, we are told not to shut the corpse's eye but to make it look upward.'

EERSTE RECEPTIE VAN CELAN

In de eerste besprekingen van Celans poëzie werd weliswaar de kwaliteit ervan erkend, maar de nadruk lag toch eerder op het nieuwe en aparte en met name op dat wat een goed begrip in de weg leek te staan: het donkere en onduidelijke ervan. Net als bij veel twintigste-eeuwse, nonfiguratieve schilderkunst zagen sommige critici de gedichten als *poèsie pure*, als gedichten die er alleen maar zijn omwille van zichzelf en die dus naar niets anders verwijzen dan naar zichzelf: puur klank, pure show als het ware. Het etiket surrealisme werd gebruikt, maar ondanks een korte flirt met het surrealisme in de jaren onmiddellijk na de Tweede Wereldoorlog – in de tijd dat Celan in Boekarest woonde en werkte – was Celan er juist op gericht beelden te gebruiken die direct verband hielden met de hem omringende realiteit. Een belangrijk kenmerk van zijn poëzie werd het engagement waarmee een ander werd aangesproken: poëzie van een ik die een ander – een 'jij' – direct aanspreekt, ook al is het niet altijd duidelijk of die ander er is en wie dat is. Celan gebruikte daarvoor het beeld van een gedicht als een soort flessenpost, een beeld dat hij ontleende aan een door hem bewonderde en vertaalde Russische dichter, Osip Mandelstam. Dat Celan veel vertaalde, met name in de jaren vijftig, moet ook in die zin gezien worden: door zijn vertalingen legde Celan verbanden, wees hij op anderen, wees hij op betekenissen die geldig waren in de beleving van de werkelijkheid. Maar de critici zagen dat aanvankelijk niet in; enkel 'Todesfuge' werd beschouwd als het gedicht van een overlevende van de holocaust, de rest werd als kunstmatig en 'onwerkelijk' beschouwd. Zo werd bijvoorbeeld het beeld van de 'molens van de dood' (uit het gedicht 'Spät und tief') door een vooraanstaand poëziecriticus (Hans Egon Holthusen) afgedaan als triviaal, en dit terwijl een kampbeul als Eichmann al van 'de doodsmolens van Auschwitz' had gesproken.

Toen Celan eind jaren vijftig ook nog eens van plagiaat werd beschuldigd – door de vrouw van de dichter Yvan Goll, bij wie Celan een poosje secretaris was (de beschuldiging bleek volkomen onterecht te zijn) – nam de ergernis bij de dichter toe en kon hij verschillende reacties op zijn werk zelf alleen nog maar beschouwen als antisemitisch. Dat etiket lijkt weliswaar te gemakkelijk geplakt, maar feit is wel dat in veel besprekingen van Celans werk een dubbele houding ten opzichte van het joodse karakter ervan te zien valt. In de tweede helft van de jaren vijftig scherpte Celan zijn poëtica aan. Zo beantwoordde hij een enquête van de Parijse boekhandel Flinker naar zijn werkzaamheden en probeerde hij de positie van de schrijver in de naoorlogse wereld zo precies mogelijk aan te geven. Hij citeerde in zijn antwoord wat hij over de door hem bewonderde en vertaalde Russische dichter Osip Mandelstam had gezegd, namelijk dat het van belang is te doorzien hoe iemand, een dichter dus, zijn bestaan contour en richting wil geven en hoe hij derhalve naar de hartslag van zijn eigen tijd en van de wereld moest luisteren. Dit geluid werd ook gehoord. Celan kreeg in korte tijd een aantal belangrijke prijzen toegekend. In Bremen, waar hij de literatuurprijs van de Freie Hansestadt in ontvangst nam, sprak hij in 1958 een befaamd dankwoord uit. Daarin stelde hij hoezeer de mens, inclusief hijzelf uiteraard, geraakt wordt door de werkelijkheid en op zoek is naar de werkelijkheid. Meer dan in zijn beginjaren als dichter probeert hij nu ook dat streven vorm te geven. Hij zoekt de juiste vormen van verbeelding en is uit op het leggen van verbanden: tussen door tijd en plaats van elkaar gescheiden mensen, tussen in de tijd verspreid liggende gebeurtenissen, tussen de gedichten en de teksten die bij die mensen en gebeurtenissen horen. Toen hij in 1960 de belangrijke Büchner-prijs ontving, legde hij dit principe van de verbondenheid van gebeurtenissen, personen, tijden en plaatsen vast in zijn dankwoord, de poëticale rede die *Der Meridian* genoemd werd.

Belangrijke bundels

In de jaren 1956 tot en met 1958 werkte Celan aan de bundel *Sprachgitter* (1959, in het Nederlands *Spreektralie*). Celan reisde in die tijd regelmatig naar Duitsland, waar hij lezingen gaf en ook gevraagd werd naar zijn contacten met Yvan en Claire Goll. Celan leed zwaar onder de beschuldiging van plagiaat, die steeds heftiger weerklonk. Hij vertaalde veel en ervoer zijn joodsheid in toenemende mate niet 'thematisch' maar 'pneumatisch', in de zin van Franz Rosenzweig: als een vorm van

> geestelijke samenhang die verder gaat dan het psychische en fysieke leven van het individu, zelfs verder dan zijn tijd van leven, en die de verschillende individuen ook tot een gemeenschap verbindt.

Soms trok hij in die jaren met vrouw en kind een paar dagen naar Brest en omgeving, waar zijn schoonmoeder zich teruggetrokken had in een klooster. Met haar valt alleen door een getralied venstertje te spreken, een beeld dat in het titelgedicht van *Spreektralie* wordt opgeroepen. Voor Celan sprak daaruit tevens de moeilijkheid überhaupt om met anderen te communiceren, een wezenlijk kenmerk volgens hem van de moderne, naoorlogse tijd. Vooral de derde cyclus van *Spreektralie* bevat een aantal klassiek geworden gedichten. De bundel thematiseert onder meer godsgeloof en het afwijzen daarvan. Opvallend is het motief van de ogen, dat in het gehele werk van Celan een rol speelt. Ogen staan voor contact en bij Celan wordt het motief vaak ingezet om gemis en onbereikbaarheid aan te geven. Wat Celan zegt over de zintuigen geldt bij hem tegelijk voor de taal. Taal is niet in staat een boodschap over te brengen, communicatie mislukt ook heel concreet door de kloof die twee mensen fysiek scheidt – dat kan de wand in een klooster zijn of het feit dat de persoon met wie je het liefst wilt praten dood is. Soms is de ander de geliefde naar wie het verlangen uitgaat, maar de enige mogelijkheid om haar te ontmoeten en lief te hebben is virtueel. Dan wordt de plaats van de liefde bijvoorbeeld een bed van sneeuw, waar de liefde geen warmte biedt en het bloed is verkild. Op een van de typoscripten van *Spreektralie* (bij het gedicht 'Op mondhoogte') staat een losse, belangrijke aantekening waarin Celan gedichten 'poreuze bouwsels' noemt: 'Het leven stroomt en sijpelt eruit en erin, onderhuids eigenwillig, zichtbaar en in de vreemdste vorm.'

Spreektralie wordt afgesloten met het belangrijke lange gedicht 'Engführung' ('Stretto'). Van toepassing zijn woorden die Celan gebruikte in zijn vertaling van het commentaar bij Alain Resnais' film over de kampen *Nuit et brouillard*:

> Terwijl ik tot jullie spreek dringt het water binnen in de dodencellen; het is het water van de moerassen en bouwvallen, het is koud en troebel

– net als ons slechte geheugen. De oorlog sluimert slechts. Op de appèlplaatsen en rondom de barakken is het gras weer aan het groeien. Een verlaten dorp – nog onheilszwanger. Het crematorium is buiten gebruik, de nazimethoden zijn uit de mode. Dit landschap: het landschap van negen miljoen doden.

In het gedicht wordt dit landschap opgeroepen, hetzelfde gras van het vergeten groeit er, hetzelfde grondwater sijpelt er de geschokte aarde binnen. Als in een stretto schuift er – poëtisch en muzikaal – een tweede landschap overheen: het is dat van de nucleaire dreiging, die als een bom tikt en uiteindelijk explodeert. Celan rouwt en gedenkt de slachtoffers van het inhumane door de landschappen van Hiroshima en de holocaust in zijn gedicht te laten samenvallen. Het schrikbeeld van de ontbladerde natuur met haar amorfe stenen stuurt de poëzie verder naar de grens van het onuitspreekbare. Het gedicht wordt letterlijk in het nauw gedreven, *enggeführt*, de 'weg van het onmogelijke' opgestuurd.

Lijnen die verbinden wat onverbonden is

Toen Celan in 1960 de belangrijke Büchner-prijs ontving, sprak hij een dankrede uit en introduceerde hij de term die zijn poëzieopvatting van die jaren in één woord samenvat: de meridiaan. De meridiaan is de denkbeeldige lijn die plaatsen met elkaar verbindt, en de balling Celan gebruikt die lijn vervolgens als beeld in zijn poëzie. Maar de meridiaan wordt in de bundel *Die Niemandsrose* (uit 1963, in het Nederlands verschenen als *De niemandsroos*) ook tot een algemeen principe van vormgeving. In de bundel tref je veel voorbeelden van wat wel Celans 'most famous weldings' genoemd zijn: de typerende verbale samensmeltingen van levensgeschiedenis en gedicht, naam en tijd. De dichter zelf vestigde steeds de aandacht op dit voor hem typische procédé, ook toen hij de hele *Niemandsroos* samenvatte als een 'huldebetoon aan hen die het dichterlijke gedragen hebben'. Getuige de expliciete opdracht voorin de bundel dacht hij daarbij in de eerste plaats aan Osip Mandelstam. Maar in Mandelstam komen ook alle andere dichters samen, vooral de ontheemde, de ballingen en de zoekers van het woord. Het cyrillische motto boven het voorlaatste gedicht uit de bundel zegt in de woorden van Marina Tsvetajeva hetzelfde nogmaals en anders: 'alle dichters zijn joden'. Daardoor wordt in de opdracht aan

Mandelstam (door Celan vast ook opgevat als 'stam van de amandelogigen') de existentiële essentie van de gedichten versterkt.

De niemandsroos wordt er een heldere bundel door. Het lezen ervan veronderstelt enige eruditie, maar doet na verloop van tijd niets anders dan die eruditie vergroten. Die 'afschuwelijke nauwgezetheid' van Celan zorgt ervoor dat alles ook na te trekken valt. Soms moet je kristallograaf, entomoloog, glacioloog, kabbalist en geoloog tegelijk zijn. Celan maakte uittreksels van de boeken die hij las en stelde lijsten op van termen die hij haalde uit natuurwetenschappelijke vakliteratuur (geologie, paleontologie en zeebiologie). Daardoor ontstaan 'onderaardse verbindingen' tussen de gedichten en ontvouwt zich steeds weer een ander, taliger landschap. Celans woorden refereren niet aan de eerste en de alledaagse betekenissen van de taal, maar aan de culturele en historische encyclopedie die erin vervat is. Het is misschien begrijpelijk als iemand als Primo Levi het moeilijke of zogenaamd 'hermetische' van Celan kapittelt, maar het is niet terecht. Michael Hamburger raakte de kern van de zaak toen hij zei dat als de gedichten van Celan werkelijk hermetisch bedoeld zouden zijn, ze juist minder moeilijk zouden zijn. De lezers zou dan immers de poging de gedichten te willen ontcijferen bespaard zijn gebleven.

Meer dan andere bundels is *De niemandsroos* het definitieve uitvloeisel van een sinds de oorlog bloeiende gedachte die je bij een grote groep mensen – van elk slag, van de 'gewone' man tot de denker en de dichter – telkens terug ziet komen. Adorno stelde aanvankelijk de scherpste formulering voor, door te stellen dat het onmogelijk is na Auschwitz nog poëzie te schrijven. Uiteindelijk – dat wil hier zeggen: nadat kunst na Auschwitz onmogelijk had geleken – komt Adorno zelf tot de conclusie dat de continuïteit van de esthetische ervaring juist via iemand als Celan gewaarborgd wordt. Voor Adorno wordt in elk kunstwerk – een muziekstuk, een gedicht – sindsdien principieel alle andere ervaring meegedacht en 'al het weten van degene die ervaart'. Celan geeft in zijn poëzie uitdrukking aan uiterste ontzetting: niet door deze bloot te leggen maar door haar al sprekende steeds veelzeggender te verzwijgen. In de dankrede *De meridiaan* zegt Celan dat aan het moderne gedicht 'ontegenzeggelijk een sterke neiging tot verstommen valt af te lezen. Het handhaaft zich [...] op de rand van zichzelf; het roept en haalt om te kunnen blijven bestaan zichzelf onophoudelijk terug vanuit er-al-niet-meer-zijn naar er-nog-altijd-zijn.'

De bundel *Atemwende* (1967, in het Nederlands *Ademkeer*) ontstond in de eerste helft van de jaren zestig (eind 1963 tot september 1965). De cyclus legt een verband tussen poëzie en grafische kunst (van Gisèle Lestrange-Celan) en heeft een sterk poëticale ondertoon. In de tweede cyclus worden vooral de thema's liefde en herinnering met elkaar verweven. In de derde cyclus gebeurt hetzelfde, maar komen erotiek en dood explicieter ter sprake. Het relatief nieuwe thema van de waanzin dringt in de daaropvolgende cyclus sterker naar voren. De vijfde cyclus heeft een politieke ondertoon, die ook in de derde en vierde cyclus al danig meespeelt. In deel zes van *Atemwende* geeft Celan het gedicht 'Einmal' een aparte plaats. Voor de titel van de bundel zijn verschillende interpretaties gegeven. Het woord 'ademkeer' komt voor in de programmatische toespraak *De meridiaan* en legt de nadruk op de momenten van ommekeer en overgang. Het relatieve optimisme van *De niemandsroos* en *De meridiaan*, waarin de taal ondanks alles als 'thuis' – het enige thuis – wordt gezien, wordt in *Ademkeer* ingewisseld voor een negatievere, sceptische taalopvatting. Na deze ommekeer, hoezeer ook gevat in taalspelen, klankovereenkomsten en alliteratie, zal Celan in zijn poëzie tot op het bot gaan. De toon is navenant en zal hier en daar cynisch worden. Celan leed in toenemende mate aan wanen; vanaf deze tijd keert het thema doorlopend in zijn poëzie terug, in *Ademkeer* in gedichten als 'Lichtheidshonger' en 'Give the word'.

Celans poëzie wordt steeds meer poëzie van de slapeloosheid, van het wakker liggen en van het afweren van boze dromen. Je kunt zeggen dat Celans poëzie vanaf deze tijd ook een in zichzelf gekeerde kant heeft. In *Fadensonnen* (de bundel uit 1968, die in het Nederlands *Draadzonnen* gedoopt is) schrijft hij steeds dichter naar zichzelf toe. Dit maakt zijn late gedichten particulierder en misschien ook sympathieker, althans: invoelbaarder (ze roepen een ander soort sympathie op). Celan verwerkt in zijn poëzie inderdaad de oorlog, het sterkst in de periode tot ongeveer 1955; daarna gaat dit gepaard met een bewuste en morele politiek van de herdenking (tot ongeveer 1961); na *Draadzonnen* staat Celans poëzie in feite tevens in het teken van de zelfherdenking.

Het woord angst zelf komt weinig voor in de gedichten, toch valt het wel eens, het meest pregnant in de tweede cyclus van *Draadzonnen*. Het is de tijd van grote psychische problemen, die ook tot opnames en behandelingen leiden. Het is de tijd dat Celan een eenzame dwaaltocht door Zuid-Frankrijk onderneemt en zichzelf niet altijd onder controle heeft, een keer zelfs zijn eigen vrouw Gisèle aanvalt. Wat treft in *Draadzonnen* is de sterke fixatie op lichamelijke processen. Een belangrijke referentie in de bundel, in het bijzonder in de derde cyclus, is een bekend anatomieboek: dat van Adolf Faller, *Der Körper des Menschen*, waarvan Celan in ieder geval de paragrafen over het hart, de hersenen, het oog, het oor en de vagina goed gelezen heeft. In de gedichten, die tot de ondoordringbaarste van Celans oeuvre behoren, worden anatomische begrippen gebruikt, ook in een poging om op geestelijke processen greep te krijgen. Zijdelings wordt er naar medicijnen verwezen, in het bijzonder naar psychofarmaca. In de eerste cyclus van *Draadzonnen* wordt een wereld geschetst die steriel is en zonder samenhang. De gedichten hebben aan coherentie ingeboet, zeker ten opzichte van cyclisch opgezette bundels als *De niemandsroos*, maar zijn in zoverre samenhangend dat ze over dit verlies aan coherentie vertellen. Veel woorden zijn medische vaktermen en hebben met hersenen en hersenactiviteit te maken. Celan slaat een gedesillusioneerde, soms ook cynische toon aan, bijvoorbeeld in het gedicht 'Spasmen', waarin het zo oprechte cliché 'ik hou van je' van alle romantiek ontdaan wordt. Je zou ook kunnen zeggen dat Celan veel gekte toelaat in zijn woorden.

De tweede cyclus van *Draadzonnen* begint persoonlijk en thematiseert persoonlijke gebeurtenissen en geestesgesteldheden, zoals dromen, gevoelens van zinloosheid en wanhoop. Steeds wordt de nadruk gelegd op lichamelijkheden, op lichamen die problemen kennen en problemen verwerken. Zo wordt er bijvoorbeeld gesproken van een 'tuffende schedel'. De problemen zelf worden niet besproken, wel de effecten en angsten die ze oproepen. Wederom veel medische termen en psychiatrische situaties: geen landschappen, wel kale binnenruimtes als douchecabines en isoleercellen. Er worden zeer aparte, soms bizarre woorden ingezet.

Tussen de eerste en de tweede cyclus van de bundel gaapt een periode van ongeveer een half jaar. Uit die periode staan geen gedichten in *Draadzonnen*. Wel schreef Celan van februari tot mei 1966 tijdens een behandeling in een van de Parijse klinieken een cyclus van elf gedichten die als 'Eingedunkelt' ('Ingeduisterd') bekendstaat. De cyclus werd niet in een bundel opgenomen, maar apart gepubliceerd in een bloemlezing van 'opgegeven werk'. Het zijn de zwartste gedichten van Celan, zwarter nog dan de poëzie waarin hij met steeds grotere innerlijke instemming zijn zelfmoord aankondigt. Met het woord 'ingeduisterd' associeer je opgesloten zijn. Het woord suggereert bovendien een beeld van de psychische effecten die opsluiting en duisternis hebben op een persoon die afdaalt in de diepste afgronden van zijn bestaan.

Zelfportret als dode

In de loop van de jaren zestig groeide Celan uit tot de belangrijkste Duitstalige dichter van zijn tijd. Na zijn dood in 1970 werd zijn werk in toenemende mate gelezen, vertaald en becommentarieerd. Momenteel wordt het beschouwd als de belangrijkste bijdrage aan de poëzie van de tweede helft van de twintigste eeuw, niet alleen in Duitsland, maar ook in de rest van de wereld en zeker in het land waar Celan het grootste deel van zijn leven doorbracht, in Frankrijk. Intussen wordt in de commentaren bij zijn werk steeds meer ingezien hoe verweven de bijzondere taal van Celan is met het Duits dat hij in alle mogelijke uithoeken van de cultuur aantrof. Celan las bijvoorbeeld de wetenschapsbijlagen van kranten op zoek naar bijzondere woorden; hij las handboeken over de gekste onderwerpen, op zoek naar termen die hij kon inzetten in poëzie. Daarmee heeft hij de taal van de poëzie verrijkt en opengesteld voor werkelijkheden en domeinen van de werkelijkheid die er tot dan toe uit buitengesloten werden. Daarmee is Celan allesbehalve een romanticus te noemen, hij is geen dichter die wil dwepen met gevoelens of uit is op het formuleren van de allerpersoonlijkste, allereigenste ervaring. Celan wil de bittere werkelijkheid erkennen, ook als die tot hem komt via boeken, artikelen en andere teksten. Elke impuls die in een creatief proces op zijn plaats zou kunnen vallen, wordt opgepikt, genoteerd en verwerkt. Je zou Celan een alerte dichter kunnen noemen, iemand die gespitst is op alles dat hem aangaat en dat hij van belang acht voor de plaats waarop je je als mens positioneert. De tragische keerzijde van dat inzicht is dat de dichter voor zichzelf steeds minder een plaats toebedacht zag in het rijk van de levenden. Zelfbewust stuurde hij aan op zijn eigen dood, een drang die ook zichtbaar werd in zijn gedichten.

Een van de opvallendste en indringendste uitspraken in Celans poëzie is bijvoorbeeld de imperatief in het gedicht 'De vlijtige bodemschatten', dat een psychiatrische afdeling beschrijft: de simpele imperatief luidt 'leef'. De oproep staat te midden van andere, uitgesproken cynische teksten, die soms ook blasfemisch zijn (in de vierde cyclus van *Fadensonnen* vooral). Steeds duidelijker duiken pregnante uitspraken op die de situatie van de dichter aanscherpen, 'ik varensgast / ga' bijvoorbeeld. Het zijn regels die aansluiten bij een aantal gedichten uit de bundel *Lichtzwang* die kort na Celans dood in 1970 gepubliceerd werd. Die gedichten staan voor een groot deel in het teken van de voorgenomen dood. Naar het einde van de bundel toe gaat dit gepaard met reflectie op het religieuze. De titel van de bundel, ontworpen in de tweede helft van 1969, veronderstelt een mens die zichzelf bij elkaar moet rapen om in leven te blijven of door het daglicht gedwongen wordt steeds weer op te staan. 'Licht' wordt in de gedichten echter ook voorgesteld als een oplossing. Het wemelt van de signalen van iemand die bezig is afscheid van het leven te nemen: 'werp je / weg uit jezelf', 'het pasgeboren /niets' en aan het eind van de bundel: 'strooi oker in mijn ogen: / je leeft er niet meer in.' De Celan in deze gedichten – zijn lyrisch ik, niet hijzelf – is om met hemzelf te spreken 'quitte met de dood' en 'quitte met God'.

Ook de bundel *Schneepart* (*Sneeuwpartij*, verschenen in 1971) verscheen postuum, maar was nog door Celan zelf samengesteld. De dichter spreekt hier soms letterlijk vanuit het graf, bedekt door zand en modder. Hij blaast, nu met recht als meester van ijs en sneeuw, zijn sneeuwpartij vanuit het hiernamaals. De tweede cyclus van de bundel is te lezen als commentaar op wat je het nabestaan zou kunnen noemen. Je zou kunnen zeggen dat iemand die het besluit neemt om te sterven, van veel dingen afscheid neemt en eigenlijk al dood is. *Lichtdwang* bevat aanmoedigingen om de stap te zetten naar de dood (in imperatieven ook); in *Sneeuwpartij* wordt daar een flinke portie zelfironie aan toegevoegd. Maar er zit ook een wereldse kant aan *Sneeuwpartij*. Veel politieke gedichten refereren aan de studentenonlusten in Parijs of aan de gebeurtenissen in Praag, waarbij Celan zich betrokken voelde. Weliswaar schreef Celan volgens zijn Israëlische vriendin Ilana Shmueli 'op de rand van de waanzin', toch zijn de tekens van de tijd alom aanwezig. Aan de studentenonlusten wordt in een aantal gedichten gerefereerd: Celan woont tijdens de Parijse demonstraties van mei 1968 in het Quartier Latin (in de rue Tournefort), pal op de barricaden als het ware. Ook het binnentrekken van Russische tanks in Praag (augustus 1968) schokt hem. Celan noemt zich (in een brief aan de schrijver Franz Wurm) 'enigszins aangeboheemd' vanwege de drie jaren die zijn moeder er in haar jeugd ooit doorbracht. Celan bleef zich zijn leven lang verbonden voelen met het oosten van Europa, via zijn poëtische en menselijke meridianen. Een voor hem buitengewoon belangrijke schrijver, op één lijn met Mandelstam, was Kafka, die in een aantal gedichten in de vijfde cyclus van *Sneeuwpartij* op de achtergrond aanwezig is en tot op het laatst in Celans leven een niet te onderschatten rol speelde. Er is een buitengewoon aangrijpende passage in de 'memoires' van Celans leerling, de dichter Jean Daive, waarin hij de verlaten woning van Celan bezoekt na diens dood en daar als enige boek Kafka's dagboeken op een verder lege plank ziet staan.

Celan werkte – zeker sinds *Ademkeer* – met omkeringen, en vooral in *Sneeuwpartij* is duidelijk wat de consequentie van zijn omkeringen zijn. Dat wat hemel is, heette vanaf het begin en vooral in *De niemandsroos* afgrond, sinds er mensen in de lucht hun graf konden vinden. Nu – aan het eind van zijn leven – heet dat wat thuis is 'de dood'. De reflectie op zelfmoord en zelfmoordpogingen, bijvoorbeeld in 'Waarom dit plotselinge thuis', een zelfportret met verschillende stemmen, onthult een nieuw landschap in zijn poëzie, het land van de eigen dood. Celan praat over de nieuwe grond die hij met de dood betreedt, genoemd worden de plaatsen waar hij ligt, een hol, sneeuwhopen. Hier schildert hij zijn zelfportretten als dode. Sommige gedichten blijken volgens de aantekeningen ook geschreven op plaatsen die met zijn dood te maken kunnen hebben: de Pont des Arts bijvoorbeeld (als plaats van ontstaan van 'Langs afgronden struinen'). In een gedicht uit *De niemandsroos* ('En met het boek uit Taroessa') werd al de Pont Mirabeau genoemd, ook een brug vanwaar Celan de Seine in gesprongen kan zijn – als het ware om zich te verenigen met degenen die hij in de loop van zijn leven verloren had.

Erkenning en actualiteit

Toch week ook in die jaren van zelfverlies het gevoel van verantwoordelijkheid en engagement niet van de dichter. De situatie in Israël, met name tijdens de Zesdaagse Oorlog, baarde hem grote zorgen. Hij overwoog even om zich in dat land te vestigen en hij ging er in 1969 op bezoek. Hij ontmoette er jeugdvrienden uit de Boekovina, onder hen Ilana Shmueli, met wie hij een relatie begon die tot zijn dood in 1970 duurde. In de tweede, zeer bijzondere cyclus van de bundel *Zeitgehöft* (die in 1976, zes jaar na Celans dood, verscheen en in het Nederlands *Hof van de tijd* gedoopt werd), is sprake van een bezoek aan Jeruzalem. Het eerste gedicht schreef hij een jaar voor zijn bezoek aan Israël en hij spreekt er de 'amandelende' vrouw in aan. De liefde voor de vrouw valt samen met de liefde voor Jeruzalem, dat al in het tweede gedicht 'om hen heen staat'. Maar het idee van het geluk in Israël blijkt een utopie te zijn. Als Celan in een toespraak de Egyptische president Nasser hoort zeggen dat alleen oorlog nog mogelijk is, schrijft hij op 4 november 1969 aan Ilana Shmueli dat hij heeft besloten eerder terug te reizen: 'Je moet weten dat mijn denken aan Israël een vrezen voor Israël is.' Tijdens zijn verblijf aldaar had hij op een avond nog de volledige bundels *Lichtzwang* en *Schneepart* aan Ilana Shmueli voorgelezen. 'Hij las de hele bundels in één ruk omdat hij elke bundel als eenheid zag en hem zo ook ervaren wilde zien door de toehoorder.' Dat is een argument om het werk van Celan, bij alle verscheidenheid aan betekenis, één organisch geheel te noemen en te beschouwen als een ondubbelzinnig monument voor wat de mens in de twintigste eeuw is overkomen.

Nu, zo'n 35 jaar na Celans dood, is de betekenis van Celans werk nauwelijks te onderschatten. Er verschenen verschillende edities van zijn verzamelde werk, ook wetenschappelijke waarin door het weergeven van verschillende versies en voorversies het inzicht in de gedichten vergroot werd. Belangrijk zijn ook verschillende edities van de vele brieven die Celan tijdens zijn leven heeft geschreven, aan vrienden, uitgevers en vooral aan zijn vrouw (Celan was vaak op reis en werkte veel op een andere plaats dan zijn vrouw; de correspondentie met Gisèle Celan verscheen in 2001). De brieven getuigen van het feit dat Celan leefde en werkte in een buitengewoon samenhangende denkwereld, waarin de beelden die in zijn gedichten voorkomen, ook opduiken in zijn brieven (en vice versa). Belangrijk zijn inmiddels ook een flink aantal uitgaven met verklaringen van zijn werk, van interpretaties tot delen met commentaar bij een afzonderlijke bundel; genoemd moet hier vooral worden de in 2003 verschenen *Kommentierte Gesamtausgabe* van de gedichten. In het Nederlandse taalgebied verschenen in datzelfde jaar Celans *Verzamelde gedichten,* op een moment dat zowel in Frankrijk als in de Angelsaksische wereld en in Duitsland steeds meer lezers – en in het bijzonder ook dichters – doordrongen raakten van de actuele betekenis van Celans woorden.

Beknopte bibliografie

Primaire literatuur

Gesammelte Werke in fünf Bänden, Frankfurt/M.: Suhrkamp Verlag, 1983.

Die Gedichte aus dem Nachlass, Frankfurt/M.: Suhrkamp Verlag, 1997.

Paul Celan. Gisèle Celan-Lestrange. Correspondance (1951-1970). Avec un choix de lettres de Paul Celan à son fils Eric, Parijs: Éditions du Seuil, 2001. (*Briefwechsel. Mit einer Auswahl von Briefen Paul Celans an seinen Sohn Eric*, Frankfurt/M.: Suhrkamp Verlag, 2001.)

Die Gedichte. Kommentierte Gesamtausgabe, Frankfurt/M.: Suhrkamp Verlag, 2003.

Verzamelde gedichten, vert. Ton Naaijkens, Amsterdam: Meulenhoff, 2003.

Secundaire literatuur

CHALFEN, Israel. *Paul Celan. Eine Biographie seiner Jugend*, Frankfurt/M.: Insel Verlag, 1979.

EMMERICH, Wolfgang. *Paul Celan*, Reinbek: Rowohlt Verlag, 1999.

FELSTINER, John. *Paul Celan: Poet, Survivor, Jew*, New Haven, Londen: Yale University Press, 1995.

GELLHAUS, Axel e.a. *Fremde Nähe. Celan als Übersetzer*, Marbach am Neckar: Deutsche Schillergesellschaft, 1997.

JANZ, Marlies. *Vom Engagement absoluter Poesie. Zur Lyrik und Ästhetik Paul Celans*, Frankfurt/M.: Syndikat, 1976.

WIEDEMANN, Barbara (red.). *Paul Celan – Die Goll-Affäre. Dokumente zu einer 'Infamie'*, Frankfurt/M.: Suhrkamp Verlag, 2000.

Zingbare rest. De poëzie van Paul Celan. Armada: tijdschrift voor wereldliteratuur 31 (2003).

RAINER WERNER FASSBINDER
(1945-1982)

Erwin JANS

EEN DUITSE 'COMÉDIE HUMAINE'

"Slapen kan ik als ik dood ben": die veelzeggende uitspraak van Rainer Werner Fassbinder gebruikte Harry Baer, een van Fassbinders medewerkers van het eerste uur, als titel voor zijn herinneringen aan de filmmaker. Toen Fassbinder in 1982 op 37 jarige leeftijd aan een overdosis drank, drugs, eten en werken overleed, had hij 15 toneelstukken, 2 hoorspelen, 45 films, tientallen theaterregies en evenveel acteerprestaties op zijn naam staan. Fassbinder wordt beschouwd als een van de markantste culturele figuren van het naoorlogse Duitsland. Die reputatie heeft hij niet alleen te danken aan een indrukwekkend en artistiek hoogstaand cinematografisch oeuvre, maar ook aan zijn controversiële persoonlijkheid. Met zijn flamboyante en pikante levensstijl, zijn opvallende verschijning met zwarte leren jasje en donkere bril, zijn openlijk beleden bi- en homosexualiteit, zijn provocante uitspraken ("liever een straatveger in Mexico dan een filmmaker in Duitsland") en de schandaalsfeer waarin zijn privé-leven baadde, groeide hij uit tot een icoon van de jaren zeventig. Pas na zijn dood werd tenvolle duidelijk hoe belangrijk zijn filmoeuvre was en welke centrale plaats het innam in de zogenaamde Neue Deutsche Cinema.

Rainer Werner Fassbinder werd geboren in 1945 en groeide op in de ruïnes en de morele chaos van het naoorlogse München. Toen hij vijf jaar oud was, scheidden zijn ouders en verloor hij lange tijd alle contact met zijn vader. De vele onsympathieke en gevoelloze moederfiguren in zijn films zijn gedeeltelijk een afrekening met een als traumatisch ervaren jeugd. Tijdens het kanselierschap van Konrad Adenauer (1949-1963) voltrok zich het zogenaamde "Wirtschaftswunder", de spectaculaire heropbouw en economische groei van West-Duitsland.

Het is wellicht geen toeval dat de figuur van de bouwpromotor een belangrijk personage is in de films van Fassbinder. Tegenover deze figuur die het economisch welvarende Duitsland (en daarachter: het kapitaal) vertegenwoordigt, plaatst Fassbinder uitgesloten en onderdrukte figuren als de prostituée, de homosexueel, de gastarbeider of de verslaafde. Vanuit dat marginale perspectief, dat hij nergens verheerlijkt, herleest Fassbinder op een eigenzinnige manier de complexiteiten van de Duitse geschiedenis en de Duitse identiteit.

Fassbinder raakte al jong gefascineerd door de wereld van de cinema. Zijn oeuvre staat dan ook bol van citaten uit en referenties aan de talloze films die hij zag. Fassbinders filmtaal dankt haar subtiliteit in niet geringe mate aan het commentaar op andere filmstijlen. Maar de bioscoop was voor Fassbinder meer dan een schat aan culturele referenties: "de cinema was het gezinsleven dat ik nooit heb gekend", zou hij later zeggen. Als filmmaker onderhield Fassbinder nauwe, zelfs intieme relaties met zijn medewerkers. De beperkte groep acteurs en actrices die, vaak in dezelfde combinaties, voortdurend in zijn films optreden, geven aan zijn oeuvre een bijzondere samenhang. De inhoud en de casting van de films hadden vaak een biografische achtergrond. Als gevolg daarvan verliezen heel wat duidingen van Fassbinders films zich in anekdotiek en biografisme. Het korte leven van Fassbinder was een spectaculaire aaneenschakeling van ruzies, verliefdheden, jaloeziën en scheidingen: twee van zijn minnaars pleegden zelfmoord en zijn eigen vroegtijdige dood heeft het schandaalgehalte van zijn leven alleen maar verhoogd. Maar wie Fassbinders films reduceert tot een loutere cinematografische transpositie van biografische momenten, blijft blind voor de hoge morele inzet ervan. Niet onterecht wordt zijn oeuvre beschouwd als een 'comédie humaine' van het naoorlogse Duitsland. De emotionele en psychologische complexiteit van macht, manipulatie en uitbuiting tussen mensen is Fassbinders belangrijkste thema, maar hij plaatst dat steeds in de bredere sociale en politieke context van het voor- en naoorlogse Duitsland. Zijn filmoeuvre domineert de jaren zeventig niet alleen omdat het de intellectuele en artistieke ontwikkeling weerspiegelt van de generatie van 68, maar ook omdat Fassbinder een van de laatste westerse cineasten is die werd geconfronteerd met de geboorte van een natie (de naoorlogse Westduitse Republiek, de BDR). Daardoor hoort hij thuis in het rijtje van absolute filmgroten als Griffith, Ford, Eisenstein en Rosselini. Het verhaal van een natie die zich op het puin en de trauma's van het nazisme moet vormen, loopt als een rode draad doorheen Fassbinders films: de identiteitscrisis van zijn figuren en de identiteitscrisis van een natie worden zo spiegelbeelden. De spiegel en de 'dubbelganger' zijn niet toevallig twee van Fassbinders meest opvallende en in bepaalde films obsessionele filmmetaforen.

EEN THEATER VAN DE WREEDHEID

Fassbinder is vooral bekend geworden als filmmaker, maar ook zijn theaterwerk is van belang. En dat niet alleen voor zijn eigen ontwikkeling als cineast en voor een beter begrip van het theatrale karakter van zijn films, maar ook voor de ontwikkeling van het alternatieve theater in West-Duitsland. Zijn kunstenaarsloopbaan begon Fassbinder als filmer met twee kortfilms die hij maakte met het geld van een minnaar aan wie hij de hoofdrol gaf. Merkwaardig genoeg werd hij door de Berlijnse filmschool als student geweigerd. Tijdens een professionele acteeropleiding maakte Fassbinder kennis met Hanna Schygulla, die later zijn belangrijkste actrice werd en dankzij hem uitgroeide tot een internationale ster (zij speelde in niet minder dan negentien Fassbinderfilms). In 1967 sloot hij zich als acteur en regisseur aan bij het Münchense 'Action-Theater' en een jaar later, na het uit elkaar vallen van het gezelschap, was hij de oprichter van het 'antitheater'. Het 'Action-Theater' was sterk beïnvloed door het Amerikaanse avant-garde gezelschap 'The Living Theater', dat in de jaren zestig in Europa resideerde. 'The Living Theater' functioneerde als een anarchistische commune en droeg een revolutionair-utopisch elan uit, dat aansloot bij de studentenbeweging eind jaren zestig. Emancipatie van geest en lichaam waren centrale thema's in hun opvoeringen, waarin de acteurs een zo direct mogelijk contact met het publiek zochten. Fassbinder was enthousiast toen hij een voorstelling van het 'Action-Theater' bijwoonde:

> Ik raakte gefascineerd door wat er gebeurde op het toneel en hoe er werd gecommuniceerd met het publiek. Tussen de acteurs en de toeschouwers ontwikkelde zich zoiets als een trance, zoiets als een collectief verlangen naar een revolutionair Utopia. Nog tijdens de voorstelling maakte ik de onomkeerbare beslissing om hier te werken, in dit theater, met deze groep. Ik had geen enkele twijfel over een mogelijke aanwijzing.

Behalve zijn interesse in een bepaalde vorm van theatermaken toont deze uitspraak twee karaktertrekken van Fassbinder die een allesomvattende rol zullen spelen in zijn carrière: zijn verlangen naar een collectief en zijn beslistheid om zijn wil op te leggen. Al snel ontwikkelde hij zich tot de leider van het gezelschap. In die eerste jaren in het theater leerde Fassbinder wat macht en manipulatie was, hoe medewerkers te gebruiken en naar zijn hand te zetten, hoe minnaars en minnaressen van zich afhankelijk te maken. Jaloezie, vernederingen en sadisme waren aan de orde van de dag en bij momenten zelfs fysiek geweld. Op de set bracht hij meer dan eens actrices tot tranen en acteurs tot wanhoop om hen in die momenten van zwakheid te manipuleren en te brengen tot de acteerprestaties die hem voor ogen staan. Dat neemt niet weg dat heel wat medewerkers van het eerste uur tot in 1982, het jaar van Fassbinders dood, met hem zijn blijven samenwerken en dat na zijn verdwijnen velen onder hen in de artistieke anonimiteit zijn teruggevallen.

De psycho-sexuele groepsdynamiek en de emotionele exploitatie tussen individuen waren ook de belangrijkste thema's van zijn eerste stukken en ensceneringen. In zijn stuk "Katzelmacher"(1968), dat hij regisseerde bij het antitheater, toonde hij hoe groepsgedrag fascistoïde trekken aanneemt. Een Griekse gastarbeider wordt als zondebok uitgekozen en wordt het slachtoffer van willekeurige agressie, ressentiment, sexuele en sociale frustraties van de anderen. In bepaalde aspecten wijst dit gegeven reeds vooruit naar de film "Angst essen Seele auf"(1973), waarin een verhouding tussen een oudere vrouw en een Noordafrikaanse immigrant soortgelijke vijandigheid oproept. Ook in "Whity"(1970), gesitueerd in het vooroorlogse Amerikaanse zuiden, wordt het thema van de zondebok en de kleurling behandeld. De dynamiek van het werken in groep onderzoekt Fassbinder expliciet in zijn film "Warnung vor einer heiligen Nutte"(1970), een soort documentaire over wat er gebeurt met de filmcrew tijdens het draaien van "Whity". De film werd vaak vergeleken met Fellini's "Otto é mezzo". Fassbinders analyse van een groep stond mijlenver van het utopische collectieve ideaal zoals dat door 'The Living Theatre' werd uitgedragen. Zo was Fassbinders montagestuk "Preparadise sorry now" (1969) een cynisch antwoord op het naïeve optimisme van "Paradise Now" van 'The Living Theatre'. Het is een kaleidoscopisch stuk dat de regisseur of theatermaker naar eigen goeddunken in elkaar mag zetten. Een viertal 'verhaallijnen' lopen door elkaar: "Szenen um das faschistoide Grundverhalten in Alltag"; verhalen over het moordenaarsechtpaar Ian Brady en Myra Hinley; fictieve dialogen tussen het moordenaarskoppel; en tekstherinneringen aan liturgische en cultische kannibalismen. Van een wereldwijde overwinning van het kwade door de krachten van de liefde, de vrijheid en de emancipatie is bij Fassbinder geen sprake. In een korte inleiding op het stuk maakt Fassbinder duidelijk dat de dialogen tussen het moordenaarskoppel het centrum van de dramaturgie zijn. De scènes van het alledaagse fascisme waarin twee anonieme personages zich steeds tegen een derde keren, maken duidelijk dat het verderfelijke gedrag van de moordenaars een sociale matrix heeft. Fassbinders stukken en theaterregies zijn zowel door Artaud als door Brecht beïnvloed: "Das Theater der Grausamkeit als Lehrstück", zo vatte een criticus het samen. Fassbinder is gefascineerd door rituelen, door de directe emotionele impakt van theater op de toeschouwer, maar ook door de mogelijkheid om de toeschouwer te vervreemden door een afstandelijk en formeel spel en hem via een fabel een kritische spiegel voor te houden. Het zijn preoccupaties die hij in zijn films verder zal uitdiepen en die de basis worden van zijn persoonlijke filmtaal.

Zijn werk voor het theater en voor de cinema lopen parallel tot in het midden van de jaren zeventig. Voor zijn voorstellingen en zijn films werkte hij met dezelfde cast van acteurs en actrices. Van een aantal stukken maakte hij filmversies: "Katzelmacher" (1969), "Pioniere in Ingolstadt" (1970) en de laatste produktie die onder de naam van het antitheater werd gemaakt "Die bitteren Tränen der Petra von Kant" (1972). In 1972 werd Fassbinder door theatermaker Peter Zadek gevraagd om naar Bochum te komen. Fassbinder accepteerde op voorwaarde dat hij zijn troep acteurs mocht meebrengen. Maar al snel bleek dat Fassbinder niet onder het artistiek gezag van anderen kon werken. Een jaar later, in 1973, werd hij gevraagd om het artistiek leiderschap van het Theater am Turm in Frankfurt over te nemen. Ook hier probeerde Fassbinder zijn ideaal van een acteursgroep die zowel voor film als voor theater zou werken waar te maken. Hij ensceneerde onder andere "Germinal", het mijnwerkersdrama van Zola en hij speelde Jean in "Freule Julie", waarmee hij een oude droom waarmaakte. Maar al snel verloor Fassbinder zijn interesse, concentreerde zich vooral op zijn films en gedroeg zich als artistieke leider weinig verantwoordelijk en gedisciplineerd. Zijn vertrek uit Frankfurt werd nog bespoedigd door de commotie die ontstond rond zijn stuk "Der Müll, die Stadt und der Tod" (1976), dat van antisemitisme werd beschuldigd. De hele discussie en zijn jarenlange nasleep zorgde voor een van de grote culturele schandalen in het naoorlogse Duitsland. In het stuk treedt de naamloze figuur van 'de rijke jood' op die als bouwspeculant de leefbaarheid van de stad – Fassbinder verwijst expliciet naar de toestand in Frankfurt – vernielt. Maar uiteindelijk is ook de jood slechts een marionet in handen van het kapitaal, zij het een onaantastbare marionet in het naoorlogse Duitsland. "Der Müll, die Stadt und der Tod" is in zijn stijl, zijn thematiek en zijn personages door en door fassbinderiaans: een felle, maar sombere poëzie van de wreedheid in een wereld van pooiers, prostituées, travesties en bouwspeculanten. Het is een stuk over de desintegratie en het verlies van identiteit tegen de achtergrond van een onleefbaar geworden moderne maaschappij.

Das Neue Deutsche Cinema en de traditie

De structurele band die Fassbinder zocht tussen het produceren van theater en van film, zijn voorkeur om zoveel mogelijk met dezelfde equipe te werken, zijn onwaarschijnlijke produktiviteit (tot vijf films per jaar), hadden alles te maken met de situatie van de Duitse filmindustrie in de jaren zestig en met Fassbinders zoektocht naar een alternatieve manier van produceren en filmen. Hij was zeker niet de enige, maar meer dan zijn collega's begreep Fassbinder de specifieke situatie van de Duitse cinema. Hij ontwikkelde een eigen systeem van teamwork en arbeidsdeling dat het hem mogelijk maakte aan een hoog tempo zeer persoonlijke films te maken. Hij maakte gebruik van alle mogelijke vormen van subsidiëring en vooral van de televisie als coproducent van zijn talrijke projecten. Wat de "Neue" of "Junge Deutsche Cinema" wordt genoemd, zou zich zonder de hulp van de publieke omroep nooit hebben kunnen ontplooien tot de gekende artistieke hoogten. De 'Autorenfilm' van de jaren zestig – met onder andere Alexander Kluge, Wim Wenders, Werner Schroeter, Rosa von Praunheim, Werner Herzog, Hans-Jürgen Syberberg, Jean-Marie Straub – was een reactie op de producentenfilm van de naoorlogse jaren. In het Oberhausenmanifest (1962) – genoemd naar het filmfestival van

Oberhausen – brak een jonge generatie filmmakers met de naoorlogse commerciële filmindustrie in Duitsland die gezien werd als een voortzetting van de nazi-cinema. Hoewel Fassbinder tot deze nieuwe generatie behoorde en ook hij afrekende met het verleden, is zijn filmwerk geen radicale breuk met de traditie. Integendeel, veel van Fassbinders films vallen op door een koppig traditionalisme. Hij is blijven verwijzen naar de Duitse filmtraditie (onder andere Erich von Stroheim) en zwartwit films als "Lili Marleen"(1980) en "Die Sehnsucht der Veronika Voss"(1981) zitten vol gewilde stijlcitaten. In de gezichten en silhouetten van Fassbinders fetish-actrices als Ingrid Caven, Hanna Schygulla, Irm Hermann, Barbara Sukowa, Margit Carstensen en Rosel Zech spookt onmiskenbaar en naar het einde van zijn carrière steeds duidelijker het beeld van Marlene Dietrich. Fassbinders werk is op vele punten een koppelteken tussen heden en verleden. Het is geen toeval dat hij werkte met acteurs van oudere generaties en hen tot prestaties bracht die hun vroegere werk ver overtrof. Ook verwierp hij het traditionele acteren niet zoals vele van zijn collega's van de Neue Deutsche Cinema wel deden.

In wat de Duitse psychoanalyst Alexander Mitscherlich omschreef als 'de vaderloze samenleving' vond Fassbinder daarenboven een ideale vader in Detlef Sierck. Sierck verwierf in de jaren dertig bekenheid met melodrama's als "Zu neuen Ufern"(1937) en "La Habanera"(1937) waarin actrice Zarah Leander – na het vertrek van Marlene Dietrich naar Amerika de leading lady van de Duitse vooroorlogse cinema – schitterde. In 1937 vertrok ook Detlef Sierck naar Amerika, waar hij zijn naam veranderde in Douglas Sirk en een nieuwe carrière als filmmaker begon. Voor Fassbinder was hij het levende bewijs van de continuïteit van de Duitse cinema. Sierck/Sirk sloeg daarenboven een brug tussen Duitsland en Hollywood. Ook in dat project heeft Fassbinder zich herkend.

Crime Stories

Fassbinders films kunnen chronologisch in een drietal groepen ingedeeld worden. Een eerste groep omvat de films die hij maakte eind jaren zestig, begin jaren zeventig. "Liebe is kälter als der Tod" (1969), "Götter der Pest" (1969), "Rio des Mortes" (1970), "Der amerikanische

Soldat" (1970) zijn gewilde parodieën op de gangsterfilms uit Hollywood, maar zijn tegelijk sterk beïnvloed door de cinema van de Franse filmmaker Jean-Luc Godard. De films worden gekenmerkt door een grote emotionele afstandelijkheid, een statisch gebruik van de camera en een voorkeur voor tableau-achtige scènes. Ze bewegen zich tussen documentair realisme en extreme stilering. Fassbinders voorkeur voor het kunstmatig gecomponeerde beeld is reeds zichtbaar aanwezig. De koudheid van het acteren en de onbeweeglijkheid van het beeld zijn vertalingen van een pessimistische visie op de menselijke verhoudingen. Relaties worden bepaald door manipulatie en uitbuiting, waarvan de complexe verhouding tussen pooier en prostituée het model is.

Een titel als "Liebe is kälter als der Tod" spreekt boekdelen. Er is een tweede filmtitel die de liefde thematiseert "Ich will doch nur, dass ihr mich liebt" (1975). In het universum Fassbinder bestaat er niet zoiets als 'alleen maar liefde', hoe groot het verlangen ernaar ook is. Liefde is altijd ook iets anders: liefde is geld, is macht, is manipulatie en geweld. Het is op deze snijpunten dat het persoonlijke en het sociale elkaar kruisen. Erotiek en geweld zijn wellicht de twee belangrijkste scharnieren waarrond het oeuvre van Fassbinder draait, van zijn eerste, postuum uitgegeven toneelstuk "Tropfen auf heisse Steine" (1965/66) tot zijn laatste film "Querelle" (1982) naar een roman van Jean Genet.

Wreedheid is voor Fassbinder tegelijk een existentieel en een maatschappelijk gegeven. Naar aanleiding van "Liebe is kälter als der Tod" zegt hij in een interview:

> voor mij zijn alle verhalen misdaadverhalen. Voor mij is de dagelijkse onderdrukking van mensen een misdaad. Ik zou zelfs durven zeggen dat het niet mogelijk is om films te maken die geen misdaadfilms zijn. Alles zou misdadig genoemd moeten worden. Lees de kranten, luister naar de nieuwsberichten, je wordt met de dag razender over wat je hoort, leest en ziet. Ik ben op het punt aangekomen dat ik alleen nog maar misdaadscènes kan verfilmen.

Wreedheid en onderdrukking hebben bij Fassbinder steeds een psychologische en een sociologische dimensie: het persoonlijke geweld spiegelt het sociale geweld en omgekeerd. Dat hoeft niet te verbazen bij een Duitse naoorlogse generatie voor wie de persoonlijke vadermoord ook een afrekening is met het nazistische regime. Het fascisme is een zaak van de vaders. Fassbinder is uiteraard niet de enige van zijn generatie die hiermee afrekent: ook de films van Jean-Marie Straub, Volker Schlöndorff, Margarethe von Trotta, Helma Sanders, Hans-Jürgen Syberberg en Wim Wenders zijn een revolte van de zonen tegen de vaders, tegen hun misdaden en tegen hun stilzwijgen. De vaders in de films van Fassbinder zijn ofwel tijdens de oorlog gestorven, ofwel bitter, vol ressentiment en nostalgie naar het Derde Rijk, en vol haat tegenover hun kinderen die de nieuwe orde representeren.

Fassbinders werk, zowel voor theater als voor film, is een permanente kritische verwerking van het fascisme. Wat dat betreft kan hij in één naam genoemd worden met schrijvers als Heinrich Böll en Günter Grass. De invloed van Bölls roman *Die verlohrene Ehre der Katharina Blum* (1974) op "Mutter Küster's Fahrt zum Himmel" (1975) is onmiskenbaar: in beide gevallen speelt de moreel destructieve invloed van de populaire pers – waarvan de Springer Press in Duitsland het gedoodverfde icoon is – een beslissende rol in het verhaal. Zowel in de roman als in de film wordt het politiek zeer delicate thema van het terrorisme aangesneden. In de eerste helft van de jaren zeventig werd Duitsland opgeschrikt door de terroristische aanslagen van de extreem linkse Rote Armee Fraktion onder leiding van Andreas Baader, Ulrike Meinhoff en Gudrun Ensslin. Het is misschien meer dan een anecdote dat Andreas Baader eind jaren zestig een frequent bezoeker was van het 'Action-Theater' waar Fassbinder werkte. Het kon niet anders dan dat Fassbinder gefascineerd raakte door dit geweld dat voor hem ontstond uit een mengeling van familiale en sociale frustraties. Zoals hij vormelijk zocht naar een ongemakkelijke, misschien onmogelijke positie tussen Artaud en Brecht, zo bewoog zijn maatschappelijke analyse zich tussen Freud en Marx. In "Die dritte Generation" (1978/79) behandelt Fassbinder expliciet het terrorisme, maar ontdoet het, in een voor hem typische beweging, van ieder idealisme en voert het op als een makkelijke prooi van de manipulaties van het kapitalistische systeem.

Het melodrama en de Hollywoodfilm

Met "Der Händler der vier Jahreszeiten" (1971) begint een nieuwe belangrijke fase in het werk van Fassbinder. Tijdens een retrospectieve in München ontdekt hij de melodrama's van Douglas Sirk uit de jaren vijftig. Hij raakt onder de indruk van films als "All that Heaven Allows"(1956), "Written on the Wind"(1957) en "Imitation of Life"(1959). In de films van Sirk herkent Fassbinder zijn belangrijkste thema's: eenzaamheid, wanhoop, angst, de onderdrukking van het individu door de conventies, door de verlangens en door de illusies waarmee het zich voedt, en waarzonder het niet kan leven. "Geen enkele van de protagonisten begrijpt dat al deze dingen – gedachten, verlangens, dromen – direct voortkomen uit hun maatschappelijke realiteit of erdoor gemanipuleerd worden. Ik ken geen andere film die dit fenomeen zo helder en zo wanhopig toont", schrijft Fassbinder in een opstel over Sirk. Fassbinder neemt afscheid van het idioom van de film noir waarmee hij zijn carrière begon en wijdt zich vanaf dan bijna uitsluitend aan het melodrama. Tot zijn ontdekking van Sirk geloofde Fassbinder dat hij om ernstig genomen te worden afstand moest houden van de manier waarop in de Hollywoodfilm een verhaal verteld wordt. Van Sirk leert hij hoe hij de sentimenten en de emoties van de toeschouwers kan aanspreken om ernstige, diepzinnige en complexe dingen te zeggen. Hij krijgt meer vertrouwen in de mechanismen en de conventies van de narratieve cinema. De Hollywoodfilms fascineerden Fassbinder omdat ze zich bezighielden met populaire mythes, collectieve trauma's, met wat de filosoof Adorno het 'valse leven' noemde. Die emotionele herkenning wilde hij benutten, maar om het publiek te laten nadenken over wat het zag. In die zin is er steeds een brechtiaanse ader door het werk van Fassbinder blijven stromen. Onder invloed van Sirk verschuift zijn aandacht van de arbeidersklasse naar de middenklasse en de kleine burgerij. Douglas Sirk doet geen poging om realistisch te zijn. Hij zoekt niet naar een collectieve identificatie van de toeschouwers met een held, maar drukt de sterke sentimenten en krachtige emoties uit door middel van licht, kadrering, decors, montage en muziek. Het beeld kan tegelijk zeer artificeel zijn en toch ware emoties vertalen. Die les is voor Fassbinder van groot belang. Hij verwijst graag naar een uitspraak van Sirk dat de filosofie van de regisseur zichtbaar wordt in het licht en de camerahoek. In hetzelfde opstel merkt Fassinder op dat Douglas Sirk een van de weinige regisseurs is die vrouwen in zijn films laat nadenken, en niet zomaar laat reageren. Het is geen terloopse opmerking.

Tot zijn confrontatie met het werk van Sirk waren vrouwen geen autonome figuren in de films van Fassbinder. Ze werden gedomineerd door de mannen en hun verlangens waren conventioneel. Vanaf "Die bitteren Tränen der Petra von Kant"(1972) treden vrouwelijke personages steeds prominenter naar voren. Ze worden geportretteerd als vrouwen die van hun verlangens hun kracht maken en dat verlangen tot het uiterste beleven. Van Sirk heeft Fassbinder geleerd dat de vrouw het hart van het melodrama is. Hun aanwezigheid wordt allesomvattend in films als "Die Ehe der Maria Braun"(1978), "Lola" (1981) en "Die Sehnsucht der Veronika Voss"(1982), waarin hun lot een allegorie wordt voor de ontwikkeling van de Duitse geschiedenis.

De melodrama's van Fassbinder leggen een grotere nadruk op de werkplek van de personages en op economische problemen dan het geval is bij Sirk. In "Acht stunden sind kein Tag"(1972), dat voor de televisie werd gemaakt, combineert hij de familiale verwikkelingen die eigen zijn aan het genre van de soap met discussies over lonen, vakbonden en stakingen. "Angst essen Seele auf" (1973), over de verhouding tussen een oudere vrouw en een Marokkaanse gastarbeider, groeit uit tot een van de bekendste Duitse films uit het midden an de jaren zeventig. De zuiverheid van de fabel, waar Fassbinder een patent op lijkt te hebben, heeft hier de emotionele kracht van een tragedie. De film is een remake van Sirks "All that Heaven Allows", waarin de rijke weduwe Jane Wyman een verhouding begint met haar jongere tuinman Rock Hudson. Fassbinder vergroot nog de sociale en de leeftijdskloof tussen zijn hoofdfiguren, en daarmee de emotionele impact ervan.

Een van de belangrijke existentiële thema's van Fassbinder is vervat in de titel van "Angst essen Seele auf": Angst. Het woord duikt nog obsessioneler op in de titel van een andere film: "Angst vor der Angst" (1975). De film is een studie van de borderline persoonlijkheid en vertelt het verhaal van een Keulse huisvrouw die geterroriseerd wordt door onverklaarbare angstaanvallen. De huiselijke terreur tussen man en vrouw – meer bepaald tussen een sadistische man en onderworpen vrouw – werkt Fassbinder uit in "Martha" (1973) en "Fontane Effi Briest" (1974), twee vrouwenportretten uit de gegoede klassen. De hevige, felle kleuren van "Martha" staan in contrast met de vele schakeringen van het zwartwit in "Effi Briest", Fassbinders bewerking van de roman van Theodor Fontane die in 1895 verscheen. Fassbinder heeft zijn filmtaal volledig ontwikkeld en kan ze naar believen aanpassen aan het onderwerp. Terwijl "Fontane Effi Briest" meer een milieustudie is waarin de strijd tussen de sexen een voorafbeelding is van de ondergang van de feodale adel en de opkomst van de stedelijke middenklasse in de jaren 1890 in Pruisen, legt "Martha" de nadruk op de psychologische terreur en de obsessionele waan. Met "Effi Briest" wilde Fassbinder uitdrukkelijk een literaire verfilming maken: in een voice-over leest Fassbinder lange passages uit de roman, een stijlfiguur die hij zal herhalen in zijn andere literaire verfilming, "Berlin Alexanderplatz" (1979/80) van Alfred Döblin. Hetzelfde procede wilde hij toepassen bij "Querelle" (1982) van Jean Genet, maar zijn dood belette dat. In "Fontane Effi Briest" en "Martha" toont Fassbinder sadisme en masochisme als een inherent aspect van de conventionele bourgeoisfamilie. "Satansbraten" (1976) is een groteske en donkere satire van het literaire opportunisme en het narcisme van de kunstenaar: ook hier zijn alle relaties van sadomasochisme doortrokken. Het is een film die ongetwijfeld geïnspireerd is door de crisis waarin Fassbinder terechtkwam na de anti-semitisme campagne naar aanleiding van zijn stuk "Der Müll, die Stadt und der Tod".

De Adenauer-trilogie

Vanaf 1977 begon Fassbinder zich meer te concentreren op specifiek Duitse onderwerpen. Dit is de derde fase in zijn filmoeuvre. "Eine Reise ins Licht"(1977) is een bewerking van de roman "Despair" van Nabokov. Daarin probeert een man te verdwijnen uit zijn eigen leven door de identiteit van een dubbelganger aan te nemen. Fassbinder slaagt erin om van het verhaal van de obsessie met de dubbelganger en van de desintegratie van een hypergevoelig karakter een metafoor te maken voor de opkomst van het fascisme in Duitsland: de behoefte om in de Führer een alterego te vinden en te ontsnappen aan de economische chaos van de Weimarrepubliek. De obsessie met een 'dubbelganger', met een andere identiteit en de daarmee samenhangende desintegratie van de persoonlijkheid wordt op een zeer persoonlijke, enigmatische en meditatieve manier gefilmd in "In einem Jahr mit dreizehn Monden"(1978), het tragische verhaal van de laatste dagen uit het leven van de transsexueel Erwin/Elvira. Door haar minnaar verlaten zwalpt Elvira door Frankfurt en gaat op zoek naar mensen uit haar verleden. Ze ontmoet vroegere vrienden, haar exvrouw en dochter, de man waarvoor zij van sexe veranderde en die nu een rijke bouwspeculant is geworden. Uitgeput door de voortdurende vernederingen, snijdt ze zich de polsen over. De film is opgedragen aan Armin Meier – acteur en minnaar van Fassbinder – die in 1978 zelfmoord pleegde. In "Die dritte Generation"(1978/79) toont Fassbinder de desintegratie van Duitsland in een soort van politiestaat. Fassbinder keert ermee terug naar het gangstergenre dat hij in het begin van zijn filmloopbaan zo vaak als referentie gebruikte. De titel verwijst naar de derde generatie van terroristen, die voor hun daden geen politieke motieven meer hebben, maar op een cynische manier gemanipuleerd worden door het groot kapitaal in de vorm van multi-nationals die gespecialiseerd zijn in electronische beveiligingsapparatuur. In "Die dritte Generation"(1978/79) zijn de vaders expliciet voormalige nazi's. Fascisme, nazisme en extreem links terrorisme gaan een ongemakkelijk en onrustwekkend bondgenootschap aan. Bij de première van de film in Hamburg drongen enkele gemaskerden de zaal binnen en rukten de film uit de projector. Het is nooit duidelijk geworden of het ging om neonazi's of links extremisten.

Met "Die Ehe der Maria Braun" (1978), "Lola" (1981) en "Die Sehnsucht der Veronika Voss" (1982) maakt Fassbinder een trilogie over de periode waarin hij als jongeling opgroeide, het Duitsland van het Wirtschaftswunder, van het economische mirakel onder het kanselierschap van Konrad Adenauer. In 1949 is het verslagen Duitsland een bezet land vol kapotgeschoten steden en een economische ruïne; veertien jaar later is Duitsland er financieel opnieuw bovenop en leven de Duitsers in een opmerkelijke welvaart. Fassbinder concentreert zich op de morele en psychologische prijs die betaald werd voor deze spectaculaire ontwikkeling. In zijn films volgt hij de wederwaardigheden van de Duitse identiteit. In de periode waarin hij zijn Adenauer-trilogie filmt, maakt hij twee andere werken over het vooroorlogse Duitsland: het monumentale project "Berlin Alexanderplatz" (1979/80) naar Alfred Döblins roman uit 1929, waarin Fassbinder de overgang van de Weimarrepubliek naar het Derde Rijk evoceert, en "Lili Marleen" (1980), zijn enige film die expliciet tijdens de naziperiode speelt.

"Die Sehnsucht der Veronika Voss" combineert de thema's van angst, eenzaamheid, verslaving met dat van de corruptie in de democratische samenleving. De drugshandel wordt een metafoor voor de kapitalistische economie. In "Lola" staat het bordeel als een metafoor voor hoe de (Duitse) samenleving op een diepteniveau is gestructureerd: in het bordeel ontmoet iedereen elkaar – de kapitalist, de politicus, de journalist, de soldaat van de bezettingsmacht, en zelfs de anarchist die Bakoenin leest maar 's avonds drummer is in de muziekband. In "Lili Marleen" wordt het nazisme bijna gelijkgeschakeld met een bepaald soort beeldesthetiek.

Berlin Alexanderplatz

De televisieserie "Berlin Alexanderplatz" is Fassbinders grootste project. Niet alleen omwille van de omvang en de middelen, maar ook omdat de roman van Döblin een centrale plaats inneemt in het leven en de artistieke carrière van Fassbinder. Naar eigen zeggen heeft de roman Fassbinder als adolescent geleerd om zijn homosexualiteit te begrijpen. Het is geen toeval dat talrijke personages in de films van Fassbinder Franz heten, naar Franz Biberkopf, het hoofdpersonage uit "Berlin Alexanderplatz". In "Faustrecht der Freiheit" (1974) – zijn eerste expliciete homosexuele film – noemt Fassbinder het personage dat hijzelf speelt expliciet Franz Biberkopf. De plots van "Liebe is kälter als der Tod" (1969) en "Götter der Pest" (1969) zijn eveneens aan de roman van Döblin ontleend. In zijn bewerking concentreert Fassbinder zich op de verhouding tussen Franz Biberkopf en Reinold. Dat wordt expliciet gemaakt in de zeer persoonlijke epiloog die Fassbinder bij de film draaide. De complexe sado-masochistische (liefdes-)relatie tussen Franz en Reinhold is de kern van het verhaal. De figuren van de onderdanige Franz en zijn 'dubbel', de manipulerende, wrede Reinhold komen in zowat iedere Fassbinder film op een obsessionele manier terug. Ook politiek is "Berlin Alexanderplatz" een sombere film. Franz Biberkopf wordt moreel en fysiek vernietigd door Reinhold. Hij herstelt in een psychiatrische instelling, maar lijkt een andere identiteit aan te nemen, die van een man die zich aanpast aan de nieuwe orde van het nationaal-socialistische Duitsland.

Ook Fassbinders laatste film "Querelle"(1982) is een literaire verfilming. Meer nog dan in "Fontane Effi Briest" en "Berlin Alexanderplatz" wil Fassbinder duidelijk maken dat het om een verfilmde versie van een roman gaat. Via de voice-over en het onderkoelde spel wordt de kijker op afstand gehouden. Het universum van "Querelle"

– de haven van Brest, zijn matrozen, bordelen, drugs en moorden – is volledig artificieel. Fassbinder heeft afstand gedaan van iedere realistische verwijzing. In de epiloog van "Berlin Alexanderplatz" creëerde Fassbinder al een beangstigende droomsfeer. In zijn kunstmatigheid is de wereld "Querelle" een mentaal labyrint geworden vol spiegels en 'dubbelgangers'. De personages hebben hun identiteit verloren en iedere poging om een nieuwe te vinden faalt: wie met iemand anders naar bed gaat, denkt aan een derde; als er gemoord wordt, gaat het om substituutmoord; de personages verraden degenen waarvan ze houden en de fysieke uitdrukking van hun liefde verwordt tot een ritueel machtsspel waarin alleen maar verliezers zijn. Er is veel gespeculeerd over deze film omdat Fassbinder nog voor het afwerken ervan overleed. Kondigt de film zijn dood al aan, zoals dat ook gebeurde met "Salo" van de Italiaanse cineast en dichter Pier Paolo Pasolini? Zijn er films die door hun makers niet overleefd kunnen worden? Wat er ook van zij, met de dood van Fassbinder kwam niet alleen een brutaal einde aan een uitzonderlijk filmcarrière, maar ook aan een uitzonderlijke periode in de Duitse filmgeschiedenis. Op een of andere manier heeft de Duitse cinema zich nog niet van zijn dood hersteld.

Beknopte bibliografie

Primaire literatuur

Filmografie
n Nutte, 1970.
Der Amerikanische Soldat, 1970.
Pioniere in Ingolstadt, 1970.
Händler der vier Jahreszeiten, 1971.
Die bitteren Tränen der Petra von Kant, 1972.
Wildwechsel, 1972.
Acht Stunden sind kein Tag, 1972.
Bremer Freiheit, 1972.
Welt am Draht, 1973.
Nora Helmer, 1973.
Angst essen Seele auf, 1973.
Martha, 1973.
Fontane Effi Briest, 1972/74.
Faustrecht der Freiheit, 1974.
Wie ein Vogel auf dem Draht, 1974.
Mutter Küster's Fahrt zum Himmel, 1975.
Angst vor der Angst, 1975.
Ich will doch nur, dass Ihr mich liebt, 1975.
Satansbraten, 1976.
Chinesisches Roulette, 1976.
Bolwieser, 1977/83.
Frauen in New York, 1977.
Despair-Eine Reise ins Licht, 1977.
aflevering in: *Deutschland im Herbst*, 1978.
Die Ehe der Maria Braun, 1978.
In einem Jahr mit 13 Monden, 1978.
Die dritte Generation, 1978/79.
Berlin Alexanderplatz, 1979/80.
Lili Marleen, 1980.
Lola, 1981.
Theater in Trance, 1981.
Die Sehnsucht der Veronika Voss, 1982.
Querelle, 1982.

Verzameld in:
Fassbinders Filme, 7 Bde., Frankfurt/M.: Verlag der Autoren, 1990.

Theaterstukken

Tropfen auf heisse Steine, 1965/66.

Katzelmacher, 1968 (*Katzelmacher*, vert. Sabine Walther & Dennis Meyer, Utrecht: Piek Theatergroep Utrecht, 1981.)

Iphigenie auf Tauris von Johann Wolfgang von Goethe, 1968.

Ajax, 1968.

Die Bettleroper, 1969.

Preparadise sorry now, 1969.

Der amerikanische Soldat, 1968.

Anarchie in Bayern, 1969.

Das Kaffeehaus, 1969.

Werwolf (met Harry Baer), 1969.

Ganz in Weiss, hoorspel, 1970.

Das brennende Dorf, 1970.

Blut am Hals der Katze, 1971. (*Zeitgeist*, vert. Leon de Winter, m.m.v. René Seegers, Krommenie: Nederlandse Vereniging voor Amateurtheater NCA, 2001.)

Die bitteren Tränen der Petra von Kant, 1971. (*De bittere tranen van Petra von Kant: toneelspel in vijf bedrijven*, vert. Phil Daniels, Bussum: De Toneelcentrale, 1986.)

Bremer Freiheit, 1971.

Keiner ist böse und keiner ist gut, hoorspel, 1972.

Der Müll, die Stadt und der Tod, 1975. (*Het vuil, de stad en de dood*, vert. Gerrit Bussink, Utrecht: Signature, 2002.)

Verzameld in:
Sämtliche Stücke, Frankfurt/M.: Verlag der Autoren, 1991.

Secundaire literatuur

ARNOLD, Heinz Ludwig (red.). *Rainer Werner Fassbinder* (=Text + Kritik 103), München: Ed. Text + Kritik, 1989.

BAER, Harry. *Schlafen kann ich wenn ich tot bin*, Köln: Kiepenheuer & Witsch, 1982.

HAYMAN, Ronald. *Fassbinder Filmmaker*, New York: Simon and Schuster, 1984.

KARDISH, Laurence (red.). *Rainer Werner Fassbinder*, New York: The Museum of Modern Art, 1977.

LARDEAU, Yann, *Rainer Werner Fassbinder*, Paris: Editions de L'Etoile/Cahier du Cinéma, 1990.

LICHTENSTEIN, Heiner (red.). *Die Fassbinder-Kontroverse oder Das Ende der Schonzeit*,. Köningstein/Ts: Athenäum Verlag, 1986.

RAAB, Kurt & PETERS, Karsten. *Die Sehnsucht des Rainer Werner Fassbinder*, München: Bertelsmann Verlag, 1982.

THOMSEN, Christian Braad. *Fassbinder: The Life and Work of a Provocative Genius*, London/Boston: Faber and Faber, 1997.

TÖTEBERG, Michael & LENSING, Leo A. (red.). *Rainer Werner Fassbinder: Die Anarchie der Phantasie*, Frankfurt: Fischer Taschenbuch Verlag, 1986.

HEINER MÜLLER
(1929 –1995)

Bart PHILIPSEN

VADERS & ZONEN: MÜLLERS DEBUUT EN DE ERFENIS VAN BRECHT

Heiner Müllers bijna oedipale relatie met het theatermonument Bertolt Brecht is een cliché geworden in de Müller-biografieën. Maar het is zo'n symbolisch kaderverhaal dat de verleiding te groot is om het niet als leiddraad te gebruiken voor het portret van een auteur die terecht of ten onrechte altijd zal herinnerd worden als de enige echte opvolger van Brecht. Toen de jonge Müller in 1951 – het jaar waarin zijn allereerste (proza)teksten gepubliceerd werden – voor een beurs aan Brechts *Berliner Ensemble* solliciteerde, maakte hij bij een proef een slechte beurt en greep naast het gegeerde statuut van *Meisterschüler*. Een eerder, onaangekondigd bezoek bij Brecht thuis was ook al op een fiasco geëindigd. Er volgen nog vergeefse pogingen om in het 'Brecht-fabriekje' een voet tussen de deur te krijgen. Ondertussen was Müllers familie naar West-Berlijn gevlucht: Müllers vader die al onder de Nazi-dictatuur omwille van zijn uitgesproken engagement voor de SPD was vervolgd, kreeg het na de oorlog aan de stok met de SED omdat hij als burgemeester een aantal omstreden onteigeningen niet wilde doorvoeren. Müller ging niet mee naar West-Berlijn. Die keuze om in de DDR te blijven is cruciaal voor Müllers leven & werk. Later zal hij relatief gemakkelijk tussen Oost en West kunnen pendelen, een positie die in het jargon "Mauerspringer" heette (heen en weer over de Muur) en die van Müller, waar hij ook verbleef, een fundamentele emigrant maakte. Het toenmalige voorwendsel dat hij bij zijn zwangere vriendin moest blijven, was een leugen van formaat; van familiebanden en –verantwoordelijkheden heeft Müller met uitzondering van de laatste jaren van zijn leven steeds een haast pathologische en misschien zelfs principieel gecultiveerde afkeer gehad. De breuk met de familie leek een daad van zelfbevrijding. De echte, in Müllers ogen gerateerde, 'ontrouwe' en laffe vader – een zeer onrechtvaardig oordeel over een man die voor zijn overtuigingen door twee dictaturen het leven zuur was gemaakt – zou ingeruild worden voor de symbolische vader en bewonderde meester Brecht met wie hij het geloof in de nieuwe socialistische staat deelde. Alleen bleek de liefde niet wederzijds. De afwijzing was een harde dobber voor de jonge Brecht-adept die naar eigen zeggen ook al vroeg kreeg af te rekenen met het 'bolwerk' van vrouwelijke medewerkers rond de meester. Toevallig of niet: in 1956 – het jaar van Brechts dood – krijgt Müller een eerste honorarium voor een tekst en een schrijverstoelage voor een jaar. De symbolische vader Brecht moest klaarblijkelijk eerst dood voor de (verloren) zoon echt aan zijn eigen turbulente carrière kon beginnen. Als Müller in 1995 sterft, is hij niet enkel artistiek leider van Brechts gerenommeerde *Berliner Ensemble*, maar ook al een paar jaar lid van het tumultueuze directeurscollectief (samen met Fritz Marquard, Peter Zadek, Peter Palitzsch en Matthias Langhoff). Zoete wraak? De vadermoord krijgt een staartje wanneer de vader als kwelgeest in zijn nabestaanden terugkeert. Tot vlak voor zijn dood in december 1995 had Müller aan de regie van zijn laatste stuk en testament *Germania 3. Gespenster am Toten Mann* gewerkt. Het hele stuk is een lange, schijnbaar nauwelijks gestructureerde ketting van allegorische dodenbezweringen en citaten, Müllers theatrale evocatie van wat de Engelse historicus Eric Hobsbaum *The Age of Extremities* noemde: de korte maar gewelddadige twintigste eeuw die begint met de eerste wereldoorlog ("der tote Mann" verwijst naar het bergmassief Mort-Homme in de buurt van Verdun) en eindigt met de val van de muur, inclusief de daaropvolgende ideologische chaos en gewelduitbarstingen. Toch lijkt het stuk waarin verschillende tijdsassen elkaar anachronistisch kruisen vooral rond het fascisme en stalinisme te draaien, de twee "dictaturen" waar de ondertitel van Müllers autobiografie *Krieg ohne Schlacht. Leben in zwei Diktaturen* (1992, 1994) naar verwijst en de eigenlijke stof waaruit Müllers theatrale (en andere artistieke) nachtmerries zijn gemaakt. Als in maart 96 na de première de boekuitgave verschijnt, laten de Brecht-erfgenamen de distributie via een gerechtelijk vonnis stoppen. Er zouden teveel letterlijke, niet herwerkte citaten uit Brechts werk in de tekst staan. De echte redenen: de burleske scène waarin de maat van Brechts stalen (!) doodskist genomen wordt, zet kwaad bloed, en bovendien is dochter Barbara Brecht niet opgezet met de weinig flatterende rol die aan de "drie Brecht-weduwes" wordt toebedeeld – bedoeld zijn: Brechts laatste vrouw Helene Weigel, Elisabeth Hauptmann en Isot Kilian, twee van Brechts vrouwelijke 'muzes' en medewerksters – waarmee Müller nog eens de centrale rol van vrouwen in de 'Brecht-onderneming' wilde onderstrepen (John Fuegi schreef er een omstreden boek over). Pas in de zomer van 2000 wordt het verbod op de verkoop van de tekst weer opgeheven en kan het Müller-testament terug verspreid worden.

Müller begint in 56 aan het project *Der Lohndrücker*, een typische DDR-stof over een reëel geval van arbeidersheroïek in de eerste jaren van de nieuwe republiek dat ook al de aandacht van Brecht had getrokken. Brecht had zich over het geval gedocumenteerd (onder andere via interviews met de betrokkenen), maar het materiaal was nooit gedramatiseerd. Het wordt Müllers eerste succes. Eerst schrijft hij een hoorspel dat weliswaar niet uitgezonden wordt maar hem wel een debutantenprijs oplevert, dan wordt het bewerkt voor theater en samen met *die Korrektur*, een volgend project over de conflicten en problemen bij de economische en sociaal-politieke opbouw van het land, opgevoerd. Het succes ging al onmiddellijk gepaard met eerste schermutselingen met de partij-ideologen. In de nasleep van de opstand van 13 juni 1953 en de inval van de Russische tanks in Budapest in 56 die onder andere tot de officiële desavouering van intellectuele autoriteiten als Georg Lukacs en Ernst Bloch leidde, werd met groot wantrouwen en nervositeit gekeken naar een jonge auteur die zijn lezers, toehoorders en/of toeschouwers opzadelde met onopgeloste en meestal ambivalente dialectische conflicten die uitdrukkelijk *niet* vanuit een auctoriale positie van ideologische (zelf)zekerheid in het optimistische kaderverhaal van de marxistische geschiedfilosofie 'opgeheven' werden. Ingrijpen doen de partij-ideologen pas na de première (einde september 61) van Müllers volgende stuk, *Die Umsiedlerin oder das Leben auf dem Lande,* waarin bijzonder kritisch en onverbloemd (maar tegelijk in de vorm van een komedie) de socialistische landhervorming onder de loupe genomen wordt. Het stuk waarin de hervorming expliciet niét als opheffing maar veeleer als voortzetting van oude tegenstellingen, scheve relaties en onderdrukkings- en machtsmechanismen in nieuwe vormen in beeld wordt gebracht en bovendien het conflict tussen individuele verlangens en politiek-maatschappelijke programma's, tussen lichamen en ideeën als onverzoenlijk en onvermijdelijk tragisch in scene wordt gezet, wordt prompt verboden; het manuscript wordt verbrand, verantwoordelijken worden nog dezelfde avond gearresteerd, ontzet uit hun functie, gebroodroofd en/of tot openlijke zelfkritiek gedwongen. Müller mag na een doorstart al onmiddellijk terug naar af: uitgesloten uit het *Schriftstellerverband*, dus publicatieverbod en geen brood op de plank. Maar als hij midden de zestiger jaren opnieuw krediet krijgt – letterlijk en figuurlijk – schrijft hij met *Der Bau* toch maar weer een niets ontziend stuk over de gapende kloof tussen het "reëel existerende socialisme" en het vermeende ideaal. Na voorpublicatie in de lente van 65 wordt de opvoering verboden en op het beruchte 11de partijcongres van de SED in december, waar intellectuelen en kunstenaars die afwijken van het programma van het "socialistische realisme" hard worden aangepakt, wordt ook Müller de mantel uitgeveegd: ook op hem slaat de tirade over formalisme, scepticisme, nihilisme, liberalisme, anarchisme en pornografie.

Dat de harde partijlijn in de vijftiger jaren nog niet het hele culturele apparaat domineerde bleek toen Müller voor zijn eigenlijke dramatische debuut – *Der Lohndrücker* en *Die Korrektur* – in 1959 toch de Heinrich-Mann-prijs in de wacht sleepte. De prijs is voor hem én Inge Müller, sinds 1955 zijn (tweede) vrouw en zelf auteur (onder andere van gedichten, kinderboeken en televisiedocumentaires). Over haar inbreng in Müllers werk lopen de meningen erg uiteen; vast staat dat hun intense werk- en onvervalst tragische liefdesverhouding voor beide vruchtbaar is geweest op het artistieke vlak, tenminste tot Inges manische depressies en alcoholisme Heiner letterlijk het huis uit joegen – later zal hij zijn lafheid en gebrek aan verantwoordelijkheidszin schoorvoetend toegeven. In 1966 pleegt Inge zelfmoord, een ervaring die Müller in 1975 poogt te verwoorden in *Todesanzeige*, een hallucinant stuk autobiografisch, tegelijk kil en delirisch proza waarin ook flarden van herinneringen en surrealistische nachtmerries opduiken.

> ...die Tote NOCH EINMAL ansehen (dreimal), sie ist nackt unter der Decke. Wachsende Gleichgültigkeit gegen Dasda, mit dem meine Gefühle (Schmerz Trauer Gier) nichts mehr zu tun haben.

Het behoorlijk omvangrijke en complexe oeuvre dat in de komende decennia ontstaat, zal – al naar gelang van het perspectief –

uitmonden in een radicale herziening en destructie van Brechts dialectische theaterconcept of misschien Brechts visie op dialectiek net zo radicaal verder denken en deconstrueren ("perforeren" schrijft Müller zelf) als de meester het zelf zou hebben gedaan als hij de ontwikkelingen in de DDR en de wereld langer had mogen volgen. Zoals Müllers levenslange obsessie met de marxistische utopie zich meer en meer manifesteerde in het bijna sadistische genoegen om haar met het verraad, de perversiteit en het geweld van het reële socialisme te confronteren en 'perforeren', zo is ook Müllers levenslange relatie met de Brecht-erfenis getekend door een grote behoefte tot provocatie, ontheiliging en pervertering van alles wat de didacticus Brecht vanuit een consequent geloof in de ware kern van het marxisme, een geloof dat Müller steeds duidelijker ontbeert en afzweert, wilde 'aantonen'. De verschuivingen en breuken in Müllers oeuvre zijn niet zomaar in een helder gefaseerd verhaal te dwingen. De meeste teksten zijn vele jaren (soms decennia) lang work-in-progress (of beter: process) geweest, herschreven naar aanleiding van nieuwe inzichten, historische gebeurtenissen of andere, nieuwe ensceneringen. Bovendien heeft Müller – onder andere in de zelfgeredigeerde uitgave van zijn teksten bij *Rotbuch Verlag Berlin* – zijn werk in niet-chronologische verbanden gebundeld, vaak gekoppeld aan andere tekstfragmenten die in het postuum uitgegeven verzameld werk door uitgeverij *Suhrkamp* in de aparte kloeke delen 'proza' en 'poëzie' opduiken. En dat ondanks het feit dat de grensvervaging tussen de genres vanaf de zeventiger jaren programmatisch wordt en het label 'theatertekst' enkel naar de intentie tot enscenering en niet meer naar het soort tekst verwijst. Over het essayistische werk, de lezingen en vooral de ontelbare – ondertussen ook gebundelde – interviews die Müller zelf als echte performances beschouwde, kunnen we het hier niet eens hebben.

Als we ons tot het theaterwerk beperken, kan met enig voorbehoud gezegd worden dat het vroegere oeuvre nog sterk aan de epische traditie van Brecht schatplichtig is en qua thematiek op de vroege DDR-geschiedenis focust – reden waarom Müller zo vroeg in aanvaring kwam met de partijdoctrine die dergelijke meestal onthullende toepassingen van Brechts dramaturgie op de actualiteit liever niet zag; de 'didactische doelstelling' leek net iets te uitdrukkelijk op de boodschap dat het DDR-verhaal maar een voorlopig historisch, onvolledig moment in de communistische revolutie was:

"een ponton tussen ijstijd en commune" (*Der Bau*). De steeds onverzoenlijker wordende tegenstellingen die Müller opvoert, de duidelijke suggestie dat de 'nieuwe' socialistische politieke cultuur vaak dezelfde totalitaire technieken gebruikte als de fascistische dictatuur en het blootleggen van mythische en tragische patronen in schijnbaar rationele, verlichte politiek-maatschappelijke programma's en historische ontwikkelingen zorgen ervoor dat Müllers "Geschichten aus der Produktion" zoals hij zelf zijn stukken over de prille DDR-realiteit noemde, vaak pas jaren later – als de actualiteitswaarde verdwenen leek en de lont uit het kruitvat was – vrijgegeven werden voor publicatie of opvoering.

Griechen-Müller en het einde van het leerstuk

Het jaar van Inge Müllers zelfmoord is in bepaalde opzichten ook een cesuur in Müllers werk. Na de desavouering van zijn "Geschichten aus der Produktion" op het partijcongres in hetzelfde jaar zet Müller zich – deels om den brode – aan het bewerken van 'de klassieken'. "Griechen-Müller" wordt zijn ironische bijnaam in de late zestiger jaren, een verwijzing naar een reeks bewerkingen van antieke tragedies, mythes en verhalen (zoals *Ödipus*, *Philoktetes*, *Prometheus* en *Der Horatier*). De fascinatie voor de antieke literatuur gaat al op de adolescentenlectuur terug en zal blijvend sporen nalaten in al het volgende werk: Heracles en Medea, Prometheus, Electra, de Argonauten, Odysseus ("Ulysses") – het zijn niet eens alle tragisch-mythologische figuren die in Müllers werk blijven opduiken. Een gelijkaardig verhaal kan over Müllers Shakespeare-lectuur gezegd worden. In Shakespeare vond hij "een tegengif tegen de simplificatie bij Brecht", hij vond er een lichamelijkheid en organische complexiteit die Brecht volgens hem miste. De bewerkingen van *Hamlet* en vooral van *Macbeth* doen echter weer stof opwaaien omwille van het excessieve geweld, de volgens sommigen blasfemische, destructieve omgang met een stuk wereldliteratuur en het diepe historische en antropologische pessimisme. Feit is dat Müller – in deze voor een deel ook weer schatplichtig aan Brecht – de retoriek en logica van het noodlot (en dus van een transcendente macht) die in al die stukken de centrale motor van de tragische handeling is, consequent afwijst en de klassieke stof telkens weer herschrijft tot een verhaal over de mechanismen van de macht. Die machtsrealiteit wordt echter (in de lijn van Nietzsche en Foucault) zelf een onbeheersbaar, *unheimlich* principe. Het ontsnapt niet enkel aan de controle van de menselijke actoren, maar atomiseert ze bovendien tot versplinterde effecten van woekerende netwerken van macht die de schijnbare redelijkheid van bepaalde handelingen laat ontsporen en/of begeertes tot motor van nietsontziende en doeltreffende calculaties maken. Via het herwerken van de klassieke teksten schrijft Müller verder aan een literaire travestie en archeologie van de grote ideologieën van de twintigste eeuw, maar ook aan de deconstructie van het westerse subject waarvan de geschiedenis van in den beginne onlosmakelijk verbonden lijkt met de bloedigste excessen van het ideologische denken.

Dat Müller met die adaptaties van klassiekers die door hun lange receptiegeschiedenis de status van a-historische en universele stukken hadden gekregen, zichzelf uit het oog van de politiek-maatschappelijke storm wilde houden en het politieke theater de rug zou hebben toegekeerd, is een onhoudbare stelling. Zeker wanneer men zijn specifieke en vaak ingrijpende lecturen van de gecanoniseerde teksten nader bekijkt. In zowat alle adaptaties gaat het vooral om de voortzetting van de discussie met de antinomieën van het communistische revolutionaire programma op een andere, vreemde en archaïsche, ja zelfs barbaarse scène. Wat Müller in die 'klassieke' teksten aantrok, was hun grote direktheid, eenvoud en transparantie die het mogelijk maakte de mechanismen van menselijke en maatschappelijke verhoudingen en processen, in het bijzonder van de haast 'noodlottige' gewelddadige ontsporingen van die processen, helder en scherp bloot te leggen. Müller focust vooral op de stalinistische ontsporing die exemplarisch is voor het onvermijdelijke exces van geweld en (zelf)destructie dat apriori in elk ideologisch programma ingeschreven is. Wanneer is de prijs die het individu moet betalen voor het collectieve doel van de revolutie te hoog? Of wanneer ontspoort dat individu dat zich als uitvoerder van het collectieve ideaal beschouwt, en vernietigt daarbij én zichzelf én het doel van de revolutie? Is er überhaupt een moreel en ideologisch gerechtvaardigde vorm van geweld denkbaar? Maar is niet elke ideologische doelgerichtheid en elk programmatisch handelen gedoemd tot ontsporing en/of(zelf-)verraad? Vragen die het werk tot op het einde gaan beheersen.

Het *Philoktet*-verhaal – materiaal waar Müller overigens al in de jaren vijftig mee rondliep (het werd uitgewerkt tussen 58 en 64) – wordt in die zin helemaal herschreven. Terwijl Philoctetes bij Sofocles uiteindelijk door een goddelijke interventie overhaald wordt om zijn ballingsoord te verlaten (waar hij door de Grieken op weg naar Troje werd achtergelaten omwille van een kwalijke ruikende voetwonde) en met Odysseus naar Troje te trekken om daar de strijd met zijn magische boog te beslechten, wordt hij bij Müller lafhartig neergestoken. De kille pragmatiek die erin bestaat de uitgestoten banneling terug 'in te schakelen' als het volk hem nodig heeft, lijkt te mislukken. Maar Philoctetes wordt dan maar als lijk en vermeend slachtoffer van de vijand ingezet om de Grieken vol haat de strijd in te jagen. Müller compliceert echter de simpele tegenstelling tussen de cynische representant van de macht Odysseus, het uitgestoten individu Philoctetes en de 'onschuldige ' derde Neoptolemos (zoon van Achilles). Alle drie worden ze verscheurd door onoplosbare dilemma's zoals die tussen *realpolitik* en ideologie, haat en plichtsbesef, idealistische, morele 'zuiverheid' en de noodzaak tot handelen die sowieso altijd schuldig maakt.

Scherper nog wordt het dilemma in *Der Horatier* (1968) dat gebaseerd is op een verhaal van Livius en bewerkingen van Corneille en Brecht. De dappere Romein Horatier, die de vijandige Curatier in een duel verslaat en daarmee zijn stad redt, steekt vervolgens zijn eigen zuster neer, wanneer die hem vol verdriet om haar verloofde – de Curatier – vervloekt. De held moet terechtstaan als moordenaar, maar wordt in de oorspronkelijke versie slechts symbolisch gestraft. Müller doet twee essentiële ingrepen: het brutale geweld tegen de zuster is al een herhaling van een excessief geweldmoment in het duel zelf – de onnodige brutaliteit tegenover de gevallen Curatier – en de Horatier wordt effectief terechtgesteld, onthoofd; maar hoofd en romp worden toch weer "ongeveer" samengevoegd om de held te eren. "Ungefähr": het dilemma kan nooit meer 'opgeheven' worden, er blijft altijd een niet weg te werken verschil, want beide daden zijn in zekere zin incommensurabel.

Met *Mauser* (1970) – de naam verwijst naar het populaire pistool van de Russische revolutionairen – keert Müller enerzijds expliciet terug naar een moderne stof om anderzijds een variatie op de problematiek van de voorgaande 'antieke' stukken te brengen. In

Mauser wordt in de vorm van een bijna muzikaal gestructureerde dialoog tussen een koor en de figuur 'A' het proces van deze laatste gemaakt: oorspronkelijk een gewetensvolle uitvoerder van doodsvonnissen in naam van de Russische revolutie (het stuk is in de twintiger jaren gesitueerd), transformeerde A – na herhaaldelijk afgewezen verzoeken tot ontheffing van zijn taak (wegens knagende twijfels over de zin ervan) – eerst in een gevoelloze moordmachine en vervolgens in een bijna rituele slachter, een onmens die van doden een orgiastisch gruwelfeest maakt (*"mein Geschlecht der Revolver"*). Voor dit exces wordt hij zelf voor het vuurpeleton geplaatst. Müller trekt Brechts reflectie in *Die Maßnahme* over het geweld als blijkbaar onoverkomelijk middel dat door het doel van de revolutie geheiligd wordt, radicaal door tot enkel de vicieuze suicidale spiraal van het geweld overblijft. Het leitmotief TOD DEN FEINDEN DER REVOLUTION verandert in het korte stuk van een duidelijk op de vriend-vijand logica gebaseerd parool in een tragisch dilemma: het subject van de revolutie blijkt zichzelf – en de revolutie – te ondermijnen, is *zelf* zijn eigen vijand.

De onbeslisbaarheid tussen schuld en onschuld, revolutionaire heroïek en moord, noodzakelijk en excessief geweld, de "rest die niet opgaat" (Der Horatier) in de dialectische argumentatie – dat alles wordt de eigenlijke inzet van Müllers teksten die vooral ook oefeningen zijn in het onbevreesd durven ter sprake brengen van die dilemma's en die onverteerbare rest: "die unreine Wahrheit". In dat opzicht zijn *Philoktet*, *Der Horatier* en *Mauser* inderdaad leerstukken. Ze werden door Müller in de door hem zelf aanvankelijk geredigeerde reeks bij *Rotbuch/Verlag der Autoren* in 1978 één bandje samengebracht. Maar tegelijkertijd illustreren ze hoe het geloof in een onaangetaste kern van het ware marxisme, het geloof in een voortschrijdende emancipatie en humanisering die aan het zuivere marxisme de allure van een profane heilsleer gaf, geweken is voor het onverbloemde, bloedige protocol van een systematische ontsporing en pervertering van de marxistische idealen. De tol van die vermeende utopie bleek niets dan terreur te zijn, terreur en utopie zijn zelfs uitwisselbaar geworden: *DE REVOLUTIE IS HET MASKER VAN DE DOOD DE DOOD IS HET MASKER VAN DE REVOLUTIE* (*Der Auftrag. Erinnerung an eine Revolution*, 1979). In *Der Auftrag* – over de mislukte export van de Franse revolutie naar Jamaïca als gevolg van het failliet in het moederland van de revolutie zelf (Napoleon) – staat echter minder dit geweld dan wel de problematiek van het verraad aan de revolutie in relatie tot de (intellectuele) onmacht en lafheid van haar uitvoerders centraal. Müller introduceert wel een belangrijke verschuiving in zijn pessimistische diagnose van de revolutie: "Het theater van de blanke Revolutie is afgelopen. We veroordelen jou ter dood, Victor Debuisson, omdat jouw huid blank is. Omdat jouw gedachten blank zijn onder jouw blanke huid". Terwijl het revolutionaire vuur in het oude Europa door verraad, zelfdestructie en gemakzucht is uitgedoofd, blijkt het in de Derde Wereld nog te smeulen: een belofte voor de toekomst en een dreiging voor het oude Europa. In de toespraak ter gelegenheid van de uitreiking van de prestigieuze Büchner-prijs in 1985 legt Müller een verrassende link tussen Büchners *Woyzeck* – de eerste moderne sociale tragedie in de Duitse literatuur – en de volgens hem nakende weerstand in de Derde Wereld:

> Woyzeck leeft waar de hond begraven ligt. De hond heet Woyzeck. Angstig en/of hoopvol wachten wij op zijn wederopstanding, dat de hond als wolf terugkomt. De wolf komt uit het Zuiden. Als de zon op haar hoogste punt staat, is hij één met onze schaduw en begint in het uur van de witgloeiende hitte de geschiedenis.

In een vaak geciteerde brief aan Reiner Steinweg uit 1977 neemt Müller afscheid van het *Lehrstück* precies omwille van die ontbrekende of afgestorven (revolutionaire) basis; er is geen politiek-maatschappelijke praxis meer waarop een revolutionair theater zou kunnen inspelen. Müller:

> Ik denk dat we tot de volgende aardbeving van het LEERSTUK afscheid moeten nemen. De christelijke eindtijd van de MASSNAHME is afgelopen. (…) Wat blijft: eenzame teksten die op geschiedenis wachten. En het doorzeefde geheugen, de broze wijsheid van de massa, spoedig door het vergeten bedreigd.

De ervaring van de postrevolutionaire, grauwe jaren zeventig die hier verwoord wordt – het theater van de blanke revolutie dat afgelopen is – dwingt Müller tot een positie als auteur die hij vergelijkt met die van een mol ("Maulwürfe"): ondergronds woelen doorheen de verborgen lagen ("zand modder steen") van het maatschappelijke discours die "vol mijnen steken" in de stille hoop dat die systematische exploratie van het ondergrondse misschien toch ooit weer een voorlopig onzichtbare kern van hoop in de wanhoop zal aanboren. "Constructief defaitisme" noemt Müller zijn nieuwe positie. De metafoor van de mol verwijst echter niet enkel naar een soort inhoudelijke koersverandering (bijvoorbeeld zich terugtrekken in de catacomben). Sinds de vroege jaren zeventig is Müller bevriend met het uitgeverspaar dat het Berlijnse *Merve-Verlag* runt, een kleine uitgeverij die 'Franse denkers' als Foucault, Barthes, Deleuze/Guattari, Lyotard en Baudrillard via vertalingen in Duitsland introduceren. Müller zuigt met grote overgave de intellectuele nectar uit Frankrijk op en wordt vooral geïnspireerd door de analytische aandacht van de Parijse denkers voor de 'ondergrondse' tekstualiteit en discursiviteit van de concurrerende 'grote' ideologische verhalen en 'mythologieën' die ook in Müllers eigen ervaring allemaal hun failliet beleven. Tegelijk en misschien ook geïnspireerd door het essayistische werk van de Franse filosofen met hun grote interesse voor literatuur geraakt Müller in de ban van de literaire avantgarde. Vooral in Lautréamont en Antonin Artaud vindt Müller een verwante obsessie voor de 'andere' werkelijkheid van begeertes, driften, en lichamelijkheid die net onder de oppervlaktelaag van redelijkheid woekert. Maar ook het werk van Rimbaud, Joyce, Beckett en andere modernisten wordt gretig gelezen, kortom het soort schriftuur dat omwille van haar extreme zelfreflectie als tekst en taal door de officiële socialistische esthetica als formalisme wordt verketterd. Er tekent zich in Müllers werk – vooral sinds de zeventiger jaren – een steeds sterkere wordende tendens tot vernietiging van (eenduidige) betekenisrepresentatie en tot productie van meerduidige, soms ook bijna onbegrijpelijke, materiële betekenaars af die quasi-muzikale, ritmische structuren en principes laten primeren op duiding en belering. In tegenstelling tot de gebruikelijke receptie van de 'politieke' dimensie in Müllers oeuvre op inhoudelijke gronden, moet een echte lectuur van het 'politieke' focussen op deze modernistische esthetica. Het is precies die 'formalistische' tendens waarin volgens Müller het utopische zich kan redden; het is de vorm die niet enkel de ideologische betekenisproductie deconstrueert, maar ook weerstand biedt aan wat – vanuit het perspectief van die zelfde zucht naar eenduidige betekenisgeving – kan gelezen worden (en ook gelezen werd) als louter nihilisme.

Onmacht en verraad van de intellectueel: Hamletmaschine en Leben Gundlings Friedrich von Preußen Lessings Schlaf Trau Schrei

De brief aan Steinweg over het einde van het leerstuk werd opgenomen in de zopas vermelde *Rotbuch*-editie met de drie 'laatste' leerstukken. Afgesloten wordt de bundel met een van Müllers beroemdste teksten: *Hamletmaschine* (1977), een scharniertekst voor de zopas geschetste ontwikkeling. Maar *Hamletmaschine* is ook een soort autobiografisch bilan waarin de zelfmoord van Inge en de troebele verhouding tot de pas overleden vader worden verwerkt. Beide privé-trauma's worden geuniversaliseerd tot fundamentele trauma's die voortvloeien uit sexuele, generatie- en andere familiale afhankelijkheidsrelaties en -conflicten waarvan de ambivalente rituelen zich volgens Müller ook in sociaal-politieke verhoudingen verderzetten. Ondanks de – onder andere chronologische – afstand tussen deze hermetische, nauwelijks negen bladzijden tellende tekst en de voorgaande wilde Müller van de samenstelling van de bundel een statement maken. "There is something rotten in this age of hope" – een van de vele half-citaten – linkt de tekst aan het thema van de bundel en zeker aan de nieuwe 'doctrine' van het constructief defaitisme dat in de figuur van de twijfelende Hamlet een ambivalent gezicht krijgt. Voor Müller is hij immers de belichaming van zowel de machteloze en/of laffe intellectueel die al dan niet ondanks hemzelf 'de zaak' verraadt als van het subject van de weigering en ontkenning dat elke autoriteit, elk per definitie in geweld uitmondend politiek handelen of ingrijpen ongedaan wil maken of minstens verhinderen. Tegenover cryptische verwijzingen naar onder andere de bloedig onderdrukte opstanden in Berlijn (1953), Budapest (1956) en Praag (1968) die de geschiedenis als voorthollende machinerie van de terreur evoceren, staan bijna satirische beschrijvingen van een door consumptiedwang en mediatizering verblinde en verstarde maatschappij. Verscheurd tussen die twee uitersten – gemakshalve als extreme karikaturale voorstellingen van communisme en kapitalisme ("Leve COCA COLA") te herkennen – staat de Hamlet-figuur; die heeft slechts één verlangen: de terugkeer naar de moederschoot ("DE MOEDERSCHOOT HEEFT GEEN EENRICHTINGSVERKEER"), het voor-historische en voor-bewuste, het organische en fysiologische, ja zelfs het puur machinale – een zijn zonder denken dat de illusie van progressie die niets anders dan een continuïteit van catastrofes en geweldplegingen is, met extreme regressie wil onderbreken:

> Ik breek mijn verzegelde vlees open. Ik wil in mijn aders wonen, in het merg van mijn botten, in het labyrint van mijn schedel. Ik trek me terug in mijn ingewanden. Ik ga zitten in mijn schijt, in mijn bloed. (...) Ik wil een machine zijn.

Maar Hamlet wil ook "*een vrouw zijn*", de man – de wortel van het historische geweld – in zich doden. Terwijl ook dat slechts een onmogelijk verlangen blijft, vertolkt de Ophelia-stem een vrouwelijk gewelddadig en wraakzuchtig verzet tegen de rol van slachtoffer:

> Ik ben Ophelia. Die de rivier niet bij zich hield. De vrouw aan de strop De vrouw met de doorgesneden polsen De vrouw met de overdosis OP DE LIPPEN SNEEUW de vrouw met het hoofd in het gasfornuis. Gisteren ben ik opgehouden met zelfmoord plegen.

In een beklijvend vijfde teksttableau verschijnt ze onder water ("diepzee"), in een rolstoel "terwijl twee mannen in doktersjassen haar en de rolstoel van boven tot onder inzwachtelen". Maar zelfs in deze symbolische situatie van totale opgelegde onmacht spreekt ze als de zich wrekende

> Elektra. In het hart der duisternis. (...) Tot de metropolen van de wereld. Uit naam van de slachtoffers. Ik stoot al het zaad uit dat ik ontvangen heb. Ik verander de melk van mijn borsten in dodelijk gif. Ik neem de wereld terug die ik gebaard heb. (...) Weg met het geluk van de onderwerping. Leven de haat, de verachting, de opstand, de dood

De gender-thematiek die hier misschien voor het eerst in Müllers werk zo prominent op de voorgrond treedt, staat eveneens centraal in twee latere producties: *Quartett* (1982) – zeer losjes gebaseerd op de 18de-eeuwse briefroman *Les Liaisons Dangereuses* van Choderlos de Laclos – en *Verkommenes Ufer Medeamaterial Landschaft mit Argonauten* (1983). In beide stukken wordt de man/vrouw-relatie als een verwoestende uitputtingsoorlog voorgesteld; intieme relaties blijken eens te meer als microscènes van macht, onrecht, geweld, terreur en verraad de publieke macroscènes van politiek en geschiedenis te weerspiegelen. *Quartett* is een reflectie over het probleem van het terrorisme met een stof, een materiaal dat oppervlakkig gezien hiermee niets te maken heeft", zegt Müller zelf nogal provocerend in *Krieg ohne Schlacht*. In het Medea-project benadrukt hij dan weer de Jason-geschiedenis als "vroegste mythe van de kolonisering bij de Grieken". Bovendien is de tekst een uitdrukkelijke hommage aan en verwerking van de lectuur van Eliots "The Waste Land" en in dat perspectief ook een genadeloze apocalyptische cultuurdiagnose. Toch geeft Müller toe dat zijn "eigen ervaringen met vrouwen" het materiaal voor de Medea-tekst hebben geleverd en dat die tekst bijzonder autobiografisch is (de dialoog in deel twee "is haast het stenogram van een huwelijksconflict met Inge" dat al in 58 werd opgetekend).

Vooral vormelijk betekent *Hamletmaschine* een breuk met het nog min of meer episch coherente vroegere werk, al was de techniek van de fragmentatie, de montage en het citaat, de totale loskoppeling van tekst en personage (of stem) al aangekondigd in enkele andere werken uit de zeventiger jaren (zie verder). Van een dramatekst is nauwelijks nog sprake, tenzij dan in het 'materiaal' dat onder andere naar de Hamlet-plot verwijst (maar ook naar het senecaanse grand-guignol drama van Shakespeares tijdgenoot Ford *Tis Pity Shees a Whore*) en in de vijf episodes die de vijf bedrijven van het drama of het treurspel oproepen. En er zijn – als 'herinnering' aan het dramatische genre – voornamelijk twee 'personages' (Hamlet en Ophelia), maar van een dramatische dialoog is er nauwelijks sprake, eerder van een over stemmen verdeeld prozagedicht, een gefragmenteerde monoloog van citaten die via beschrijvende regieaanwijzingen aan een surrealistisch pantomimisch script wordt gekoppeld. Zelfs de namen die naar de gekende figuren lijken te verwijzen, distantiëren zich van hun personages en van de literaire traditie waarin ze staan:

> Ik was Hamlet. Ik stond aan de kust en praatte met de branding BLABLA, achter mij de ruïnes van Europa (...) Legt masker en kostuum af. Ik ben Hamlet niet. Ik speel geen rol meer. Mijn woorden hebben mij niets meer te vertellen. (...) Mijn drama zal niet meer plaatsvinden.

Niet alleen versmelten de figuren voortdurend met elkaar, ze splitsen zich ook in verschillende personages. En ook de auteur wordt als personage, als 'representatie' van een autoritaire instantie "verscheurd" ("foto van de auteur wordt verscheurd"). De "dood van de auteur" (Foucault) is het sluitstuk van een proces waarin het gevecht met en tegen autoriteit ook als proces van de schrijvende (en sprekende) instantie tegen zichzelf wordt gevoerd. Want "mijn plek, als mijn drama nog zou plaatsvinden, zou aan beide zijden van het front zijn, tussen de fronten in, erboven". (*Hamletmaschine*) Interessant detail: één jaar na *Hamletmaschine* vinden de eerste contacten met de Oost-Duitse *Staatssicherheit* (Stasi) plaats die begin 1993 voor een rel zullen zorgen. Als het stof gaan liggen is, blijkt Müller zijn 'gesprekken' met de Stasi nooit misbruikt te hebben tegen iemand. Maar dat ze er waren, heeft Müllers behandeling van de thematiek van het verraad ongetwijfeld beïnvloed.

In hetzelfde jaar waarin Müller *Hamletmaschine* schrijft, ontstaat ook het thematisch verwante "gruwelsprookje" *Leben Gundlings Friedrich von Preußen Lessings Schlaf Trau Schrei*. Terwijl de problematiek van de intellectueel in het eerste stuk vooral tegen de achtergrond van het marxisme kan gelezen worden (zie de verwijzingen naar Berlijn Budapest, Praag), graaft Müller in deze raadselachtige collage en montage van surrealistische tableaus, scènes, monologen en pantomimes naar de wortels van de zogenaamde "deutsche Misere". Daarmee wordt het cultuurhistorische gegeven bedoeld dat – in tegenstelling tot Frankrijk en Engeland waar al in de 18de eeuw een democratische traditie ontstond – in Duitsland absolutistische machtsverhoudingen de intellectuelen in de 18de en een stuk van 19de eeuw in een extreme afhankelijkheidsrelatie dwongen die ze enkel door een even extreme verinnerlijking, wereldvreemdheid en uiterlijke onderdanigheid compenseerden. Voor Müller gaat het toch weer om een archeologie en genealogie van het fascisme en stalinisme, en in het bijzonder van het intellectuele failliet vis-à-vis deze ideologische ontsporingen. Hij focust op Pruisen en toont hoe de beroemde historicus en rechtswetenschapper Jacob Paul von Gundling aan het hof van Friedrich Wilhelm I met grote gelatenheid de verschrikkelijkste vernederingen ondergaat en tot tragikomische nar van de macht gedegradeerd wordt. Müller maakt er echter zoals gewoonlijk geen eenduidige confrontatie tussen intellect en macht van, maar verdubbelt het conflict in de figuur van Friedrich Wilhelms zoon Friedrich II de Grote. Die werd als kind niet enkel gedwongen aan de vernedering van de geleerde deel te nemen; zijn militaristische opvoeding bestond ook voor het overige in een radicale en brutale disciplinering en afstomping van elk intellectuele en cultureel-artistieke interesse, elk spoor van verbeelding en speelsheid. Om de link tussen militarisme, disciplinering en waanzin als een echte 'politiek' (en niet enkel als een individueel of privaat probleem) voor te stellen, voegt Müller (die toegeeft erg gefascineerd te zijn geweest door Foucaults studie *l' Histoire de la folie à l'âge classique)* een scène toe die zich afspeelt in een "Pruisisch gekkenhuis" met onder andere fysiek en mentaal verminkte oorlogsveteranen. Maar die politiek van de systematische disciplinering wreekt zich later, want Friedrich zal uitgroeien tot een schizofrene despoot die de rauwe brutaliteit van zijn militaristische vader (de "soldatenkeizer") transformeert in infantiel sadisme, en van geweld en oorlog een door literaire fantasieën gestuurd kinderspel maakt. Terwijl Gundling zichzelf probeert te redden door extreme passiviteit en onderdanigheid die zijn individualisme vernietigen, compenseert Friedrich een gelijkaardige verminking en/of annihilatie van zijn individuele verlangens door zelf de rol van geweldenaar met verve op zich te nemen. Die fundamentele divergentie in reacties op het geweld van de staat wordt aangevuld met een korte pantomime *Heinrich von Kleist speelt Michael Kohlhaas,* een allusie op Kleists beroemde novelle over een man die kost wat kost zijn recht wil halen van de overheid en daarbij zo buiten zichzelf geraakt dat hij alles opoffert. Het laatste deel is gewijd aan Lessing, de belichaming van de Duitse Verlichting. Lessing deelt in de kritiek wegens zijn eenzijdig rationalistisch emancipatiestreven dat geen plaats liet voor de nacht of 'de slaap van de rede'. Toch lijkt de identificatie tussen Müller en Lessing groot (zoals hij in een interview zelf toegaf). Het stuk eindigt op "een autokerkhof in Dakota" waar Lessing "de laatste president van de USA" ontmoet, een koploze robot in een elektrische stoel die zichzelf vernietigt: een fantasmagorische evocatie van de zogenaamde 'dialectiek van de Verlichting' die door een bepaalde eenzijdig-rationalistische en – technologische ontwikkeling haar eigen humanistische doelstelling heeft ondermijnd.

Van Griechen-Müller tot "de laatste Duitse schrijver"

Als Griechenland-Müller in de late zestiger jaren op het voorplan stond, dan mag men de auteur van het werk in de zeventiger jaren gerust *Deutschland-Müller* noemen. Dat bleek al uit *Das Leben Gundlings.* Maar 'Duitsland' is misschien wel het meest prominente en cruciale thema van Müllers gehele oeuvre. Müllers Germania-productie kan nog het best vergeleken worden met de kolossale en duistere tableaus en installaties van Anselm Kiefer. Net zoals de Griekse of Romeinse stof een mythisch complex is, is ook Duitsland – Germania – voor Müller zoals voor Kiefer een weerbarstige, van brutaliteit, rauw geweld, extreme, suïcidale oorlogszucht, krankzinnigheid en verdrongen traumas doordrenkte mythe die alleen maar in een even brutaal artistiek werkproces – een lees- en schrijfproces in ruime zin – kan gedeconstrueerd worden. In een opmerkelijk interview met Sylvère Lotringer uit 1988 noemde Müller zichzelf "de laatste Duitse schrijver" die de herinnering wil levend houden "aan die waanzinnige natie die zoveel waanzinnige dingen deed" en die volgens hem haar einde nadert. Over de afbakening van het Germania-complex kan gediscussieerd worden, maar er bestaat een grote samenhang tussen *Die Schlacht* (1951/1974), *Germania Tod in Berlin* (1956/1971), *Wolokolamsker Chaussee* (1985-1987) en *Germania 3*. De stof die in steeds andere variaties en met een andere, beperktere of ruimere focus tot een theatrale, eerder emblematische dan epische tekst en tot een monument van literaire *memoria* bewerkt wordt, is de Duitse, in ruimere zin Centraal-Europese geschiedenis, in het bijzonder die van de twintigste eeuw, met een dubbele focus op het Derde Rijk en het communisme/stalinisme en een aantal historische vergelijkingspunten (bijvoorbeeld het Pruisen van Friedrich II, Livius' bericht over het conflict tussen Arminius en Flavus en *De Nibelungen* in *Germania Tod in Berlin*). Müller snijdt steeds weer opnieuw de dichtgeschroeide littekens en verdrongen trauma's van de geschiedenis open en bezweert letterlijk de doden en hun ongedane zaken als een soort paradoxale – constructief-defaitistische? – utopische figuur om de gefnuikte mogelijkheden en aspiraties, de afgebroken toekomst van de doden terug te activeren. (Müller citeert in dit verband graag Brecht: "Wie früher Geister kamen aus Vergangenheit / So jetzt aus Zukunft ebenso"; *Fatzer-Fragment*)

In *Die Schlacht. Szenen aus Deutschland* worden in vijf korte exemplarische scènes die de periode 1933-1945 bestrijken de totale demoralizering en dehumanisering in alle lagen van de bevolking als gevolg van de extreme situatie van de oorlog en de dictatuur getoond. *Germania Tod in Berlin* verbreedt het historische perspectief tot dat van de Duitse arbeidersbeweging tussen 1918 en 1953 (de opstand van de 17de juni die een eerste bloedige confrontatie tussen de DDR-bevolking en haar politieke overheid was). Maar die historische stof wordt verknipt tot twaalf parellelscènes (bijvoorbeeld "De Straat 1,

Berlijn 1918/ De Straat 2, Berlijn 1949)" en één geïsoleerd – misschien emblematisch – "Nachtstuk". Realistische stukken worden afgewisseld met surrealistische, nachtmerrieachtige en/of clowneske scènes (vaak pantomimes) die telkens een episode uit de (vroege) DDR-geschiedenis dialectisch confronteren met een episode uit de Duitse (Germaanse) voorgeschiedens (van Arminius ofte "Hermann" over de Nibelungen tot de Führerbunker). "Nachtstuk" is de beschrijving van een soort pantomime die aarzelt tussen een circusnummer en een gruwelscène: "een mens" die "misschien een pop is" met een "gezicht zonder mond" rukt zichzelf in allerlei clowneske situaties de ledematen uit; zijn ogen worden uitgestoken "en uit de oogholtes kruipen luizen en verbreiden zich zwart uit over zijn gezicht. Hij schreeuwt. De mond ontstaat met de schreeuw". Misschien suggereert Müller dat er slechts uitzicht is op een minimale mondigheid en zelfkennis voor de menselijke soort in een proces van zelfmutilatie, een autodestructie van het eigen automaten-bestaan.

In alle Germania-stukken (en ook in vele andere) worden hoofdrollen gespeeld door doden. Het hoogtepunt van die dodenbezwering (die door de vele citaten ook een tekstbezwering is) is allicht het reeds vermelde *Germania 3* dat als sluitstuk van een Trilogie (1*: Die Schlacht, 2: Germania Tod in Berlin*) kan verwijzen, maar allicht ook naar Müllers cynische visie op de gebeurtenissen van/na 1989; waarbij de scheiding van de twee Duitslanden (een van Müllers bestaansvoorwaarden) in een derde Duitsland werd 'opgeheven'. Van een werkelijke plot verwijdert Müllers schrijfproces zich meer en meer om volledig plaats te ruimen voor geraffineerde collages en montages van citaten en zelfcitaten (onder andere Hölderlin, Kleist, Grillparzer, Heine, Kafka, Hebbel, Brecht); ze worden in de mond gelegd van grote en kleine daders en slachtoffers uit de 'verschrikkelijke' twintigste eeuw die in flarden van surreële scènes en volgens een anachronistische logica elkaars pad kruisen en met elkaar in gesprek komen. Dat anachronisme is niet toevallig. Een rode draad in de monumentale literaire *Trauerarbeit* van de Germania-productie (en voor sommigen een steen des aanstoots) is ongetwijfeld Müllers nietsontziende obsessie om onder en over de symbolische, officiële cesuren van de geschiedenis ("1918", "1933", "1945", "1953", "1989" enzovoort) diepere continuiteiten en parallellen bloot te leggen, bijvoorbeeld de reeds aangehaalde problematiek van het verraad van de intellectueel, de continuïteit van suïcidaal militarisme en diepgewortelde onmondigheid en het conflict tussen revolutie en contrarevolutie. Op die manier wil Müller de problematische uitwissing van het verleden door de (vooral revolutionaire) retoriek van het Nieuwe en dus Zuivere, ook in het andere Duitsland dat de DDR wilde zijn (en misschien ook in het Duitsland van de *Wiedervereinigung*, moet Müller gedacht hebben), aan de kaak stellen en op de ononderbroken pulserende doodsdrift en lijkenproductie in de diepere lagen van de geschiedenis wijzen. Dat wordt nog eens gesymboliseerd in de titel *Wolokolamsker Chaussee* die eigelijk eens cyclus van vijf aparte stukken over de direkte voorgeschiedenis en de geleidelijke implosie van de DDR is. De titel verwijst immers naar de weg die Berlijn en Moskau verbindt, waarlangs eerst de nazi's Rusland zijn binnengetrokken en waar ze ook gestopt werden; en die vervolgens door het Rode leger in omgekeerde richting werd gebruikt voor hun gruwelijke zegetocht door Duitsland met de inname van Berlijn als hoogtepunt, maar met uitlopers naar Berlijn 1953, Budapest en Praag die de ontsporing van de 'revolutionaire' export aantonen. Voor Müller was de cyclus daarom een "requiem op het socialistische Oostblok".

Müller heeft zoals gezegd de première van *Germania 3* niet meer mogen meemaken. De slopende kanker kluisterde hem de laatste maanden vooral aan zijn schrijfmachine. Daarom zijn in die periode nog een aantal interessante gedichten en prozateksten ontstaan – een soort terugkeer naar het begin van Müllers carrière. Een van de interessantste voorbeelden van die cirkelbeweging is allicht een onafgewerkte autobiografische tekst waarin vroegere teksten over bijvoorbeeld de vader ("Der Vater") hernomen en op een opmerkelijke wijze 'gecorrigeerd' en genuanceerd worden. De centrale problematiek van vaderschap/auteurschap als symbool bij uitstek van het verscheurende dilemma van de – geweigerde, afgewezen, ontvluchte – autoriteit en/of verantwoordelijkheid wordt in de parabel *Traumtext Oktober 1995* nog een keer in een uiterst uitgepuurde vorm verbeeld en verwoord. Een ik-verteller loopt met zijn tweejarige dochter in een bamboemandje op z'n rug langs een smalle betonnen strip zonder balustrades aan de rand van een reusachtig waterbekken. Er is geen uitweg: aan de ene kant de afgrond, aan de andere een onbeklimbare betonnen muur. De ik-verteller stort door een onvoorzichtige beweging in het water, het bamboemandje met het kind blijft op de richel staan; hij ziet vol angst dat ze probeert uit het mandje te kruipen, haar ogen op mij gericht, die niet uit het water kan komen, de betonnen rand te hoog BLIJF VAN MIJ VANDAAN DIE JOU NIET HELPEN KAN mijn enige gedachte, terwijl haar vragende vertrouwde blik mij, hulpeloze zwemmer, het hart verscheurt.

Heiner Müller overleed in Berlijn op 30 december 1995.

BEKNOPTE BIBLIOGRAFIE

Primaire literatuur

Een eerste door Müller zelf geredigeerde reeks werken verscheen bij Rotbuch Verlag, Berlin.

Texte 1. Geschichten aus der Produktion 1. Stücke, Prosa, Gedichte, Protokolle. Berlin 1974 (=Rotbuch 108)
Texte 2. Geschichten aus der Produktion 2. Berlin 1974 (= Rotbuch 126)
Texte 3. Die Umsiedlerin oder Das Leben auf dem Lande. Berlin 1975 (= Rotbuch 134)
Texte 4. Theater-Arbeit. Berlin 1975 (= Rotbuch 142)
Texte 5. Germania Tod in Berlin. Berlin 1977 (= Rotbuch 176)
Texte 6. Mauser. Berlin 1978 (= Rotbuch 184)
Texte 7. Herzstück. Berlin 1983 (= Rotbuch 270)
Texte 8. Shakespeare Factory 1. Berlin 1989 (= Rotbuch 290)
Texte 9. Shakeseare Factory 2. Berlin 1989 (= Rotbuch 291)
Texte 10. Kopien 1. Berlin 1989 (= Rotbuch 336)
Texte 11. Kopien 2. Berlin 1989 (= Rotbuch 337)

Het volledig verzameld werk van Heiner Müller wordt sinds 1998 uitgegeven door Suhrkamp Verlag, Frankfurt. Redacteur is Frank Hörnigk:

Werke 1. *Die Gedichte* (1998)
Werke 2. *Die Prosa* (1999)
Werke 3. *Die Stücke 1* (2000)
Werke 4. *Die Stücke 2* (2001)
Werke 5. *Die Stücke 3* (2002)
Werke 6. *Die Stücke 4. Bearbeitungen für Theater, Film und Rundfunk* (2004)
Werke 7. *Die Stücke 5. Die Übersetzungen* (2004)
Werke 8. *Schriften* (2005)
Werke 9. *Eine Autobiographie* (2005)

Er zijn nog drie delen *Gespräche* gepland

Müllers Autobiografie verscheen al onder de titel *Krieg ohne Schlacht. Leben in zwei Diktaturen*, Berlin: Kiepenheuer & Witsch, 1992, 1994 (erweiterte Neuausgabe).

Ook de interviews en *Gespräche* verschenen al gebundeld tijdens Müllers leven als

Gesammelte Irrtümer 1. Interview und Gespräche. Frankfurt a. M.: Suhrkamp, 1986.

Gesammelte Irrtümer 2. Interview und Gespräche. Frankfurt a. M.: Suhrkamp, 1990.

Gesammelte Irrtümer 3. Texte und Gespräche. Frankfurt a. M.: Suhrkamp, 1994.

Er bestaan twee volumes met een ruime selectie uit Müllers werk in Nederlandse vertaling: H.M.: *Het Eiland van het Grote Bloedbad – Toneel* (vert. Marcel Otten), Amsterdam: International Theatre & Film Books, 1990; H.M.: *Last voyage. Poëzie, proza, essay, toneel* (vert. Marcel Otten), Amsterdam: International Theatre & Film Books, 1997. Citaten die in dit portret werden gebruikt komen uit deze twee bundels.

Secundaire literatuur

LEHMANN, Hans-Thies & PRIMAVESI, Patrick. (red.). *Heiner Müller-Handbuch. Leben – Werk – Wirkung*. Stuttgart: J. B. Metzler, 2003.

HAUSSCHILD, Jan-Christoph. *Heiner Müller oder das Prinzip Zweifel*, Berlin: Aufbau Taschenbuch Verlag, 2001.

HAUSSCHILD, Jan-Christoph. *Heiner Müller*, Reinbek bei Hamburg: Rowohlt Taschenbuch Verlag, 2000.

SCHULZ, Genia. *Heiner Müller*, Stuttgart: J.B. Metzlersche Verlagsbuchhandlung, 1980.

MARTIN WALSER
(1927-)

Henri BLOEMEN

"PRECISIE"

Martin Walser (°1927, Wasserburg/Bodensee) heeft over zijn Zwitserse naamgenoot Robert, met wie hij zich naast Franz Kafka en Friedrich Hölderlin als schrijver het meest verwant voelt, ooit gezegd dat hij, Robert, telkens weer alle instrumenten stukslaat waarmee men hem wil verklaren. Die uitspraak lijkt in volle omvang ook op hemzelf, Martin, en zijn werk van toepassing. Ze geldt voor die instrumenten en classificaties waarmee anderen zijn werk proberen te vatten, maar ironisch genoeg ook voor alle indelingen en hermeneutische suggesties die Walser zelf met betrekking tot zijn werk telkens weer aanreikt. Wanneer hijzelf als auteur van zijn vroege werk (tot 1972) als "linkse intellectueel" en dat vroege werk zelf als "maatschappijkritisch" bestempeld wordt, weert hij zich vehement tegen die vastlegging en tegen de aanname dat een schrijver bewust een of andere functie buiten zijn eigenlijke bezigheid, het schrijver-zijn, zou kunnen vervullen. Met het volste recht weert hij zich, wanneer hij in de lange nasleep van zijn beruchte *Sonntagsrede* ter gelegenheid van de uitreiking van de belangrijke "Friedenspreis des deutschen Buchhandels" in 1998, in de buurt van antisemieten en rechtse populisten gerukt wordt. In die toespraak had Walser de provocerende bekentenis afgelegd dat hij "van de ergste filmsequenties uit concentratiekampen al zeker twintig keer weggekeken ('weggeschaut') heeft". Dat wegkijken werd hem vervolgens door velen als een ongeoorloofde omgang met het Duitse verleden – de "Duitse schande", zoals Walser het noemt – uitgelegd. Wat Walsers tegenstanders nauwelijks waargenomen hebben, was dat hij voor een andere dan de mediaal geprepareerde omgang met dat verleden pleitte, men kan gerust zeggen voor een meer literaire. In de maatschappelijke discussie die na de toespraak losbarstte, was Walsers felste tegenstander de voorzitter van de Centrale Raad van de Duitse Joden, Ignatz Bubis. Het debat is de Duitse literatuurgeschiedenis ingegaan als de "Walser-Bubis-Debatte".

Maar ook het werk weert zich tegen het indelings- en uitleggingsaanbod van zijn eigen auteur: wanneer Walser in 1976 een cesuur trekt omdat hij dan overgaat van een ik-verteller naar een hij-verteller, zal een aandachtig lezer merken dat bijvoorbeeld het vroege *Das Einhorn* (1966) en het late *Ein springender Brunnen* (1998) veel meer parallellen vertonen dan het aplomb van die perspectiefwijziging doet vermoeden. Of wanneer hij in de jaren tachtig het Duitse vraagstuk tot middelpunt van zijn werk lijkt te maken, zal diezelfde lezer vaststellen dat die thematiek al veel eerder aanwezig was, inclusief het "wegkijken" uit de *Sonntagsrede*. Want in zijn essay *Unser Auschwitz* uit 1965 is de thematiek van het wegkijken en het gebrek aan een taal om adequaat over Auschwitz te spreken al expliciet aan de orde. Daarmee is een belangrijk punt aangehaald, dat we hier als these willen vasthouden: in tegenstelling tot het clichébeeld dat Walser als schrijver wezenlijk een maatschappijcriticus zou zijn die het leed van het moderne subject in eerste instantie aan de onmenselijkheid van de heersende toestanden toeschrijft, is Walser iemand die in eerste instantie geïnteresseerd is in zijn "Tätigkeit", het schrijven, en in het medium waarin dat gebeurt, de taal. Schrijven en taal zijn voor Walser niet zozeer instrumenten om maatschappelijke wantoestanden aan te klagen. Veeleer gaat het hem telkens weer om de rol van schrift en taal in de totstandkoming van wat men een modern subject zou kunnen noemen. Dat daar dan vervolgens niet erg veel tot stand komt – Walsers protagonisten zijn kleinburgers, mislukkelingen, mensen met een onophefbaar tekort – ligt net aan de rol van de taal die voor een krachtig eigenmachtig subject niet veel ruimte laat. Walsers thema is ontegensprekelijk dat onophefbaar, constitutief tekort. Daarmee vindt hij, zonder het te willen of zelfs te weten, aansluiting bij overwegingen uit de moderne filosofie en psychologie. De manier waarop hij in zijn schrijven dat tekort thematiseert, maakt zijn manier van schrijven uit. Dat het schrijven als zijn "Tätigkeit" hem te boven gaat en nooit tot puur instrument van een voorstelling kan worden, is een logisch gevolg daarvan.

Het telkens weer ontkrachten van verklaringsinstrumenten door het werk zelf is het interessantst bij dat begrip dat Walser zelf van in het begin tot de hoeksteen van zijn poëtica gemaakt heeft: het tekort ("Mangel"), in al zijn vormen. Het spreekt voor de kracht van dit werk dat het zich steeds weer verzet tegen de pogingen van zijn auteur om dat tekort te beheersen, dat wil zeggen om gestaltes *voor* dat tekort te scheppen, het tekort in romanfiguren voor te stellen en af te bakenen, zich tot het tekort te bekennen, of zich in Franz Kafka en Robert Walser bevoorrechte gestalten van het tekort plastisch voor ogen te voeren. Het spreekt voor de literaire kracht en het belang van Walsers werk dat het als telkens weer andere gestalte *van* het tekort (hier als genitivus subjectivus te verstaan) de intentie van zijn auteur om het tot gestaltes *voor* het tekort te maken en het zodoende te beheersen ondermijnt. Ook in die zin is het werk dus "überlegen" (Robert Walser) ten aanzien van zijn auteur. Maar het spreekt ook voor de auteur Martin Walser dat hij in zijn metapoëtische geschriften telkens weer en steeds duidelijker op de onbeheersbaarheid van dit in de moderne estetica zo eminente begrip terugkomt: alleen wie beschadigd is, kan schrijver worden, meent hij in *Wer ist ein Schriftsteller?* (1974), en in zijn essay over Robert Walser (*Der Unerbittlichkeitsstil,*1978) verheft hij het tekort tot een taalgenererend principe: taal is ontstaan uit pijn, smart, scheiding; ze heeft altijd al een geheel ("ein Ganzes") "auseinandergerissen". Maar de taal is niet alleen de abstracte differentiërende, onteigenende kracht, ze is tegelijkertijd de concretisatie van het tekort: "Spezialisierung des Mangels" in een literaire gestalte.

Wie die voortdurende pogingen om aan categorisering en ideologische vastlegging te ontsnappen als een destructieve neiging of als een ijdel rollenspel van de auteur opvat, zou zich dus alleen al ten aanzien van die interne dynamiek van het werk zwaar vergissen. Het verwijt telkens weer een andere rol te spelen heeft Walser vaker te horen gekregen, vooral in de discussie naar aanleiding van de *Sonntagsrede*. Maar reeds in 1966 laat hij zijn romanheld Anselm Kristlein in *Das Einhorn* zeggen: "Anselm wist allang dat het zijn rol was om uit zijn rol te vallen". Het is het werk zelf dat met zulke ironiserende anticipaties de (telkens wel smaller wordende) ontsnappingsroutes organiseert waarmee Walser zijn minder aandachtige lezers voortdurend te snel af is. Maar Walser zelf heeft ook minstens één valabel argument dat hij van zijn vroege tot zijn late werk telkens weer aanhaalt: vastleggingen, categoriseringen, gewoontes leiden tot denkroutines, verplichte manieren van denken, tot grove ritualisering en instrumentalisering, tot onvrije taal en slecht lezen. Dat stoorde hem aan het heersende discours over Auschwitz: lippendienst van intellectuelen en tijdsgeestridders, die zich daarmee een stukje van hun schuldig-zijn afkopen, of van organisaties en belangengroepen die er niet aan denken om hun discursieve macht over dat gevoelige thema prijs te geven. De vlucht in de frase en het gecontroleerde spreken is voor Walser geen optie. Auschwitz en Duitsland zijn (onder andere) namen voor het tekort die Walser aanzetten tot het opvoeren van de sensibiliteit en de precisie van de taal als het over die dingen gaat: "Genauigkeit" is zijn drijfveer. Dat motief heeft hij ook weer van Robert Walser geleend: "Ik houd precisie voor poëtisch", citeert hij hem instemmend. Die sensibiliteit leidt bij Walser tot een precieze schriftuur, tot een "oncommandeerbare taal" die hem "niets wil verkopen" (*Sonntagsrede*) en die dus aan geen enkele politieke, economische, morele, religieuze of literair-modieuze dwang onderhevig wil zijn. Ze beantwoordt hooguit aan de dwang die schrijver en lezer volgens Walser gemeenschappelijk hebben: het "Buchstabierenmüssen unserer Existenz" (*Sonntagsrede*).

Walser mag daarom van zijn lezers verlangen dat ze eenzelfde precisie in hun lectuur opbrengen. Dat ze met andere woorden lezend hun oordeel uitstellen, hoe zeer ook de auteur door zijn optreden vaak oordelen en veroordelingen provoceert. Als wij hier in wat volgt voor de duidelijkheid toch weer indelingen en categorieën hanteren, dan is het aan de lezer om ze in een precieze lectuur van het werk te weerleggen, of, preciezer, het werk bij het weerleggen ervan te helpen.

In een eerste deel bespreken we Walser als auteur en belichten daarbij in het bijzonder *Das Einhorn* (1966), *Ein fliehendes Pferd* (1976) en *Ein springender Brunnen* (1998); vervolgens gaan we kort in op Walsers theoretische reflecties over het auteurschap en ironie. We verwijzen ook voortdurend naar de *Sonntagsrede* om zo Walser als speler op de scène die het Duits "Öffentlichkeit" noemt te karakteriseren. Walser als theaterauteur kunnen we hier niet behandelen, evenmin zijn interessante activiteiten in de periferie van het literaire veld, zoals zijn schrijfhulp aan mensen, bijvoorbeeld geïnterneerden, die hun verwondingen schrijvend willen verwerken.

HET VROEGE WERK

Als literatuurwetenschapper – hij promoveerde in 1951 met een dissertatie over Kafka bij de bekende germanist Friedrich Beissner – is Martin Walser wars van elke opvatting die auteurschap verbindt met originaliteit, inspiratie en creativiteit. Veeleer ontstaat een werk bij hem altijd als reactie op een situatie van tekort of, voor de jonge Walser, op de lectuur van een ander werk. Walser bekent ergens dat hij als dertienjarige Schiller- en Hölderlingedichten nabootste. Toen hij na de oorlog als dertigjarige besloot schrijver te worden, waren zijn eerste verhalen reacties op zijn lectuur van Kafka. Peter Suhrkamp, zijn uitgever, meende dat enkele titels hun herkomst al te zeer verrieden: "Beschreibung meiner Lage", "Die Geschichte eines Pförtners", "Die Geschichte eines älteren Herrn". Walser verwierp daarop een deel van de verhalen en herschreef de andere, die in 1955 in zijn eerste bundel *Ein Flugzeug über dem Haus* verschenen. Maar zijn relatie met Kafka's werk, die hij later als "reine Liebe" omschrijft, is wel blijven bestaan.

Zijn eerste roman, *Ehen in Philippsburg* (1957), reageert op een situatie: het overweldigende economische herstel ("Wirtschaftswunder") in het West-Duitsland van de jaren 50. Met deze roman vestigt Walser in de literaire kritiek de overtuiging dat hij een maatschappijkritisch schrijver zou zijn. Nochtans vertelt de roman het verhaal van een "Aufsteiger", Beumann, die zich met volle overtuiging aan de economische omstandigheden aanpast, maar die de verinnerlijking van de wereld waaraan hij zich spiegelt betaalt met het failliet van zijn privé-leven. Maar tegelijk met zijn hoofdfiguur versteent ook de roman: hij heeft geen vormelijk antwoord dat de aanpassings- en instemmingseuforie van zijn "Bildungs"-verhaal overstijgt. Die zuiver spiegelende voorstelling van het tekort en zijn oorzaak, de verinnerlijking van economische wetmatigheden, is te evident; te duidelijk wijst de roman met de vinger naar de wonde en haar oorzaken.

Dat merkte Walser zelf ook en in zijn vroege hoofdwerk, de later zo genoemde Anselm-Kristlein-trilogie bestaande uit *Halbzeit* (1960), *Das Einhorn* (1966) en *Der Sturz* (1972), zocht hij naar poëticale antwoorden die hem radicale inzichten in het functioneren van de taal opgeleverd hebben. Inhoudelijk trekt Walser de lijn door: ook Anselm huldigt een "omarmende levenswijze", hij past zich voortdurend aan de omstandigheden en de eisen van anderen aan, oefent zich in mimicry. "Zich verzetten, dat was hem het vreemdst van al. Aanpassen, erbij zijn, meedoen: dat was zijn zaligheid", zegt Walser in zijn "Nachruf auf einen Verstummten". Anselm is in de loop van de trilogie achtereenvolgens vertegenwoordiger, reclameredacteur, schrijver en leider van een instelling. Het enige vaste punt lijkt de vrouw te zijn die hem door de drie romans heen begeleidt, Alissa. Die relatie lijdt onder zijn gedrag, maar meer nog onder de onmogelijkheid waarmee de taal elke onmiddellijke relatie veroordeelt. "Einander suchend in der Wörtermummung" is het nooit zeker of men vindt wat men zoekt.

De trilogie is in de receptie doorgaans opgevat als het verhaal van een mislukking ("Scheitern") en bijgevolg als scherpe kritiek op de maatschappelijke toestanden in het toenmalige West-Duitsland. Maar dat is niet precies genoeg gelezen: alsof de romans zelf dat soort kritiek niet al thematiseren en ironiseren, alsof Anselm die mislukking niet ook wilde, en alsof het poëticale inzicht dat Walser hier wint niet veel belangrijker zou zijn dan die maatschappijkritiek.

Das Einhorn is ontegensprekelijk de interessantse, maar ook de moeilijkst leesbare roman van de drie. Walser combineert hier een verhaal met metafictionele overwegingen over de voorwaarden voor het vertellen – herinnering en verlangen –, en de rol van de taal daarbij. Die overpeinzingen worden op het schrijven toegepast en brengen de roman letterlijk aan de rand van de verbrijzeling. Anselm is hier schrijver die van een Zwitserse uitgeefster de opdracht krijgt om een boek over de liefde te schrijven; het moet een zakelijk boek worden, "öppis Gnaus", iets precies. Hij mag niet zomaar wat over het thema fantaseren, maar moet op vroegere of nog komende ervaringen teruggrijpen. Zijn zelfbewustzijn als schrijver is niet al te groot. "Ik lig", is zijn eerste zin, die al op voorhand zijn halve nederlaag aangeeft. Maar zelfs dat eenvoudige zinnetje heeft hij niet onder controle:

> (...) het zinnetje werd steeds brutaler, radeerde rabiaat in mij rond, kriebelde als een hoestprikkel, bokste als een overrijpe zwangerschap en zocht me af naar de doorlaatbare plek. (...) ik laat het ter wereld komen als het slecht piepende zinsgeruis dat me denuncieert.

Namelijk als verteller/auteur die zich totaal afhankelijk voelt van namen en woorden, ja er "horig" aan is, en die ze niet beheerst of als zeker bezit beschouwt. De reminiscentie aan de piepende muis Josephine bij Kafka zegt voldoende over het ambigue zelfbeeld. Het toch al problematische verloop van zijn schrijversopdracht wordt voortdurend onderbroken door reflecties op de relaties tussen herinnering en taal. In vijf "aanleidingen om over ons herinneringsvermogen verwonderd te staan" treedt Anselm aan om het Proustiaanse geloof ("Ach-mijn-beste-Proust") in de talige representatie en de hervindbaarheid van de tijd te verwerpen. De andere aangevallene is Augustinus, die weliswaar het hoofdmotto van de roman levert ("Wij zijn onze herinnering"), maar dan in de vierde "aanleiding" teruggewezen wordt: "ach Augustinus, onder ons gezegd, dat zit er toch niet in bij ons". Anselm verwerpt het geloof dat het verleden in woorden of beelden opnieuw present kan worden. Veeleer verschijnt het verleden "in woorden opgelost" ("in Wörter zerlöst"). "Zerlösung" in taal in plaats van "Erlösung" door herinnering. "De navelsnoer naar wat geweest is fladdert. De woorden richten zich op en vreten gras". Die talige bemiddeling van de herinnering doet een tijdsverschil ontstaan tussen de realiteit en de ervaring ervan. Die zijn niet gelijktijdig. Iets "is" pas wanneer het op een later tijdstip door talige bemiddeling ervaren wordt. De realiteit wordt daardoor in een "perfectum van de toekomst" verplaatst:

> O Augustine, Anselm kon niet anders dan hic et nunc te zeggen: Het zal geweest zijn. Het zal echter niet zo geweest zijn, zoals het nu is. Het zal dus niet zo geweest zijn, zoals het was toen het was. Het zal geweest zijn alsof het niet geweest was.

Geen wonder dus dat ook Anselms schrijfopdracht over de liefde, die zich op realiteit en herinnering moest baseren, zich oplost in een verzelfstandigde taal en veeltaligheid die aan Joyce's *Finnigan's Wake* doet denken: het boek eindigt in eindeloze associatieve woordverbindingen in het Duits, Italiaans, Engels, Frans, Nederlands, Latijn en andere talen. Ook de naam van de enige houvast die Anselm leek te hebben, Alissa, die onderweg al Birga (de "bergende") geworden was, verandert in de woordenstroom van de Nederlands sprekende Orli (een vroegere vriendin van Anselm) in "Orga", het laatste woord van de roman.

Niet alleen de herinnering valt onder het dictaat van de taal, ook de schijnbaar in de andere richting wijzende kracht – het verlangen, de verwachting, de hoop – is altijd al gevallen. Net zomin als het verleden in taal teruggehaald kan worden zoals het was, kan het verlangen door taal ingehaald of gerealiseerd worden. De eenhoorn staat in deze roman voor de bovenmatige, mythische kracht van het verlangen en de verwachting. Het is een soort absolute signifiant, die elke realisering van het verlangen, zoals Anselm dat vooral bij anderen gadeslaat, met belachelijkheid straft. Niettemin gaat Anselm over tot de aanval op dat schijnbaar absolute teken en hij citeert psalm 22,22 als motto voor zijn strijd: "Bevrijd (...) mij, armzalige, van het gehoornte van de eenhoorn". In een imaginaire ontmoeting met de eenhoorn voelt Amseln zich achteraf evenwel als een "bliksemwrak" en het daagt hem dat ook die bemiddeling via woorden, beelden en topische constructies uit het verleden dient te gebeuren. Zowel de herinnering als het verlangen probeert Anselm aan zijn wens – de wens die hem tot schrijver maakt? – te onderwerpen:

> Ik wens me woorden om de geringste geweestheid uit te roeien. Woorden waarin het donker is. Van Jou. Woorden zonder schijn en aanschijn. Van Jou. Woorden waarin Jij, de dode dode, doodgesproken moet worden.

Wie hierin alleen maar negativiteit herkent, vergist zich. Het lijkt me net een poging om de taal als instrument van een radicale eindigheid ten aanzien van de oneindigheid en onbereikbaarheid zowel van een oneindig en pijnlijk verleden als van een mythisch dreigend verlangen te begrijpen.

Het is hier niet de plaats om de radicaliteit van deze wens en haar geschiktheid als basis voor een poëtica verder te bespreken. De vraag is ook of Walser zelf de consequenties van deze positie ten volle beseft dan wel of het bij deze (weliswaar niet langer vrome) wens of bezwering blijft. Op inhoudelijk vlak levert het hem een soort bekentenis tot een heldendom op waaraan hij zich in zijn hele verdere werk zal houden; een held is wie zichzelf in een verhouding tot het ultieme tekort, de dood, plaatst: "Wat door een opperhuid bij elkaar gehouden wordt, is een held. Gevangen in zijn huid, ziet hij de dood tegemoet. Dat houdt hij vol". Als verteller houdt Walser aan dit inzicht een soort taalvertrouwen over, dat eveneens als thema later zal terugkeren; hij drukt dat in de "Nachruf auf einen Verstummten" zo uit: "Ik heb, wat jij me in je absoluut ("rücksichtslos") woordvertrouwen gezegd hebt, voortgezegd". Hoe belangrijk deze inzichten voor Walsers verdere werk zijn, zal later blijken.

In 1972 sluit hij met *Der Sturz* zijn trilogie af. Hij schrijft nog twee werken in dezelfde trant, *Fiction* (1970), waarin hij de gewonnen inzichten uit *Das Einhorn* radicaal volgt en als het ware het vertellen tegen het vertellen, de taal tegen de taal laat ageren, en *Die Gallistl'sche Krankheit* (1972). Daarna gooit hij het over een heel andere boeg.

DE KLEINBURGER ALS EMBLEEM VAN HET TEKORT

Walser voert vanaf 1976 een reeks veranderingen in zijn schrijven door. De meest opvallende is de verschuiving in het vertelperspectief van een ik-verteller naar een personele hij-verteller. Inhoudelijk legt hij zijn helden – we weten wat hij daaronder verstaat – vast op de rol van de kleinburger, die hij als de meest "ausgepowerte" figuur van de geschiedenis, als drager van de nederlaag emblematisch oplaadt. De namen van de helden (Horn, Zürn, Halm) worden "einsilbig", wat zowel eenlettergrepig als ook zwijgzaam, kort van stof betekent. Ze tekenen zich daarmee af tegen de vaak beklaagde woordenvloed van de ik-verteller. De setting van de romans verhuist van de grootstad naar het Bodenmeer in het Allemanisch sprekende gebied, dat Walser vroeger al, maar nu nog meer als "Heimat" ervaart en beschrijft. Walsers boeken komen nu ook beter aan bij het grote publiek, zijn oplagecijfers stijgen soms spectaculair. Hijzelf wijt dat deels aan de vriendelijkere receptie in het literaire bedrijf, hoewel bijvoorbeeld chefcriticus Marcel Reich-Ranicki de lezers nog meende te moeten waarschuwen om ook maar één pagina uit *Jenseits der Liebe* (1976) te lezen. Maar Walser heeft ook een andere reden voor zijn gestegen populariteit; in een interview zegt hij: "ik heb mijn willekeur en zelfingenomenheid door ik weet niet welke deemoed getemd en zo zijn dus de boeken verdraaglijker geworden". Een laatste opvallende kenmerk bestaat erin dat de verhaallijn niet meer onderbroken wordt door expliciete metafictionele uitweidingen, wel blijven er ironiserende opmerkingen van die aard aanwezig. De romans uit deze periode geven daardoor een indruk van grotere eenheid, wat door de kritiek en het publiek in dank werd afgenomen. De romans heten: *Jenseits der Liebe* (1976), *Seelenarbeit* (1979), *Das Schwanenhaus* (1980), *Brief an*

Lord Liszt (1982) en *Brandung* (1985). Het grootste succes – het werd Walsers eerste bestseller – was echter de novelle *Ein fliehendes Pferd* uit 1978, waarop we even nader ingaan.

Helmut Halm, de hoofdfiguur, is een 46-jarige leraar die samen met zijn vrouw, Sabine, zijn vakantie doorbrengt aan het Bodenmeer. Hij is iemand die zich achter het verkeerde beeld dat de mensen van hem hebben en dat hij zelf produceert onbereikbaar wil maken voor anderen, inclusief zijn vrouw, hoewel zij "de plaats is waar hij verwondbaar is". Wat de anderen van hem denken, blijft hem gelijk "als het maar het verkeerde is." Hij beschouwt zichzelf als kleinburger en wil dat ook zijn: "wanneer ik iets ben, dan een kleinburger". De definitie van een kleinburger is "de verheffing van het verkeerde tot programma". Daarmee is meteen duidelijk wat het enjeu van deze novelle is. Had de filosoof Adorno (die met naam genoemd wordt in de trilogie) niet in zijn *Minima Moralia* vastgesteld: "Es gibt kein richtiges Leben im Falschen". Waar alles verkeerd is, kan het individu geen aanspraak maken op een "juist leven". "Er is hoe dan ook geen redding" stelt Helmut, weliswaar met betrekking tot een mislukte taart, hyperbolisch vast. Maar net door zich tot het verkeerde te bekennen, neemt "Ha-Ha" de proef op de som van de juistheid van Adorno's dictum. Als iemand hem doorschouwt, dat wil zeggen in de leegte kijkt die achter het verkeerde beeld heerst, wil hij vluchten ("fliehen") of gaan draven ("traben") als een paard. Maar die vlucht gebeurt dus niet, zoals het cliché wil, in een rijk gevulde innerlijke of private wereld. Ook die is volledig opgelost. Daarin is Helmut een directe erfgenaam van Anselm Kristlein. Het verleden en de herinnering als bergende kracht is voor Helmut leeg:

> Hij had praktisch niet geleefd. Er was niets overgebleven. Achter hem was er zo goed als niets (…). Zijn herinneringsbeelden waren levenloos als na een catastrofe. (…) Hij voelde dat in hem het avontuur voor goed ten einde was. Het vertelbare in het algemeen.

Dat het vertelbare voor Helmut ten einde is, betekent dat hij zich uitsluitend beweegt op de dunne scheiding tussen verleden en toekomst, zonder dat hij daarom een figuur is die, zoals het cliché weerom wil, alleen in het nu leeft. Veeleer probeert Helmut die postcatastrofale rust waarin hij zich nog minimaal beweegt door een constante schijnproductie, door een constant aanspreken van zijn "Kraft zur Verstellung" te vrijwaren. Wat hij zoekt, is een "positie achter de positie".

Die precaire constructie dreigt in te storten wanneer plotseling zijn oude schoolkameraad, Klaus Buch, opduikt. Hij presenteert zich als het complete tegendeel van Helmut: sportief, avontuurlijk, grootsprakerig, succesvol etc. Hij dringt zich frontaal aan Helmut, het vluchtende paard, op en probeert hem uit zijn kleinburgerlijk bestaan los te maken. Later zal blijken dat hij in eenzelfde situatie verkeerde als Helmut, maar er een andere "oplossing" voor zocht, of er überhaupt een oplossing voor zocht, wat Helmut niet meer deed. Tijdens een zeiltochtje op het Bodenmeer komen de twee in een storm terecht. Klaus Buch gaat daarbij zo tekeer aan het roer van de boot ("die Pinne") dat Helmut ondanks alles toch tot actie overgaat: hij schopt Klaus het roer uit zijn handen, deze gaat overboord en verdwijnt in de golven. Helmut weet zich toch te "redden" en reflecteert uitvoerig op dit symbolische geval:

> (...) je hebt geleefd op dat ogenblik, je bent uit jezelf getreden, Ha-Ha, een seconde lang heb je de schijn niet kunnen produceren ("schaffen"), aan die seconde hang je nu vast, en zal je vasthangen als de scheur van die seconde niet meer gedicht kan worden.

Van Klaus' vriendin krijgen de Halms vervolgens te horen dat zijn leven veel problematischer was dan dat van Helmut. Toen hij Helmut ontmoette, dacht hij de redding gevonden te hebben: "Aan jou, dat heeft hij gevoeld, aan jouw rustige, vaste aard, had hij gezond kunnen worden". Het verkeerde beeld had dus zijn werking weer gedaan. Maar tijdens het gesprek komt Klaus onverwachts binnen; hij had overleefd, "ein frisch Geretteter". Helmut voelt zich daarop "doorschouwd zoals hij nog nooit door iemand doorschouwd was". Klaus Buch en zijn vriendin vertrekken dan zonder nog iets te zeggen.

Het einde van het verhaal lijkt een rehabilitatie van het voordien geproblematiseerde vertellen. Helmut en zijn vrouw verlaten hun vakantieoord en beslissen in het station om niet naar huis, maar naar Montpellier te reizen. "Wat nu?" vraagt Sabine onderweg. Helmut antwoordt: "Het kan zijn dat ik je alles vertel over deze Helmut en deze Sabine. Toe maar, zei ze, ik geloof nauwelijks dat ik alles zal geloven. Dat zou de oplossing zijn, zei hij. Dus, zei hij, het ging zo: (...)". Vervolgens "citeert" Helmut de eerste zin van de novelle.

Dit einde wekt sterk de suggestie dat de hoofdfiguur zich in de herhaling van zijn eigen verhaal ermee verzoent. Dat zou traditioneel zijn: door de objectivatie van het eigen verhaal leert men ermee leven, literatuur als therapie etc. Dat zou voor een groot deel het enorme verkoopssucces van de novelle kunnen verklaren. Maar wie goed leest, merkt dat er hier niet van een "verlossing", maar slechts van een "oplossing" ("Lösung") sprake is. En redding vindt alleen nog maar letterlijk plaats. Bovendien laat de oplossing – die erin bestaat dat de lezer niet alles van het verhaal gelooft – ruimte voor de noodzakelijke leugen als bijna homeopathisch overlevensmiddel temidden van het universeel verkeerde.

Walser heeft gemerkt dat deze oplossing – en ze geldt in zekere zin voor alle romans uit deze periode – op poëticaal gebied problematisch is. Zijn "einsilbige" kleinburgers zijn te zeer gestalten *voor* het tekort, ze nemen het tekort in de hand, geven er een plaats aan, proberen het tot een berekenbare grootte te maken. Vandaar dat Walser geprobeerd heeft om de aandacht af te leiden van de figuren en te wijzen op wat hij eigenlijk wilde. In een interview over het werk van die periode zegt hij:

> Ik merk dat ik literaire machines moet bouwen waarin niet één bepaalde kracht triomfeert, waarin niet één bepaalde stem geprivilegieerd is, ook niet de zogenaamde stem van de auteur. Dat zou dus voor mij het ideale boek zijn, waarin een stem even sterk is als de tegenstem.

Teksten als literaire machines dus die zich niet in de hand van één figuur bevinden, maar waarin de figuren, de auteur, de lezer functies daarvan zijn. De desubjectivering, die deze metafoor impliceert, werd al in de trilogie aangekondigd toen Walser het in zijn "Nachruf" had over het "absolute ("rücksichtslos") woordvertrouwen" van zijn hoofdfiguur dat hij als verteller alleen maar gevolgd had. Die desubjectiverende tendens zal in het verdere werk alleen nog maar sterker worden.

De Duitse wonde (en Walsers wending?)

Vanaf het midden van de jaren tachtig mag men in die zin van een accentverschuiving in Walsers werk spreken dat er twee elementen, die vanaf het begin aanwezig waren, nu versterkt te voorschijn treden: (I) Walsers insisteren op het feit dat hij schrijver is, in hoofdzaak en eigenlijk alleen maar schrijver, die "op de wijze van een schrijver" ("auf schriftstellerische Weise") op de zogenaamde maatschappelijke realiteit reageert. Een soort wending dus naar het esthetische, een concentratie op de vraag wat schrijven, wat een schrijver eigenlijk is, wat er met de dingen gebeurt als ze in schrift gevat worden. (II) Opvallender nog dan vroeger stelt Walser, lang voor de "Wende" van 1989, de thematiek van de Duitse scheiding en het Duitse verleden ter discussie in zijn werk.

Die eerste verschuiving is in de kritiek het minst waargenomen, en als dat al gebeurde, is ze naar mijn weten nooit au sérieux genomen. Meestal werd ze als een soort terugtrekking, als een moedwillig negeren van de maatschappelijke verantwoordelijkheid van de auteur uitgelegd. In de discussie rond de *Sonntagsrede*, waarin Walser het ook over het "schone" en over het "Buchstabierenmüssen unserer Existenz" als opgaven van de schrijver had, wordt die positie hem als nutteloos geraisonneer en als vlucht voor de morele verantwoordelijkheid of deculpabiliseringspoging ten aanzien van Auschwitz regelrecht kwalijk genomen. Dat past in de in Duitsland wijd verspreide opvatting dat een auteur vooral als kritisch waarnemer van maatschappelijke toestanden, als waarschuwer tegen politieke ontwikkelingen, als wijzer van de juiste weg, kortom als morele instantie, maar niet op de eerste plaats als schrijver dient te fungeren. Het is niet zo moeilijk om aan de hand van die schrijversrol, de schrijver als preceptor, indelingen in de naoorlogse Duitse literatuur aan te brengen. Als lid van de Gruppe 47, waarin die literatuur- en schrijversopvatting domineerde, heeft Walser nooit de maatschappelijke relevantie van literatuur ontkend en in het begin van de jaren zeventig bewoog hij zich een tijdlang in de buurt van de DKP (zonder er ooit lid van te worden). Maar al in zijn opstel *Wie und wovon handelt Literatur* uit 1972, waarin hij zich als sympathisant van de "Werkkreis Literatur der Arbeitswelt" te kennen geeft, weert hij zich tegen vaststellingen die het literaire slechts zien als middel tot iets anders (bevrijding, protest etc.). Hij verwerpt de literatuurvijandige slogan "Nicht beim Literaturmachen stehenbleiben" en geeft een subtiele beschrijving van wat hij onder een realistische schrijfwijze verstaat: een schrijfwijze die weliswaar haar aanleiding in de realiteit vindt, maar vervolgens aan de logica van het schrift gehoorzaamt. Op het ogenblik dat hij met gemak aan het literaire een andere functie had kunnen toekennen, verdedigt Walser het literaire op zich. Had schrijver Anselm in *Das Einhorn* niet al ironisch vastgesteld dat hij langzaam tot "vakman in de beantwoording van *Schicksalsfragen*" geworden was. In de succesroman *Ein springender Brunnen* (1998) drijft Walser de vraag naar wat schrijven, wat een schrijver is tot het uiterste en brengt hij ze bovendien in direct verband met het Duitse verleden. Dat is een zo brisante actie dat Walsers tegenstanders de roman in de werveling na de *Sonntagsrede* als revisionistisch bestempeld hebben. Die tegenstanders hadden natuurlijk niet de moeite gedaan om het ontstaan van het complexe thema herinnering-taal-schrijven bij Walser na te gaan. Evenmin waren ze in staat om de radicaliteit van Walsers poëticale positie, maar ook het problematische ervan in te zien. We gaan daar dadelijk in een bespreking van *Ein springender Brunnen* nader op in.

Al in 1978 had Walser de sindsdien veel geciteerde zin geformuleerd: "Wij moeten de wonde met de naam Duitsland openhouden". Lang voor de "Wende" van 1989 in de DDR en in een tijd waarin West-Duitse politici aan het Duitse vraagstuk enkel nog op 17 juni, de dag van de Duitse eenheid, een paar frases wijdden waarin ze zelf niet meer geloofden, heeft Walser de eenheid van Duitsland verdedigd. Dat heeft hij nooit vanuit een of andere nationalistische ideologie gedaan. In geen enkele tekst over het thema zal men Walser op nationalistische primitiviteiten betrappen; hij blijft ook in dit heikel opzicht trouw aan de eis van precisie. De wonde blijft een wonde, maar Walser wil er wel anders over kunnen spreken dan de politieke en intellectuele goegemeente het doen, die zich het thema toeëigenen, maar er nauwelijks nog iets over te zeggen hebben. Zijn redeneerwijze is altijd subtiel, hoewel in toenemende mate provocerend voor de vertegenwoordigers van de "Zeitgeist". Walsers engagement op dit gebied is in het verlengde te zien van het thema "Heimat" dat altijd al als een, toegegeven, wat vreemd element door het werk van Walser gespookt heeft. Waar hij dat begrip vroeger vooral met de streek rond het Bodenmeer en het Alemanisch sprekende gebied verbond, dus niet door staatsgrenzen ingesloten, daar "beperkt" het zich later in toenemde mate tot de problematiek van de Duitse natie. Daar zit echter geen willekeur achter. In 1968 had hij in een uitweiding over het dialect de zin "Das deutsche Volk ist gegen seinen Willen heute noch geteilt" nog verworpen omdat die niet in dialect vertaalbaar, dus ook niet ervaarbaar zou zijn. Walser moet gevoeld hebben dat de tijd en de taal – wel te verstaan niet die van de politiek en het maatschappelijk discours – zich naar zo'n vertaalbaarheid toe ontwikkelde resp. dat hij als auteur aan zo'n vertaalbaarheid kon meewerken.

In z'n werk komt de thematiek voor het eerst volop zichtbaar voor in de novelle *Dorle und Wolf* uit 1987, vervolgens heel manifest in de bestseller *Die Verteidigung der Kindheit* uit 1991, die door de kritiek als eerste grote "Zeitroman" na de Wende ontvangen wordt. De roman *Finks Krieg* (1996) daarentegen wordt afgekraakt en provoceert vooral de linkse intelligentsia, die Walser tot dan toe ondanks alles als haar medestander beschouwd had. Walser zelf slaat terug en heeft het in een interview over "diese andauernde Konfessions-Überwachung durch linke Aufsichts-Intellektuelle". In 1998 komt hij dan met *Ein springender Brunnen*, een autobiografisch (hoewel hij zelf zegt van niet) verhaal waarvan iedereen aanvankelijk vond dat het de thematiek rond het Duitse vraagstuk bevrijdde van de ideologische discussie waarin ze verzeild geraakt was.

Wie de roman in de context van het hele werk leest, zal verbluffende overeenkomsten vaststellen met het vroege werk, vooral met *Das Einhorn*. Zo zijn in *Ein springender Brunnen* de reflecties over herinnering, schrijven en taal van even groot belang, zelfs van groter belang dan het verhaal dat verteld wordt. Elk van de drie hoofdstukken, die telkens een tijdspanne uit de jeugd van de hoofdfiguur, Johann, beschrijven, begint met een reflectie "Vergangenheit als Gegenwart". De roman begint zo:

> Zolang iets is, is het niet wat het geweest zal zijn. Wanneer iets voorbij is, is men niet meer die, die het overkwam. (...) Hoewel het verleden, toen het heden was, niet bestaan heeft, dringt het zich nu op alsof het zo bestaan heeft zoals het zich nu opdringt. (...) Toen dat was, waarvan we nu zeggen dat het geweest is, hebben we niet geweten ("haben wir nicht gewusst") dat het is.

Als we even afzien van de ingebouwde provocerende ("haben wir nicht gewusst"), dan plaatst deze vaststelling – waarvoor heel wat te zeggen is – in de modus (veeleer dan tempus) van het perfectum van de toekomst. Iets is nooit zoals het is, maar enkel zoals het *nachträglich* in woorden voorgesteld wordt. Het werkelijkheidsgehalte van verleden en heden wordt daardoor aan de onzekerheid van de talige voorstelling après coup uitgeleverd. Nog de stelligste formulering kan geen aanspraak erop maken de werkelijkheid te treffen. Dat heeft het vertellen gemeenschappelijk met de reconstructie van een droom: ook die is slechts aan de hand van "ontstelde" herinneringsbrokstukken na-vertelbaar. "Vertellen zoals het was, is de bouw van een droomhuis," zegt de verteller, die ook verder consequent afziet van elke subjectieve wil om iets voor te stellen: "Bij de bouw van een droomhuis is er geen wilsuiting die tot iets gewilds leidt. Men neemt in ontvangst. Blijft bereid".

Van daaruit wordt het begrijpelijk waarom Walser het verhaal van "zijn" jeugd niet als autobiografisch verstaan wil zien: hij kan immers niet langer als zelfbeschikkend subject zijn eigen verhaal, dat al evenmin zomaar ter beschikking staat weergeven, maar hij levert zich uit aan de taal die zijn verhaal aanreikt. De verteller staat als het ware in de datiefpositie: hem wordt gegeven en wat hem gegeven wordt behoort hem niet helemaal toe; hij is slechts in de nabijheid ervan. Die vertelstructuur is in de receptie van de roman naar mijn weten erg onderschat.

De vertelde tijd in de drie hoofdstukken beslaat de jaren 1932-33, 1937-38 en 1944-45. Johann is in het begin vijf, op het einde achttien jaar oud. De roman verbindt dus de persoonlijke ontwikkeling van de hoofdfiguur met de opkomst van het Derde Rijk en de Tweede Wereldoorlog. Het einde beschrijft hoe hij als soldaat naar huis terugkeert. Naast de gedetailleerde schildering van Johanns eigen ontwikkeling en het dorpsleven in Wasserburg in die tijd, is de verhouding van Johann tot zijn ouders interessant. De moeder vertegenwoordigt duidelijk het realiteitsprincipe, zij zorgt ervoor dat het gezin overleeft ook al moet ze daarvoor haar café-restaurant, waarvan het gezin leeft, tot hoofdkwartier van de nieuw opgerichte nazi-partij maken. Terwijl dat gebeurt, richt zijn vader in het dorp een theosofische vereniging op. De vader is degene die de kleine jongen in de "magie van de woorden" initieert. Hij heeft voor zijn zoon een woordenboom gemaakt waarin deze elk moeilijk leesbaar of interessant lijkend woord ophangt. Johann drijft dat spel een kwaliteit verder: hij wil woorden vinden "alleen voor zichzelf" (privé-taal?) en stoot bij ontstentenis daarvan op de grenzen van dat spel, dat hem echter wel doet besluiten schrijver te worden.

Het einde van de roman is brisant omdat daar taalreflectie, historisch gebeuren en persoonlijke ontwikkeling samenkomen. Wanneer Johann uit de oorlog terugkeert ontmoet hij in het dorp Wolfgang, een vroegere schoolkameraad die toendertijd als zoon van een joodse moeder met het nodige sadistische vertoon uit de Hitlerjugend gegooid was. Maar Johann stelt vast: "Hij had Wolfgang dan vergeten en vergeten dat hij hem vergeten had". Wanneer Wolfgang hem zijn verhaal vertelt, krijgt Johann het gevoel dat Wolfgang hem een verwijt maakt omdat hij "dat allemaal niet geweten heeft". Maar Johann wil niets "van zich laten verlangen". Hij wil niet moeten voelen wat hij niet zelf voelt. Hij wil niet weten wat Wolfgang en zijn ouders overkomen is: "Hij moest wegdenken van hen en hun angst". Zijn zoektocht naar een eigen taal, die niet door die angst gedomineerd mag worden, gaat verder. De taal die hij na 1933 geleerd had was na de taal van de kerk de tweede "vreemde taal" geweest die hij geleerd had. Met geen van beide kan hij iets aanvangen: "Hij moest een eigen taal vinden. Daartoe moest hij vrij zijn". Vervolgens ontwikkelt zich heel snel, op de laatste twee pagina's van de roman, een radicaal poëticaal standpunt: Johann probeert een voor hem schandaleuze droom na te vertellen. Dat lukt hem niet, ondanks een oefening in zelfuitschakeling. Maar de droom blijft aandringen. Vervolgens probeert hij "wat hij niet kon zeggen te schrijven". Hij vertrouwt zichzelf aan de taal toe: "Zich eenvoudigweg aan de taal toevertrouwen. Misschien kan zij iets, wat jij niet kan". Maar als hij de droom opgeschreven heeft, heeft hij niet de droom opgeschreven, maar wat hij voor de betekenis van de droom gehouden had. Dat, zo zou men kunnen zeggen, is een psychoanalytische platitude, maar als dusdanig nog altijd belangrijk genoeg: hij had door het opschrijven de droom vernietigd. Hij had zich niet aan de taal toevertrouwd, maar opgeschreven wat hijzelf had willen opschrijven. Hem had een doel voor ogen gestaan ("Er hatte gezielt"), in plaats van zich aan de taal toe te vertrouwen. Hoe dat dan wel zou kunnen stelt Johann zich in een beeld voor: "Op een vlot ("Floss") van zinnen over de zee komen, ook wanneer dat vlot al bij het ontstaan voortdurend uit elkaar viel ("zerflösse") en voortdurend, als men niet wilde ondergaan, uit nieuwe zinnen weer gemaakt moest worden". De laatste zin van de roman drijft het nieuw gewonnen poëticale standpunt op de spits:

> Wanneer hij begint te schrijven, moet er al op het papier staan, wat hij zou willen schrijven. Wat dus door de taal vanzelf op het papier gekomen was, moest door hem alleen nog maar gelezen worden. De taal, dacht Johann, is een spuitende bron.

Wat valt hiervan te denken? Wat valt er te denken van de verregaande desubjectivering van de auteur die nauwelijks nog zelf schrijft, maar slechts door een leesakt het door de taal geschrevene sanctioneert? Wat valt er te denken van de vrijheid (van angst, van vastgelegde talen, van overtuigingen, van denkroutines) die de schrijver postuleert en door het "wegdenken" van die negativiteit meent te verkrijgen? Aan de ene kant doen het einde van de roman denken aan het Lacaniaanse "ça parle": de taal schrijft voor mij, in mij. Aan de andere kant heeft dit einde in de snelheid waarmee de bekentenis tot de taal uitgesproken wordt iets van een kunstgreep. Kan men zich echter tot de taal bekennen? Is ons overgeleverd-zijn aan de taal niet altijd al gebeurd? En is het tekort dat daardoor in ons geïnstalleerd is niet ongrijpbaar? Net zoals in zijn kleinburger-figuren, die zich in een soort cultus van het tekort genesteld hadden, lijkt Walser hier in een soort bekennende aanbidding van datgene, wat, Lacaniaans gesproken, het tekort in ons installeert – de taal, de symbolische orde – dat tekort weer "op zijn plaats te zetten".

Auteurschap en ironie, precisie en verantwoording

Misschien kunnen de twijfels geluwd worden wanneer we, tot slot, even kijken naar Walsers uiteenzettingen over het auteurschap. Die zijn niet alleen te vinden in de metafictionele inlassingen in de romans, maar ook in essays over dat thema zoals in *Wer ist ein Schriftsteller?* (1974) uit de gelijknamige bundel, in *Engagement als Pflichtfach für Schriftsteller* (1967) uit de bundel *Heimatkunde*, en niet op de laatste plaats in de *Sonntagsrede*. In *Wer ist ein Schriftsteller?* poneert Walser dat alleen wie iets te zeggen heeft een tekort heeft ("dem etwas fehlt").

> Een schrijver is levenslang geconfronteerd met het tekort ("Mangel") dat tot schrijven dwingt. (…). Het ik van de auteur is als het ware principeel beschadigd. Zijn identiteit staat in vraag, is onzeker. (…) Hij ziet zich gedwongen zich met zijn beschadigd-zijn bezig te houden als met een wonde plek.

Door te schrijven breekt de schrijver met de onmiddellijkheid van zijn miserie. "Hij maakt een beeld van zichzelf, hij doet een bevestigingspoging. Hij zegt: Zo ben ik; of je het gelooft of niet; geloof het a.u.b.". Maar, vraagt Walser, heeft iemand dan al de identiteit van een schrijver?

Zijn antwoord is retorisch: "Welke schrijver heeft de identiteit van een schrijver? Ik weet alleen dat Hölderlin, Kafka e.a. tot omvallens toe gewankeld hebben wanneer het om hun zelfbegrip ging".

Om zelfbegrip gaat het ook in Walsers uitvoerigste essay *Selbstbewusstsein und Ironie* (1981). Daarin plaatst hij twee ironieconcepten tegenover elkaar: dat van Friedrich Schlegel en Thomas Mann tegenover dat van Kierkegaard en Kafka resp. Robert Walser – Tonio Kröger versus Jakob von Gunten en Gregor Samsa. Hij grijpt duidelijk partij voor deze laatsten. Voor Schlegel/Mann is ironie slechts een "fijne methode om boven alles te staan", uiteindelijk is het een instrument waarmee het problematisch geworden burgerlijke subject zichzelf legitimeert en zich zelfbewust boven de dingen verheft. Voor Kierkegaard/Walser/Kafka is ironie een stijl die het eigen zelfbewustzijn radicaal aantast: het ja-zeggen tegen het eigen bijna-niets-zijn. "Hun ironie komt helemaal uit de overweldigende ervaring van het tekort waartegen ze ja probeert te zeggen". Dat is het levens(?)-motto van alle Walserhelden, maar ook van hemzelf als auteur, want in deze ironische zin moet de desubjectiveringsbeweging hierboven begrepen worden.

Het einde van de *Sonntagsrede* maakt Walsers poëticale positie nog duidelijker: de nood, het tekort, de levensmoeilijkheid provoceert het "Buchstabierenmüssen unserer Existenz". Dat "verletteren van ons bestaan" kan alleen in een nog niet vastgelegde taal, in een "oncommandeerbare" taal: de literaire. "Niets maakt zo vrij als de taal van de literatuur". Walser bekent dan ironisch: "Mijn vertrouwen in de taal is er gekomen door de ervaring dat ze me helpt wanneer ik niet denk dat ik al iets weet. Zij houdt zich in (...) wanneer ik denk dat ik al iets weet dat ik enkel met behulp van de taal moet formuleren". Hij levert zich uit aan de taal, laat haar de vrije teugel, gelijk waarheen zij hem voert: zover de bekentenis. Maar die radicaliteit wordt ironisch teruggenomen: "Dat is natuurlijk niet juist. Natuurlijk neem ik haar de teugels uit de hand wanneer ik moet vrezen dat ze te ver gaat, dat ze teveel van me verraadt, dat ze mijn ontoonbaarheid ("Unvorzeigbarkeit") te zeer onthult". Want, zo meent Walser terecht: "De ambitie van een op de taal vertrouwend spreker mag erin bestaan dat zijn publiek aan het einde van de redevoering de spreker niet meer zo goed denkt te kennen als daarvoor". Maar net dat verbergende karakter van het spreken geeft hem de hoop dat de toehoorder hem uiteindelijk een beetje vertrouwder geworden is. Dan volgt de prachtige zin die in de onnoemelijk treurige discussie rond de *Sonntagsrede* niet één keer aangehaald werd, maar die Walsers positie beschrijft als geen ander: "Er moet gehoopt mogen worden dat men niet alleen daardoor aan een ander kan beantwoorden ("entsprechen") dat men zijn kennis vergroot, zijn standpunt versterkt, maar ook daardoor dat men, van taalmens tot taalmens ("Sprachmensch") op een niet calculeerbare, maar misschien beleefbare manier zijn bestaan rakelings beroert ("streift")".

Wie hierover verder nadenkt, komt tot de vaststelling dat het vertrouwen in de taal resp. de verlettering van ons bestaan enkel kan in een taal die nooit precies genoeg kan zijn en dat de vrijheid die de voorwaarde voor die precisie is, ook al komt ze door wegdenken en wegkijken tot stand, enkel mogelijk is in de wil om aan de ander te beantwoorden, in verantwoording. Ik ken geen enkel werk van Martin Walser dat dat niet doet.

Beknopte bibliografie

Primaire literatuur

Romans en verhalen

Ein Flugzeug über dem Haus und andere Geschichten, Frankfurt/M.: Suhrkamp, 1955.

Ehen in Philippsburg, Frankfurt/M.: Suhrkamp,1957

Halbzeit, Frankfurt/M.: Surhkamp, 1960.

Das Einhorn, Frankfurt/M.: Suhrkamp, 1966.

Der Sturz, Frankfurt/M.: Suhrkamp, 1973.

Jenseits der Liebe, Frankfurt/M.: Suhrkamp, 1976.

Ein fliehendes Pferd, Frankfurt/M.: Suhrkamp, 1978.

Das Schwanenhaus, Frankfurt/M.: Suhrkamp, 1980.

Verteidigung der Kindheit, Frankfurt/M.: Suhrkamp, 1991.

Ein springender Brunnen, Frankfurt/M.: Suhrkamp, 1998. (*Een springende fontein*, vert. Ria van Hengel, Breda: De Geus, 1999.)

Tod eines Kritikers, Frankfurt/M.: Suhrkamp, 2001. (*Dood van een criticus*, vert. Pim Lukkenaer, Breda: De Geus, 2003.)

Der Augenblick der Liebe, Reinbek bei Hamburg: Rowohlt Verlag, 2004.

Essays en beschouwingen

Beschreibung einer Form. Kafka, München: Hanser, 1961

Heimatkunde. Aufsätze und Reden, Frankfurt/M.: Suhrkap, 1968.

Wie und wovon handelt Literatur. Aufsätze und Reden, Frankfurt/M.: Suhrkamp, 1973.

Wer ist ein Schriftsteller? Aufsätze und Reden, Frankfurt/M.: Suhrkamp, 1978.

Selbstbewusstein und Ironie. Frankfurter Vorlesungen, Frankfurt/M.: Suhrkamp, 1981.

Liebeserklärungen, Frankfurt/M.: Suhrkamp, 1986.

Die Verwaltung des Nichts, Reinbek bei Hambrug: Rowohlt, 2004.

Rond de 'Sonntagsrede'

De tekst van de 'Sonntagsrede' en een omvangrijke documentatie van de daarop volgende discussie zijn verzameld in:

SCHIRRMACHER, Frank (red.). *Die Walser-Bubis-Debatte. Eine Dokumentation*, Frankfurt/M.: Suhrkamp, 1999

Secundaire bibliografie

ARNOLD, Heinz Ludwig (red.). *Martin Walser* (=text + kritik 41/42), München: Ed. text + kritik, 2000.

SIBLEWSKI, Klaus (red.). *Martin Walser*, Frankfurt/M.: Suhrkamp, 1981.

CHRISTOPH HEIN
(1944-)

Patricia LINDEN

KRONIEK VAN EEN SCHRIJVER

Christoph Hein is een van de belangrijkste Duitse proza-auteurs die zowel ten tijde van de DDR als na de val van de muur de lezers blijft verbazen. Zijn werk werd veel meer dan dat van andere (ex-)DDR-auteurs vertaald en bekroond met onder andere de *Lessing-Preis der DDR* (1989), de *Peter-Weiss-Preis der Stadt Bochum* (1998), de *Erich-Fried-Preis*, de *Solothurner Literaturpreis* (2000), de Italiaanse literatuurprijs *Premio Grinzane Cavour* (2002) en de *Österreichische Staatspreis für Europäische Literatur* (2003). In maart 2004 ontving hij de *Schiller-Preis* voor zijn gehele œuvre.

Christoph Hein zou in zijn werk nooit zomaar feiten en gegevens over een personage op een rijtje zetten. Waarschijnlijk zou hij zijn vertelstandpunt zorgvuldig verdelen en verschillende personages een aantal herinneringen laten verbinden met hun eigen belevenissen, zodat de lezer uiteindelijk een reconstructie kan maken. Ook over de betrouwbaarheid van deze gegevens zou Hein geen directe uitspraak doen. De verwevenheid van persoon en samenleving, collectieve en individuele geschiedenis en persoonlijke prioriteiten van het geheugen laten dit volgens Hein niet toe. Maar laten we aannemen dat het hier niet om een fictief personage gaat en de lezer van dit werk snel en efficiënt geïnformeerd wil worden.

Christoph Hein werd geboren op 8 april 1944 in Heinzendorf/ Silezië als zoon van een domineesgezin. Na het einde van de oorlog verhuisde het gezin naar Bad Düben bij Leipzig, waar Hein opgroeide. In de DDR werd hem vanwege het beroep van zijn vader de toegang tot een atheneum geweigerd. De officiële reden luidde: "politieke onbetrouwbaarheid" en zo trok hij in 1958 naar West-Berlijn om daar het internaat van een gymnasium te bezoeken. De bouw van de muur deed hem opnieuw in de DDR belanden. Van 1961 tot 1967 had hij verschillende banen: hij werkte als monteur, boekhandelaar, kelner, journalist, acteur en regieassistent. In 1964 behaalde hij zijn vwo-eindexamen in het avondonderwijs en in 1967 schreef hij zich in aan de Universität Leipzig voor filosofie en logica. Een studie die hij in 1971 aan de Humboldt Universität in Berlijn voltooide. Daaropvolgend werkte hij samen met Heiner Müller als dramaturg bij de Volksbühne Berlin onder leiding van Benno Besson en in 1974 werd hij vast aangesteld als huisauteur. In het zelfde jaar vond de première van zijn stuk *Schlötel oder Was solls* plaats. Toch werden er maar weinig van zijn stukken opgevoerd. Hein verliet vanwege toenemende problemen als dramaturg in 1979 de Volksbühne Berlin samen met Benno Besson, die met zijn eigentijdse interpretaties van klassieke toneelstukken furore maakte. Sindsdien werkt hij als vrij auteur. Aanvankelijk maakte Hein vooral vertalingen, schreef toneelstukken en bijdragen voor de radio. In 1980 betekent zijn prozadebuut *Einladung zum Lever Bourgeois* (in het westen verschenen als *Nachtfahrt und früher Morgen*) een doorbraak in Oost- en West-Duitsland. Het titelverhaal, de fictieve monoloog van de Franse toneel- en hofkroniekschrijver Jean Racine, waarin hij de kosten van zijn persoonlijke compromissen met de absolutistische macht uit de doeken doet, is reeds een voorbode van Heins latere thematiek.

In het daaropvolgende jaar verschijnen vier toneelstukken. Heins vroege stukken *Schlötel oder Was solls* (1974), *Cromwell* (1980), *Lasalle fragt Herrn Herbert nach Sonja. Die Szene ein Salon* (1980) breken met het dogma van het socialistische realisme, doordat zij de persoonlijkheden van zowel historische als fictieve hervormers en idealisten ontleden. De teloorgang van de aanvankelijk idealistische revoluties wordt geïllustreerd door de desintegratie van de individuen die ze leiden. Hein begint de relaties tussen de publieke en de persoonlijke sfeer, die zijn latere werk helemaal zullen vervullen, dramatisch uit te diepen. Dit culmineert in *Die wahre Geschichte des Ah Q*, (1983), waar Hein de verlichte rol van idealistische hervormers in historische bewegingen – iets wat al in vroegere stukken ontmanteld werd – parodieert. De problematiek van sociaal engagement versus sociale vervreemding, die de langere fictie zal domineren wordt hier voor het eerst aangesproken. Christoph Hein telt met zijn romans, zijn redevoeringen en essays en zijn toneelstukken tot de meest geprofileerde wegbereiders van een geestelijke ommekeer in de DDR.

Heins novelle *Drachenblut* (1983), die in de DDR onder de titel *Der fremde Freund* (1982) verscheen, genoot zowel in Oost- als in West-Duitsland en ook internationaal grote belangstelling. De vervreemding, die Hein hier in de context van de DDR-samenleving beschrijft, was in het westen ook niet onbekend. Hij ontving hiervoor de hoogste literatuurprijs van de DDR, de *Heinrich-Mann-prijs*. In de BRD kreeg hij voor hetzelfde boek de *Kritikerpreis*. Toch kon deze hoge onderscheiding niet verdoezelen dat de stukken en het proza van Hein in de DDR weinig gehoor vonden en vooral de belangstelling van de censuur wekten. De moeilijkheden met de censuur zetten Hein aan tot een gedistantieerde houding ten opzichte van de politiek, die vooral in zijn essays tot uiting komt. Onkreukbaar analyseert Christoph Hein ook in zijn essays de maatschappelijke tegenstrijdigheden en introduceert "hun deficieten bij het bewustzijn". Doordat hij in zijn toneelstukken, bijvoorbeeld in *Die Ritter von der Tafelrunde* (1989), historische stoffen opneemt, reflecteert hij de conflicten van vandaag en houdt hij het verlies van de maatschappelijke utopie vast.

Reeds de eerste prozateksten demonstreren de nuchtere, precieze zakelijkheid waarmee Hein over individuen vertelt die binnen een spanningsveld van persoonlijke verlangens en maatschappelijke eisen hun leven mismeesteren. *Der fremde Freund (1982)*, *Horns Ende* (1985) en *Der Tangospieler* (1989) evenals de verhalenbundel *Exekution eines Kalbes* (1994) bevestigen op volmaakte wijze deze formele gestrengheid. *Horns Ende* (1985) was de eerste eerlijke kijk op de werkelijkheid van het alledaagse leven in een gewone kleine stad in de DDR onder het Stalinisme in de jaren 50. Ook de banden met het Nazi-regime en zijn continuïteit komen hier tot uiting. Het is het enige belletristische boek dat in een DDR-uitgeverij verscheen ondanks een expliciet verbod van het censuurcomité. Na een twee jaar durende vruchteloze strijd van de uitgever voor een druktoelating, liet deze het boek gewoon verschijnen. Uit vrees voor reacties uit het Westen nam de overheid geen maatregelen.

Vooral de dramatische werken hebben een historisch karakter. Hein analyseert het verleden om de "strijd van vandaag" te begrijpen. Dit geeft aan zijn stukken telkens weer een verbluffende actualiteit. In zijn redevoeringen schrijft Hein letterlijk geschiedenis: vooral zijn betoog tegen de censuur in de DDR op de *DDR-Schriftstellerkongreß* in 1987 maakte furore:

> De censuur van uitgeverijen en boeken, van uitgevers en auteurs is voorbijgestreefd, nutteloos, paradoxaal, mensonwaardig, volksonwaardig, onwettig en strafbaar.

Op 4 november 1989 verbluft Hein een enorme mensenmassa op de Alexanderplatz in Berlijn met zijn toespraak. Hij klaagt niet zonder meer het DDR-regime aan en uit zich erg voorzichtig over de nakende val van de muur. Hein roept op tot inzicht in de situatie en waarschuwt voor onoverdachte euforie. Hij noemt Erich Honecker een "droevige oude man", die aanvankelijk handelde vanuit een reactie op de terreur van het Nazi-regime en roept op tot een intelligent gebruik van het eigen geheugen. Hein refereert hier aan zijn eigen toneelstukken die de problematiek van de macht in verleden en heden behandelen.

In 1989 krijgt Hein de leerstoel voor poëtica aan de beroemde Folkwang-hogeschool voor muziek en toneel in Essen. Sinds 1992 is hij mede-uitgever van het weekblad *Freitag* en lid van de *Akademie für Sprache und Dichtung* in Darmstadt. In 1993 verschijnt de eerste roman van Hein na de Wende, *Das Napoleon-Spiel*, die in het Westen irritatie veroorzaakt omwille van zijn niet bepaalde vlijende portret van een West-Berlijnse advokaat en politicus die zich graag met Napoleon vergelijkt. Eigenlijk wilde hij uit verveling zelfmoord plegen, maar omdat hem dit te saai leek, begon hij een spelletje, waarvoor mensen vermoord moesten worden. Na zijn arrestatie laat hij de hem goed bekende mechanismen van het juridische systeem en van de publieke opinie zo in zijn voordeel spelen, dat hij tenslotte de gevangenis als een vrij man kan verlaten.

Daarop volgt het toneelstuk *Randow* (1994), dat een vaal beeld schetst van uitbuiting en opportunisme in het nieuwe herenigde Duitsland. In hetzelfde jaar verschijnt *Exekution eines Kalbes*, een verzameling kortverhalen uit twee decennia in een enorme variëteit van stijlen, van gemoedelijkere schetsen en dramatische monologen tot surrealistische vertellingen die een nieuwe richting lijken aan te kondigen.

In 1996 dient Hein een aanvraag in voor het lidmaatschap van de West-PEN. Op 30 oktober 1998 wordt hij als "uitgewezen literator" en "iemand uit het Oosten met een zuiver verleden" verkozen als voorzitter van het na een lange ruzie eindelijk verenigde PEN- Centrum. Twee jaar later legt hij zijn ambt neer om zich weer helemaal met het schrijven bezig te houden.

Von allem Anfang an (1997), is een "fictieve autobiografie" die in een landelijke DDR uit de jaren 50 speelt. Ondanks deze setting blijkt hier dat Hein zijn methode van het afstandelijke optekenen, die hem door het DDR-regime werd ingegeven, aanpast. De oude kritiek aan de westerse overvloed en zelfgenoegzaamheid is nog steeds aanwezig, maar de notie van de kroniekschrijver die objectief boekstaáft, lijkt een herziening te ondergaan. Terwijl het in de DDR al gezagsondermijnend bleek om gewoon de feiten vast te stellen en te benoemen, vertonen de laatste werken tekenen van een beweging naar het indirecte en allegorische. Hein begint met een ironische zelfpositionering binnen de Duitse literaire en politieke geschiedenis. In de *Brave New World* van het herenigde Duitsland vindt Hein misschien in Kafka een beter model dan in zijn veelbewonderde Kleist. In 2000 verschijnt de roman *Willenbrock* die de broosheid van de nieuwe verhoudingen in het verenigde Duitsland beschrijft. De roman kent een zeer matig succes, terwijl zijn verfilming op meer aandacht kan rekenen. Een knap staaltje van mondelinge overlevering in de zin van zowel mondeling vertellen als geschiedschrijving vanuit de basis vinden we in de voorlopig laatste roman van Christoph Hein: *Landnahme* (2004).

"ZO ONBEÏNVLOED MOGELIJK, MAAR WEL AANDACHTIG" (DIE MAUERN VON JERICHOW)

Christoph Hein belichaamt de voorbestemming van de DDR-auteur om vluchtwegen uit de dwang van een ideologisch denken te zoeken. In zijn werken blijven de vragen van de morele verantwoordelijkheid van het individu in een moderne samenleving, de sociale kost van een voortgeschreden kapitalisme, het wezen van de vrijheid en de wortels van de onderdrukking prominent aanwezig.

De DDR ging er van uit dat de literatuur een instrument moest zijn voor de staat en zijn ideologie. Het regime steunde op een gesofisticeerd maar ook zeer wankel systeem van regels en op een nationale literatuur die de partij moest helpen om het socialisme op te bouwen. Het simpele maneuver van Christoph Hein was een manier te vinden om het overduidelijke vast te stellen en zo de eigen illusie en die van de anderen te doorbreken. Het onzegbare zeggen werd voor Hein een strategie om de dominante ideologie te ontmaskeren en de leemtes in haar logica te tonen. Hein wilde de idealen van de Verlichting die door deze ideologie in haar naam werden gebruikt in hun oorspronkelijke eer herstellen. In een land dat zodanig verzadigd was van ideologie als de DDR had een dergelijke strategie een wel zeer explosief karakter. Het conformisme van de DDR werd door Hein van binnen uit aangepakt in zijn meest alledaagse vorm. Met zijn techniek van verschillende monologen die naast elkaar bestaan en een gemeenschappelijk thema vanuit talrijke invalshoeken belichten, ondermijnt Hein op een uiterst subtiele manier elke strakke ideologie.

Hein tracht aandachtig maar onpartijdig te noteren, zonder dat zijn notities ooit een bevestiging van een persoonlijke wereldbeschouwing zijn, maar eerder een vlucht uit de ideologische vervorming moeten toelaten. In zijn fictie wil hij een neutraal beeld schetsen van het alledaagse leven in de realiteit van de DDR en streeft hij stilistisch naar een objectiviteit van de auteur:

> Ik beschouw mijzelf als kroniekschrijver die met een grote precisie optekent wat hij heeft gezien. Daarmee sta ik in een eervolle traditie die van Johann Peter Hebel tot Kafka reikt. (*Die fünfte Grundrechenart*)

Deze eigenzinnige interpretatie van het poëtische geeft een vermoeden van Heins literaire procédé. Een belangrijk criterium voor een kroniekschrijver is wel dat hij noch een waardeoordeel, noch aanwijzingen geeft en hieraan wil Hein zich hieraan zeker houden: “Ik ben geen moralist, die de feiten die hij voorstelt ook nog becommentariëert”. In een samenleving die door betutteling wordt gekenmerkt, betekent deze gematigde esthetische uitspraak eerder een oproep tot politieke dissidentie. Hein neemt op deze manier deel aan een sceptisch, anti-ideologisch project dat vele auteurs uit de DDR hebben ondernomen Maar Hein onderscheidt zich vooral in zijn hartstochtelijke geloof dat feiten voor zichzelf kunnen spreken als ze maar een kans krijgen. Zo probeert hij een discours over de fijnste vertakkingen van de macht te creëren, een discours dat zich zo mogelijk buiten die macht bevindt.

"EEN SCHRIJVER MOET NIET PREKEN" (DIE MAUERN VON JERICHOW)

De weerstand van Hein tegen het preken resulteert uit zijn weerstand tegen de moraliserende rol die aan de Oost-Duitse auteurs werd opgelegd. Om het dogma van het "socialistische realisme" te omzeilen, dat schrijvers voor de projecten van Stalin wilde inzetten, laat hij zoveel mogelijk personages aan het woord. Hein wil niet aan zijn lezers voorschrijven wat ze moeten denken. Hij tracht hen uit te dagen om hun eigen gedachten te denken. In het toneelstuk *Die wahre Geschichte des Ah Q,* (1983) verlangt de protagonist hartstochtelijk dat hij een wereldschokkende uitspraak zou kunnen doen, maar uiteindelijk moet hij toegeven, dat hij geen boodschap voor zijn publiek heeft. Zijn begeleider merkt op: "Ze moeten zelf maar iets bedenken". Het stuk vertelt de geschiedenis van de twee landlopers Ah Q en Wang, die een onderkomen vinden in een tempel. Zij dromen van een betere toekomst en van de revolutie. Maar hun dromen worden uiteindelijk door de werkelijkheid ingehaald. Hein levert hier een verhaal dat vandaag waarschijnlijk nog actueler is dan bij zijn eerste publicatie. Een verhaal over macht en machteloosheid, over individuele dromen en maatschappelijke werkelijkheid.

In zijn vroege kortverhalen wordt Heins engagement als "kroniekschrijver" reeds duidelijk: het beschrijven van gewone mensen in de gewone extremiteit van het twintigste-eeuwse Duitse leven. Centraal staat hier de bundel *Aus: Ein Album Berliner Stadtansichten*, waarin Hein aan Kleist en Hebbel als modellen refereert en zijn afstandelijke, documentaire methode perfectioneert.

Het toneelstuk *Passage* sluit hier nauw bij aan. Het kan gezien worden als een dramatische behandeling van de morele puzzel die de vroege verhalen achtervolgde: wat is de verantwoordelijkheid van het individu dat zo door historische krachten wordt gedomineerd dat niemand redelijkerwijs kan hopen op enige verandering?

Vooral in zijn essays, in de verhalenbundel *Einladung zum Lever Bourgeois* (1980) en de romans *Horns Ende* (1985) en *Der Tangospieler* (1989) komt de subtiele verweving van geschiedenis en literatuur aan bod. Samen met *Der fremde Freund* vormen deze twee laatste romans een verteltrilogie over 30 jaar DDR-geschiedenis. In de vaststelling dat alle historische vertellingen persoonlijk, partieel en vervormd zijn, argumenteert Hein voor een veelvuldigheid van gefragmenteerde vertelstandpunten, waar geen enkelvoudige blik domineert en de waarheid door vergelijking, deductie, contradictie en competitie kan worden afgeleid. Dit is wat Hein met zijn oproep voor "Öffentlichkeit", de vrije en publieke discussie rond ideeën bedoelt. Deze werken zijn exploraties van het potentieel aan moed, lafheid, gekheid en cynisme dat voor Hein inherent is aan de sleutelrol van kroniekschrijver.

GEHEUGENWERK

Heins vooropgestelde neutraliteit resulteert ook in een voorliefde voor het alledaagse, het schijnbaar onbelangrijke en onzichtbare. Het alledaagse is met zijn historische en maatschappelijke context onlosmakelijk verbonden. Zo is de beschrijving van de sfeer in een kapsalon even veelzeggend (al was het maar om wat er daar *niet* mag worden besproken) als die van een arbeidersopstand. Hein slaagt er telkens weer in een *Unheimlichkeit* te evoceren die geen enkel mysterie behoeft. Het is de *Unheimlichkeit* die in ieder van ons schuilt in onze omgang met de ander. En het is tevens de confrontatie met de andere in onszelf die het onbehagen aanwakkert.

Heins stille engagement als toneelschrijver zet zich in zijn proza verder. Hij wordt een meester van het rollenproza zoals dat voor het eerst verschijnt in zijn novelle *Der fremde Freund,* het schijnbaar onverschillig geschreven levensverhaal van een veertigjarige arts die haar leven binnen de kille consumptiewereld inricht. Zij verkondigt dat ze geen verlangens meer heeft en waant zich daardoor – zoals Siegfried in de Nibelungensaga "in drakenbloed gebaad" – onkwetsbaar en ongenaakbaar. Tussen elke regel duikt even de eenzaamheid op. Een pakkende voorstelling van en kritiek op de kostprijs van een "eigentijdse" levenswijze. De verleidelijk redelijke ik-verteller onthult geleidelijk aan een emotioneel steriel innerlijk dat de politieke en seksuele agressie die ze heeft ervaren onderdrukt en tegelijk herhaalt. Een leven dat volledig losgekoppeld is van de maatschappij, maar toch eminent "succesvol" en aangepast is. Zij is een perfect conforme moderne vrouw en vormt zo een op het eerste gezicht aantrekkelijke spiegel voor de vele lezers die haar wereldbeeld als alarmerend vertrouwd aanvoelen. De auteur is haar perfecte bondgenoot en lijkt haar onderkoelde gedachten met een even onderkoelde precisie te noteren.

Het wordt duidelijk dat hier een absoluut contrast ten opzichte van de positieve held – zoals die door het regime vooropgesteld werd – wordt voorgesteld. Men zou kunnen zeggen dat dit niet bepaald nieuw is in de DDR-literatuur, maar toch vindt men enkel bij Hein een zo eigenaardige verbinding tussen de uitgesproken anti-held en de bijna hermetische manier waarop deze wordt voorgesteld. Bij Hein bestaan er geen individuele uitweg, enkel het individuele lijden aan de vervreemding. In zijn volgende werken verfijnt Hein de techniek van het rollenproza en verdwijnt de verteller helemaal ten gunste van verschillende vertellers die telkens vanuit hun standpunt over een bepaald personage of een gebeurtenis vertellen.

In *Horns Ende* monologiseren vijf personen, die over een zesde speculeren, over de historicus Horn, die zich midden de jaren vijftig in het fictieve DDR-stadje Guldenberg heeft opgehangen.Vanuit de afstand van 25 jaar worden de gebeurtenissen in de fictieve kleine stad Guldenberg in 1957 beschreven. Horn, die in 1953 omwille van politieke redenen van de universiteit in de grootstad naar een klein streekmuseum wordt verbannen, pleegt zelfmoord om aan een nieuwe vervolging te ontkomen. Vier mensen – Thomas, jonge zoon van een apotheker, die Horn in het museum helpt, Dr. Spodeck, arts in Guldenberg, Kruschkatz, de toenmalige burgemeester en partijfunctionaris evenals Gertrud, die kamers verhuurt en korte tijd een relatie met Horn had – reflecteren deze zelfmoord en geven hun subjectieve kijk op de gebeurtenissen, onderbroken door korte, indringende dialogen. Deze dialogen bespreken het belang van de herinnering. Een lange dialoog tussen Horn en Dr. Spodeck illustreert het geschiedenisdebat. Horn verwijst naar de subjectiviteit van de herinnering, naar de veelzijdige betekenissen en spiegelingen, naar lacunes en vervolledigingen. De arts vraagt: "Betekent dat, dokter, dat u mij aanraadt om zonder geheugen te leven?" – "Neen", antwoordt Horn, "dat zou onzinnig zijn, omdat we dat onmogelijk kunnen. Ik raad u alleen aan om uw geheugen te wantrouwen". Hierop herhaalt de arts zijn credo:

> Misschien heeft u gelijk, maar we zullen toch met ons geheugen moeten leven. Wat een afschuwelijk idee, te willen leven zonder geheugen. We zouden zonder ervaringen moeten leven, zonder kennis en zonder waarden. Vlakt u het geheugen van een mens uit, dan vlakt u de mensheid uit.

Het probleem, namelijk hoe de waarheid over geschiedenis verteld kan worden (en de vele redenen om dit niet te doen) wordt het thema van het boek en wordt expliciet en impliciet onder de verschillende vertellers en personages besproken. Geschiedenis heeft vele lagen en is fragmentarisch – de waarheid bestaat nooit. Christoph Hein slaagt er in dit inzicht aanschouwelijk en dwingend door te geven. Hij is nooit de betweter, maar altijd iemand die zichzelf wantrouwt, die vraagt en twijfelt.

Der Tangospieler is het satirische relaas van de ups en downs van een a-politieke historicus in de politieke situatie van de late jaren 60 in de DDR. De ultieme conclusie lijkt te zijn dat hoe afstandelijker, cynischer en opportunistischer een persoon kan zijn, des te meer deze voldoet aan de behoeften en methoden van een totalitaire samenleving. Het hoofdpersonage is de perfecte antihistoricus.

Omdat hij in een studentencabaret een "ongewenste" tango, waarvan hij de tekst niet eens kende op piano heeft begeleid moet de universiteitsassistent Hans-Peter Dallow "In naam van het volk" twee jaar naar de gevangenis. Wanneer hij in 1968 eindelijk wordt vrijgelaten, is hij niet langer bereid zich aan de mechanismen van het academische leven aan te passen. Dallow is gekwetst, maar ook onzeker geworden. Hij brengt zijn tijd door in bars en gaat met verschillende vrouwen naar bed, om ze voor de ochtend weer te verlaten. Dallow is beducht voor verbintenissen, wil vooral niet over vroeger praten en zorgt er nauwlettend voor dat hij geen enkele verplichting heeft en zich nergens moet rechtvaardigen. Hij zoekt werk, maar kan er met de beste wil van de wereld geen vinden. In de plaats daarvan krijgt hij van twee heren een duidelijk aanbod, maar hij weigert om voor de "Staatssicherheit" te gaan werken. Dallow geraakt in een diep isolement. Uiteindelijk vindt hij een baan als hulpkelner. Daar bereikt hem het nieuws dat hij als docent naar de universiteit kan terugkeren. Dallow ondertekent het contract en krijgt zo de plaats terug die men hem had weggenomen, maar neemt tegelijkertijd de plaats in van iemand die op zijn beurt om politieke redenen wordt verbannen.

Hein gebruikt duidelijk gestructureerde zinnen, die vaak karig gebouwd zijn. Door het veelvuldige opsommen van verschillende handelings- en gedachtenstrengen krijgt de tekst een onderkoeld en weinig emotioneel karakter. Onbelangrijke en belangrijke dingen worden op formeel vlak gelijk behandeld, waardoor de koele en cynische zienswijze van de protagonist Dallow onderstreept wordt.

Hein geeft aan de lezer door zijn eigen perspectief van buitenstaander op Dallow en zijn klare, onversierde, nuchtere taal de mogelijkheid om het boek ondanks de onvatbare plot objectief te bekijken. Voor de lezer wordt door de eerder zakelijke vertelwijze steeds weer duidelijk dat het hier niet enkel om een verhaal gaat, maar om een tekst die weergeeft wat mensen in de DDR echt hebben meegemaakt. De lezer zit middenin het innerlijke conflict van Dallow wanneer deze merkt dat hij toch zal moeten werken en zijn protesthouding opgeven om zijn leven te financieren en uit zijn emotioneel isolement te geraken. "Alles, wat ik wilde was een antwoord": deze gedachte van Dallow loopt als een rode draad door het hele boek en de lezer zoekt samen met hem, wordt actief en tracht net als Dallow het ongeloofwaardige geloofwaardig te maken. Na een laatste vlucht naar de Oostzee geven Dallow en de lezer samen op en is voor beiden duidelijk geworden dat stilzwijgende aanpassing in de toenmalige tijd het enige antwoord lijkt te zijn.

Hein gaat ook in deze roman uiterst spaarzaam om met metaforen en schijnt verder zijn esthetica van de exacte onopvallendheid te huldigen: "Metaforen zijn vage uitspraken met een oncontroleerbaar waarheidsgehalte. Wij zoeken hen graag op als uitweg, wanneer de feiten minder toelaten dan onze neiging en visie het zouden willen".

In *Willenbrock* vertelt Christoph Hein een brisante geschiedenis: hij toont de vesting Duitsland, de vesting Europa in een stadium van ontbinding. De oude wereld die de nieuwe gevaren nauwelijks het hoofd kan bieden. De gevaren van de afbrokkelende burgerlijke moraal, de druk van de voormalige Oostbloklanden en van het op hol geslagen turbo-kapitalisme na het einde van de sociale utopieën. Maar de opgeheven wijsvinger ontbreekt ook hier: Willenbrock is zelf geen heilige. Hij is feilbaar en verleidbaar, corrupt en asociaal, harteloos en opportunistisch. Hij is een Duitser in de wereld.

Ongemakkelijke vragen in verband met de maatschappelijke evoluties van de laatste tien jaar na de *Wende* worden hier opgeworpen. Hein toont met het understatement van een als bijkomstig verteld dedectiveverhaal, hoe een man geleidelijk aan uit de vanzelfsprekende overeenkomsten van de maatschappelijke orde kan ontsnappen. Bernd Willenbrock, een voormalige ingenieur uit de DDR, heeft zich snel herpakt en leidt een florerende handel in tweedehandswagens aan de rand van Berlijn. Zijn klanten komen vooral uit Polen en andere Oostbloklanden. Met zijn gemakkelijke winsten financiert hij ook de niet al te rendabele modeboetiek van zijn vrouw. Hij heeft zich voorgenomen om altijd met zijn leven tevreden te zijn ook al heeft hij reden tot rancunes, want zijn broer, die ooit met een zweefvliegtuig van de vliegclub naar het westen vloog, heeft hem zijn vliegcarrière verpest en een collega uit het vroegere bedrijf heeft hem met denunciaties bij de Stasi elke mogelijkheid tot promotie of reizen naar het westen genomen. Maar dit behoort voor Willenbrock tot het verleden. "Misschien zijn partijen opvangbekkens voor mislukkelingen" zegt hij droogweg, wanneer hij de verklikker later als politicus tegenkomt en pas veel later, wanneer het hem toch allemaal te veel wordt, belandt de vuist van Willenbrock eerder toevallig in diens gezicht.

Wat de roman tot een verontrustende bestandsopname van een wegkwijnende beschaving maakt, is het bijna onmerkbaar wegglijden van de innerlijke zekerheid van het hoofdpersonage in een dubbele betekenis: nadat deze herhaaldelijk beroofd, overvallen en bedreigd werd, houdt de voormalige gewetensbezwaarde plots een revolver in handen. Helemaal in de traditie van het wilde Westen zal hij zijn vrijheid verdedigen met het schietijzer, temeer politie en justitie overvraagd schijnen.

Vuistrecht en zelfberechting als visioenen van de eenentwingste eeuw? De stormloop van de Derde en Vierde Wereld op de rijke Eerste? Heins koele en geheel ondramatisch vertelde verhaal laat elk antwoord in het midden en zorgt in ieder geval voor een grondige irritatie van de lezer. De vertelling *Von allem Anfang an* vertelt de kindertijd van een domineeszoon tussen de 12 en 15 jaar, wiens familie vanuit Polen naar een kleine stad in de DDR was verhuisd met de bedoeling van daaruit naar West-Berlijn te vluchten. De jongen observeert de wereld van de volwassenen met al haar nadelen vanuit een schijnbaar naïef perspectief. Onder het motto "je moet het leven van bij het begin in het gezicht kijken" beleeft deze jongen zijn eerste avonturen. De leugentjes om bestwil van de volwassenen leert hij kennen als overlevingshulp. Langzamerhand leert hij dan ook dat de wereld blijkbaar bedrogen wil worden en dat je maar beter tevreden bent met wat je hebt.

In tegenstelling tot wat het publiek in de jaren negentig min of meer verwachtte is *Von allem Anfang an* geen spectaculair boek; geen dramatische roman over de Wende die met de DDR of de BRD wil afrekenen. Het is eerder een stille, nadenkelijke en compacte ontwikkelingsroman, die slechts enkele jaren bestrijkt: een periode die nog tot de beginjaren van de DDR kan gerekend worden, tussen de eerste grote nederlaag van het socialistische experiment in 1953 en de tijd na de Hongarije-crisis in 1956.

In zijn voorlopig laatste roman *Landnahme* lijkt Hein de cirkel rond te maken. Hij keert formeel, thematisch en ook autobiografisch naar zijn beginselen terug. Het rollenproza vindt in deze roman zijn perfectionering, het stadje Guldenberg treedt weer als microcosmos op de voorgrond en de geschiedenis schuilt in elke bezemsteel. *Landnahme* staat qua thematiek en vorm zeer dicht bij *Horns Ende*. De setting is weer Guldenberg en vijf figuren proberen weer een zwijgzame zesde vanuit verschillende perspectieven te benaderen, zonder daarbij hun eigen geschiedenis uit het oog te willen verliezen. Het gaat om twee vrouwen, die ooit met Bernhard Haber samen waren en drie mannen die de wegen van Haber op zakelijk vlak, vriendschappelijk of eerder onvrijwillig gekruist hebben.

Landnahme betekent letterlijk het in bezit nemen van land. Maar al lezende wordt duidelijk dat deze titel vele ladingen dekt. Deze roman gaat over het verlies van land, over het verlies van Heimat en het weer wortel schieten elders, in een andere landstreek, waar vreemdelingen ongewenst zijn, omdat zij zich vestigen op een stukje aarde dat door anderen weer als hun onvervreemdbare Heimat wordt beschouwd.

Bernhard Haber en zijn ouders werden na de oorlog verdreven uit Breslau, nu het Poolse Wroclaw. Maar in Guldenberg zijn *Vertriebene* niet welkom. En ofschoon de uit Breslau verdreven mensen even Duits zijn als die in Guldenberg, worden ze uitgemaakt voor 'Polakken' die men maar beter kan mijden. Deze vreemdelingenhaat heeft ernstige gevolgen. De eerste bescheiden werkplaats van Bernhard Habers vader, een invalide meubelmaker, wordt in brand gestoken. De hond van Bernhard wordt gedood. Vader Haber geeft niet op en opent een nieuwe werkplaats. Totdat hij opnieuw door een mysterieus ongeluk wordt getroffen. Daarna hangt hij zichzelf op. Zijn zoon gelooft echter niet aan zelfmoord. Vele jaren later krijgt hij gelijk. Zijn vader werd vermoord, mede door toedoen van enkele 'brave' burgers. Bernhard Haber is op dat moment al een succesvolle kleine ondernemer in Guldenberg die niets meer tegen de moordenaars wil ondernemen. Hij ziet de dood van zijn vader als een soort zoenoffer. Alle mogelijkheden van de ik-monoloog worden hier uitgeput: de auteur laat verschillende herinneringen cirkelen, roept de sfeer van verdwenen werelden op, staat zijn vertellers een liefde voor het detail toe en rijgt schijnbaar achteloos de verslagen aan elkaar.

Samen met de vijf vertellers doorloopt de lezer geleidelijk aan de decennia, zonder dat deze de indruk van een duidelijke omlijning of strenge berekening krijgt. Het geheel wordt met komische episodes en nevenverhalen afgewisseld. De verschillende monologen laten het verteltalent van de meester van de camouflage Hein op zijn best verschijnen. In de liefde voor het detail en het alledaagse gebeuren schuilt echter ook de stof voor een maatschappelijke roman: hij omvat de tijd van 1950 tot aan het einde van de twintigste eeuw, tot na de Wende, die hier eerder terloops ter sprake komt, net zoals andere historisch ingrijpende gebeurtenissen (de arbeidersopstand van juni 1953 en de bouw van de muur in augustus 1961), die nauwelijks indruk maken op de bevolking van het stadje. Haber, die tijdelijk wat bijverdient door mensen bij de vlucht uit de DDR te helpen ziet bijvoorbeeld in de bouw van de muur een gelegenheid om zijn prijzen te verhogen, terwijl hij vroeger bij de onteigening van de landbouwbedrijven meehielp om de boeren onder druk te zetten om zich bij het collectief aan te sluiten.

Een ander opmerkelijk aspect is dat iedereen in het Saksische provinciestadje de politiek buiten de deur wil houden. Niet opvallen, mond houden en geen ergernis wekken, zo luidt het devies. In het stadje zijn ogenschijnlijk geen communisten, maar toch kan niemand aan het regime ontkomen. De bewoners willen echter niet alleen niets weten van het communisme; ze hebben ook iets tegen mensen van elders. Achter de kleinburgerlijke façades broeit vreemdelingenhaat, iets wat in de DDR eigenlijk officieel niet bestond.Aan het einde van de roman gaat de lezer onwillekeurig terug kijken naar het begin, waar hij Haber, de toen nog volslagen onbekende, aan het werk kan zien op een carnavalsevenement. Zo probeer je als lezer de cirkel, die toch al redelijk rond was, nog ronder te maken – in de hoop een eigen glimp op te vangen van deze veelbesproken figuur, die nochtans door de auteur nergens wordt besproken of afgeschilderd.

"Ik leef alleen maar in jouw geheugen" (*Horns Ende*)

Een van de belangrijkste thema's in Heins werk is de impact van geschiedenis op het persoonlijke leven en de verschillende perspectieven van waaruit je deze ervaring kan bekijken en beschrijven. Op een subtiele manier komen ook de rol van de politieke ideologie in het sociale en particuliere gedrag en de weerspiegeling van politieke onderdrukking in intieme relaties aan bod. Hein kijkt onverbiddelijk precies en tekent zijn portretten scherpzinnig en zonder genade. Hij vertelt de geschiedenis aan de hand van individuele geschiedenissen. De literaire potentie van deze schrijver houdt de lezer in een actieve ban en nodigt uit tot nadenken. Hein laveert kunstig tussen een uiterst nauwkeurige beschrijving van de kleinste details en een soevereine verdichting tot compacte lakonie; tussen de rigoureuze duidelijkheid van een uitspraak en een verontrustende vaagheid. Hij is een meester van het understatement, van de onopdringerige, maar wel indringende subtekst. Ondanks dit alles blijft het poëtische voor hem uiterst belangrijk: "De kroniek van een schrijver is niet objectief, ze is veel meer: ze is ingrijpend en realistisch en fantastisch en magisch. Poëzie dus". Een soort oermotief dat steeds wederkeert in Heins werk is de onverwerkte krenking, het motief van het trauma. Het onderstreept zelfs in de meest humoristische passages elke zin, elke handeling en zet een golf van unheimliche verwachtingen in gang, voorop de verwachting dat het trauma opnieuw zal plaatsgrijpen. Heins vertellingen kijken steeds terug naar een krenking en gaan de gruwel tegemoet, of die nu plaatsgrijpt of niet. Ze bezitten een haast bijgelovige relatie tot de idee van de herhaling en hebben daaraan hun pathogene en mysterieuze trek te danken.

Hein verhult natuurlijk niet dat hij ondanks zijn vooropgezette onpartijdigheid een geëngageerd schrijver is: "Zonder ruggegraat schrijven is onmogelijk" (*Jerichow*). In zijn essays blijft hij trouw aan een poëtische, maar kritische behandeling van de actualiteit en de geschiedenis. Maar net zoals in zijn fictie springt hij niet mild om met de maatschappelijke verduistering van de waarheid. Hein wijst in eigen land graag op gevoelige punten: "Om een zin van Mark Twain te parafraseren: West-Duitsland en Oost-Duitsland zijn door een gemeenschappelijke taal gescheiden". (*Jerichow*). Of: "Wie als vreemde een vriendelijk antwoord wil krijgen, mag in Duitsland niet meer al te vreemd zijn". (*Die fünfte Grundrechenart.)*

In zijn essays is het centrale referentiepunt *de* plaats van de eeuw: Auschwitz. Thema's die zich daarrond scharen zijn o.a. de witte vlekken van de geschiedschrijving, de censuur, de val van de muur, nadenken over vreemdelingenhaat en antisemitisme.

Het einde van de DDR heeft Christoph Hein in vele stukken aangekondigd. Maar zijn profetie was nergens zo duidelijk als in *Die Ritter der Tafelrunde*, dat de graalridders voorstelt als een bende corrupte idealisten die een duidelijke gelijkenis vertoont met het DDR-Politbüro. Maar het gaat ook over vastgeroeste toestanden en oude mannen, die hun macht niet willen loslaten. Droevige oude mannen, die de graal altijd nog als mogelijkheid beschouwden. De graal bestaat net zo min als een leven zonder graal. Zij hadden hoop, net zoals Lancelot, Parsifal en Mordret, de zoon van koning Arthur. Maar Mordret behoort tot een generatie die niet langer gelooft in zulke heiligdommen.

Ondanks de duidelijke aanwezigheid van geschiedenis in zijn werk en de uiterst kritische omgang daarmee evenals zijn engagement ten overstaan van literatuur en maatschappij overschat Hein de macht van literatuur niet bepaald: “Nee, literatuur is wel een reactie op geschiedenis, maar ze kan er geen maken. En zij wint niet aan gewicht als we haar met valse gewichten belasten”. (*Jerichow*)

Literatuur heeft voor Hein wel een duidelijke waarde, maar in geen geval een revolutionair potentieel. De fictieve werkelijkheid van de kunst verklaart en becommentariëert de werkelijkheid, ze “schuift de alledaagse en daarom onzichtbare werkelijkheid in ons blikveld”. (*Öffentlich arbeiten*) Ondanks de moeilijkheden die Hein lange tijd met de censuur had, gelooft hij niet in de kracht van de literatuur:

> Onze eeuw stelt weinig hoop in de literatuur, als ze er al iets in ziet. De boekverbrandingen zijn zeldzamer geworden en ik vrees dat de reden daarvoor niet in de gestegen achting voor het geschreven woord moet gezocht worden, maar eerder in zijn ontmaskerde onschuldigheid, waarvoor je niet eens brandhout zou willen verkwisten. (*Jerichow*)

Beknopte bibliografie

Primaire literatuur

Toneelstukken

Cromwell und andere Stücke, Berlin/Weimar: Aufbau, 1981.
Passage, Darmstadt: Luchterhand, 1988.
Randow. Eine Komödie, Berlin: Henschelschauspiel, 1995.
Die Ritter der Tafelrunde und andere Stücke, Berlin/Weimar: Aufbau, 1990.
Schlötel oder Was solls: Stücke und Essays, Darmstadt/Neuwied: Luchterhand, 1986.
Die wahre Geschichte des Ah Q: Stücke and Essays, Darmstadt/Neuwied: Luchterhand, 1984.
Stücke. Bruch. In Acht und Bann, Zaungäste, Himmel auf Erden, Berlin: Aufbau, 1999.

Proza

Einladung zum Lever Bourgeois, Berlin/Weimar: Aufbau, 1980.
Der fremde Freund. Novelle, Berlin/Weimar: Aufbau, 1982.
Horns Ende. Roman, Darmstadt/Neuwied: Luchterhand, 1987. (*Horns ondergang. Roman*, vert. Harrie Lemmens, Amsterdam: Van Gennep, 1986.)
Nachtfahrt und früher Morgen, München: Deutscher Taschenbuch Verlag, 1987.
Der Tangospieler. Erzählung, Berlin/Weimar: Aufbau, 1989.
Das Napoleon-Spiel. Ein Roman, Berlin/Weimar: Aufbau, 1993.
Exekution eines Kalbes, Berlin/Weimar: Aufbau, 1994.
Von allem Anfang an, Berlin: Aufbau, 1997.
Willenbrock. Roman, Frankfurt/M: Suhrkamp, 2000.
Landnahme. Roman, Frankfurt/M: Suhrkamp, 2004.

Kinder- en jeugdboeken

Das Wildpferd unterm Kachelofen. Ein schönes dickes Buch von Jakob Borg und seinen Freunden, Ill. Rotraut Susanne Berner, Weinheim: Beltz & Gelberg, 1992
Mama ist gegangen. Roman, Ill. Rotraut Susanne Berner, Weinheim: Beltz & Gelberg, 2003.

Essays

Als Kind habe ich Stalin gesehen: Essays und Reden, Berlin/Weimar: Aufbau, 1990.
Die Mauern von Jerichow: Essays und Reden, Berlin: Aufbau, 1996.
Die fünfte Grundrechenart: Aufsätze und Reden, 1987-1990, Frankfurt/M: Luchterhand, 1990.
Öffentlich arbeiten: Essays und Gespräche, Berlin/Weimar: Aufbau, 1987.

Der Ort. Das Jahrhundert. Essais, Frankfurt/M.: Suhrkamp, 2003
Aber der Narr will nicht. Essais, Frankfurt/M.: Suhrkamp, 2004
Öffentlich arbeiten. Essais und Gespräche, Frankfurt/M.: Suhrkamp, 2004

Interviews

"Die alten Themen habe ich noch, jetzt kommen neue dazu" (Interview mit Sigrid Löffler), in: Lothar Baier (red.), *Christoph Hein: Texte, Daten, Bilder*, Frankfurt/M: Luchterhand, 1990, pp. 37-44.

"'Ansonsten würde man ja aufhören zu schreiben...': Mit Christoph Hein sprach Gregor Edelmann.", *Theater der Zeit* 10 (1983), pp. 54-56.

"'Das Geld ist nicht der Gral.' Interview mit den Machern der Fernsehadaption von *Die Ritter der Tafelrunde* (1990)", in: Hammer, Klaus (red.), *Chronist ohne Botschaft: Christoph Hein: Ein Arbeitsbuch: Materialien, Auskünfte, Bibiliographie*, Berlin / Weimar: Aufbau, 1992, pp. 226-229.

"Gespräch mit Christoph Hein" (Interview mit Klaus Hammer (1982)), in: Christoph Hein, *Öffentlich arbeiten: Essais und Gespräche*, Berlin / Weimar: Aufbau, 1987, pp. 120-129.

"Ich kann mein Publikum nicht belehren" (Interview mit Hans Bender und Agnes Hüfner (1984)), in: Lothar Baier (red.), *Christoph Hein: Texte, Daten, Bilder*, Frankfurt/M: Luchterhand, 1990, pp. 68-75.

"Ein Interview", in: Christoph Hein, *Öffentlich arbeiten: Essais und Gespräche*, Berlin / Weimar: Aufbau, 1987, pp. 97-107.

"Kennen Sie eigentlich noch Leute, die Bücher lesen?: Der Schriftsteller Christoph Hein über Spieler in der Gesellschaft und über den fortschreitenden Analphabetismus" (Interview mit Cornelia Geißler), *Berliner Zeitung* 1/2 Mai 1993.

"Mit etwas Rückgrat durch die Zeitläufe kommen: Gespräch mit Christoph Hein vor der Premiere von *Randow, Eine Komödie*" (Interview mit Karin Großmann), *Sächsische Zeitung* 17 Dez. 1995.

"'Mut ist keine literarische Kategorie': Gespräch mit Alois Bischof: Aus Anlaß einer Aufführung von *Die wahre Geschichte des Ah Q* in Zürich (1985)", in: Lothar Baier (red.), *Christoph Hein: Texte, Daten, Bilder*, Frankfurt/M: Luchterhand, 1990, pp. 95-100.

"'Wir werden es lernen müssen, mit unserer Vergangenheit zu leben': Gespräch mit Krzysztof Jachimczak", in: Lothar Baier (red.), *Christoph Hein: Texte, Daten, Bilder*, Frankfurt/M: Luchterhand, 1990, pp. 45-67.

Secundaire literatuur

ANDRESS, Reinhard. "Christoph Heins Weg durch den Herbst 1989", in: Klaus Hammer (red.), *Chronist ohne Botschaft: Christoph Hein. Ein Arbeitsbuch: Materialien, Auskünfte, Bibiliographie*, Berlin/Weimar: Aufbau, 1992, pp. 158-172.

BAIER, Lothar (red.). *Christoph Hein: Texte, Daten, Bilder*, Frankfurt/M: Luchterhand, 1990.

BEHN, Manfred. "Christoph Hein", in: Heinz Ludwig Arnold (red.), *Kritisches Lexikon der deutschsprachigen Gegenwartsliteratur*, München: Ed. text + kritik, 1978-... (Nachlieferung No. 34., Maart 1990).

"DDR-Literaturentwicklung in der Diskussion", *Weimarer Beiträge* 30 (1984), pp. 1589-1616.

FISCHER, Bernd. *Christoph Hein: Drama und Prosa im letzten Jahrzehnt der DDR*, Heidelberg: C. Winter, 1990.

"*Der fremde Freund* von Christoph Hein: Für und Wider", *Weimarer Beiträge* 29.9 (1983), pp. 1635-1655.

GRÜNENBERG, Antonia. "Geschichte der Entfremdung: Christoph Hein als Autor der DDR", *Michigan Germanic Studies* 8.1-2 (1985), pp. 229-251.

HAMMER, Klaus (red.). *Chronist ohne Botschaft: Christoph Hein. Ein Arbeitsbuch: Materialien, Auskünfte, Bibliographie*, Berlin/Weimar: Aufbau, 1992.

HEUKENKAMP, Ursula. "Die fremde Form", *Sinn und Form* 35 (1983), pp. 625-632.

HÖRNIGK, Frank. "Christoph Hein", in: Hans Jürgen Geerdts e.a., *Literatur der Deutschen Demokratischen Republik: Einzeldarstellungen*, deel 3, Berlin: Volk und Wissen, 1987, pp. 101-116.

HÖRNIGK, Frank. "'Texte, die auf Geschichte warten...' Zum Geschichtsbegriff bei Heiner Müller", in: Frank Hörnigk (red.), *Heiner Müller Material*, Leipzig: Reclam, 1990, pp. 123-137.

JANSSEN-ZIMMERMANN, Antje. "'Subjektiver Objektivität': Drei Theatertexte Christoph Heins – 'Trilogie des Sozialismus'?", in: Klaus Hammer (red.). *Chronist ohne Botschaft: Christoph Hein. Ein Arbeitsbuch: Materialien, Auskünfte, Bibiliographie*, Berlin/Weimar: Aufbau, 1992, pp. 184-194.

KOCHTA, Karla. "Austreibung des Grals?", in: Klaus Hammer (red.), *Chronist ohne Botschaft: Christoph Hein. Ein Arbeitsbuch: Materialien, Auskünfte, Bibiliographie*, Berlin/Weimar: Aufbau, 1992, pp. 223-225.

KRUG, Hartmut. "Ritter von der traurigen Gestalt", in: Klaus Hammer (red.), *Chronist ohne Botschaft: Christoph Hein. Ein Arbeitsbuch: Materialien, Auskünfte, Bibiliographie*, Berlin/Weimar: Aufbau, 1992, pp. 258-59.

LÖFFLER, Dietrich. "Christoph Heins Prosa – Chronik der Zeitgeschichte", *Weimarer Beiträge* 33 (1987), pp. 1484-1487.

MCKNIGHT, Philip S. "Alltag, Apathy, Anarchy: GDR Everyday Life as a Provocation in Christoph Hein's Novella *Der fremde Freund*", in: Margy Gerber (red.), *Studies in GDR Culture and Society 8*, Lanham, MD: UP of America, 1988, pp. 179-190.

McKnight, Philip S. "Ein Mosaic zu Christoph Heins Roman *Horns Ende*", *Sinn und Form* 39 (1987), pp. 415-425.

McKnight, Philip S. *Understanding Christoph Hein*, Columbia: U of South Carolina P, 1995.

Münz, Rudolph. "Nachwort", in: Christoph Hein, *Cromwell und andere Stücke*, Berlin/Weimar: Aufbau, 1981, pp. 299- 320.

Robinson, David W. "Abortion as Repression in Christoph Hein's *The Distant Lover*", *New German Critique* 58 (1993), pp. 65-78.

Sevin, Dieter. *Textstrategien in DDR-Prosawerken zwischen Bau und Durchbruch der Berliner Mauer*, Heidelberg: C. Winter, 1994.

Stephan, Erika. "Das Kammerspiel *Passage* im Verständnis des Theaters", in: Klaus Hammer (red.), *Chronist ohne Botschaft: Christoph Hein. Ein Arbeitsbuch: Materialien, Auskünfte, Bibiliographie*, Berlin/Weimar: Aufbau, 1992, pp. 213-222.

WOLF BIERMANN
(1936-)

Erik Derycke

In een overzicht van de Duitse naoorlogse literatuur mag Wolf Biermann niet ontbreken. Zijn invloedrijke liederen en gedichten gelden als het culturele document bij uitstek van de DDR-staat na de periode van de wederopbouw. Maar meer nog dan zijn literaire output is zijn artistieke loopbaan revelerend voor de manier waarop literatuur in de DDR moest functioneren. Met enig gevoel voor dramatiek wordt wel eens gesteld dat het 'geval Biermann' in 1976 de eerste mokerslag was die de Berlijnse muur deed wankelen. Ook zonder deze hyperbool is Biermann een onmisbare figuur om de DDR te begrijpen.

Wolf (eigenlijk Karl Wolf) Biermann werd op 15 november 1936 in Hamburg geboren. Zijn joodse vader was drie maanden voordien door het nazi-regime omwille van zijn kommunistische sympathieën opgesloten, en werd in 1943 in het vernietigingskamp Auschwitz vermoord. Biermann groeide op bij zijn moeder in Hamburg, waar hij het bombardement meemaakte dat op 27 juli 1943 deze stad in een vuurzee veranderde. Na de oorlog werd Biermann lid van de *Junge Pioniere*, de jongerenbeweging van de communistische partij in de westelijke zone. In 1953 verhuisde het gezin naar Oost-Berlijn, waar Biermann aan de Humboldt-universiteit politieke economie ging studeren. Van 1957 tot 1959 werkte hij als regie-assistent aan het *Berliner Ensemble*, het theaterhuis van de in 1956 overleden Bertolt Brecht. Biermann maakte mee hoe de geestelijke erfgenamen van Brecht ruzieden over diens theatrale nalatenschap. Deze 'diadochenstrijd' vergalde zijn plezier aan het theaterwerk, en in 1959 verliet hij het Berliner Ensemble om zijn studies verder te zetten. Tijdens deze tweede studententijd schreef Biermann zijn eerste gedichten, die persoonlijke belevenissen, natuurbeschrijving en politieke satire combineren.

In dezelfde periode vond een van de belangrijkste ontmoetingen van zijn leven plaats. Hij leerde Hanns Eisler kennen, die nog met Brecht had samengewerkt en de componist van officiële DDR-hymne was. Eisler moedigde Biermann aan zijn gedichten van muziek te voorzien. Sindsdien treedt Biermann op als chansonnier, zichzelf begeleidend op gitaar. In navolging van Brechts term "Stückeschreiber" noemde Biermann zichzelf voortaan een "Liedermacher". Die benaming benadrukt het ambachtelijke aspect van de literaire productie en introduceert door de verwijzing naar Brecht tegelijk een ondertoon van politiek engagement. Nochtans benadrukt Biermann voortdurend dat zijn liederen altijd het politieke en het private willen combineren. "Ik wou met mijn liederen steeds beide tegelijk: in het bed van mijn geliefde en de straat op tussen het politieke gewoel".

Samen met een paar vrienden richtte Biermann in 1961 het Berliner *Arbeiter- und Studententheater* op. De opvoering van zijn eerste toneelstuk *Berliner Brautgang* werd door het DDR-regime verboden, en het theater moest zijn deuren sluiten nog voor er een stuk gespeeld was. Deze sluiting was de voorbode van wat Biermann nog te wachten staat. De periode van politieke en culturele openheid in de DDR, die ingeluid was na de destalinisering vanaf 1954 in de Sovjet-Unie, was met de bouw van de Berlijnse muur in augustus 1961 abrupt aan haar einde gekomen. De vrijheid om af te wijken van de officiële partijlijn en om kritiek uit te oefenen op tekortkomingen van de DDR was een van de eerste slachtoffers.

Biermann was een van de eerste auteurs om de strenge aanpak van het regime te ondervinden. In 1963 werd hem het lidmaatschap van de eenheidspartij SED geweigerd, wat in de praktijk neerkwam op een beroepsverbod. Voor niet-partijleden was het in de DDR immers praktisch onmogelijk om contracten voor publicaties en optredens te krijgen. Wel mocht Biermann op uitnodiging van de *Socialistischer Deutscher Studentenbund* (SDS) een concertreis door West-Duitsland maken. Hij maakte van die reis gebruik om contacten te leggen met West-Duitse uitgevers en platenfirma's. In 1965 verschenen zijn eerste dichtbundel *Die Drahtharfe* en de langspeelplaat *Wolf Biermann (Ost) zu Gast bei Wolfgang Neuss (West)* in het kapitalistische Westen.

De reactie van het DDR-regime liet niet lang op zich wachten. Biermanns werk stond in december 1965 op de agenda van de 11de plenaire vergadering van het centraal comité van de SED. De latere partijleider Erich Honecker veroordeelde Biermann in scherpe bewoordingen:

> In de naam van een nauwelijks verholen kleinburgerlijk-anarchistisch socialisme lanceert hij scherpe aanvallen tegen onze maatschappij en partij… Hij verraadt niet alleen de staat die hem een hooggekwalificeerde opvoeding mogelijk maakte, maar ook leven en dood van zijn door de fascisten vermoorde vader.

De partijtop stelde vast dat Biermann socialistische basisprincipes verraden had, verbood hem in de DDR te publiceren of op te treden en legde hem een reisverbod op. Gedurende de volgende tien jaar leefde Biermann in de DDR in een nagenoeg volledig isolement, in zijn eigen woorden "als officieel erkend staatsvijand". Het Oost-Duitse *Ministerium für Staatssicherheit*, beter bekend onder de afkorting Stasi, hield Biermann bijna permanent in de gaten. Aan deze operatie met codenaam 'Lyriker' werkten in de 25 jaar tot aan de Wende 197 ambtenaren van de Stasi mee, maar ook 213 informanten – gewone DDR-burgers en collega-schrijvers die door de Stasi gerecruteerd werden om Biermanns doen en laten in kaart te brengen. Het materiaal dat zij verzamelden vulde 69 archiefmappen.

Ondanks dit officiële beroepsverbod bleef Biermann gedichten en liederen schrijven, die door vrienden en sympathisanten naar het Westen gesmokkeld en daar gepubliceerd werden. In de DDR circuleerden ze in het ondergrondse samizdat-circuit: ze werden overgetikt of gekopieerd. Dat was overigens niet zonder gevaar; verschillende inwoners van de DDR werden opgepakt omdat ze met teksten van Biermann betrapt werden. Al bleven zijn teksten in de DDR verboden, toch kreeg Biermann van de DDR-bureaucratie overigens netjes de auteursrechten uitbetaald die voor zijn rekening in de Bondsrepubliek geïnd werden. Na de Wende vertelt Biermann met een pervers genoegen hoe hij op een bepaalde dag zelfs een officiële afrekening kreeg voor zijn gedicht "Die Stasi-Ballade", hoewel het woord 'Stasi' in de DDR niet gebruikt mocht worden.

AUSBÜRGERUNG

Na het aantreden van Erich Honecker in 1971 als eerste partijsecretaris van de SED leek in de DDR een nieuwe periode van dooi aan te breken. Op de 8ste Partijdag in juni van dat jaar verklaarde Honecker dat er in de literatuur geen taboes mochten bestaan voor schrijvers die van "vaste socialistische principes" vertrekken. Auteurs die het maatschappelijk project van de DDR onderschreven, mochten met andere woorden wijzen op de gebreken in de concrete realisatie van dat project. In de daaropvolgende jaren kregen kunstenaars en schrijvers inderdaad meer ademruimte, maar de pas verworven vrijheden werden in het midden van de jaren 70 even abrupt weer afgeschaft.

Voor Biermann betekende de periode van dooi dat hij voor het eerst in tien jaar weer mocht optreden in de de DDR. Zijn concert in de Nikolaikirche in Prenzlau in september 1976 werd een succes. Hij kreeg zelfs de toelating voor een concertreis door de Bondsrepubliek, waar hij optrad op uitnodiging van de West-Duitse vakbond IG Metall. Op 13 november 76 bracht hij een vier uur durend optreden in Keulen, dat door de West-Duitse televisie uitgezonden en ook in de DDR druk bekeken werd. Maar vier dagen later ontnam de SED hem het staatsburgerschap van de DDR (de zogeheten *Ausbürgerung*), en kreeg hij verbod om naar de DDR terug te reizen.

De *Ausbürgerung* werd voor veel Oost-Duitse auteurs een breekpunt in hun verhouding met het regime. De indruk bestaat dat de partijtop een elegante manier gezocht heeft om zich van een lastige dissident te ontdoen. De officiële reden voor de *Ausbürgerung* luidde immers dat Biermann door zijn kritische liederen in de Bondsrepubliek op te voeren, de vijanden van de DDR munitie in handen had gegeven. Maar de concertreis was op voorhand aangevraagd en goedgekeurd, zodat het er alle schijn van heeft dat Biermann in de val werd gelokt.

In de DDR leidt de Biermann-affaire tot een scheiding der geesten. Zeventien vooraanstaande auteurs, waaronder Christa Wolf, Heiner Müller, Stephan Hermlin en Jurek Becker, protesteren in een petitie tegen de manier waarop Biermann was behandeld. De *Ausbürgerung* legde volgens hen op schrijnende wijze het moreel failliet van een regime bloot dat er niet in slaagt zijn socialistische maatschappijvisie te verwezenlijken op een manier die voor de leden van die maatschappij aanvaardbaar is. Het regime reageerde met nog meer uitwijzingen, terwijl andere schrijvers en kunstenaars de reactie van de machthebbers niet afwachtten en op eigen initiatief naar de Bondsrepubliek uitweken. Veel later, na de *Wiedervereinigung* van DDR en Bondsrepubliek, werd de uitwijzing van Biermann beschouwd als het begin van het einde van de DDR, als de eerste hamerslag tegen de Berlijnse Muur.

Biermann in het Westen

Biermann werd in de Bondsrepubliek opgevangen door sympathisanten en collega's, en vestigde zich weer in zijn geboortestad Hamburg. In 1977 konden ook zijn levensgezellin, de Oost-Berlijnse actrice Eva-Maria Hagen en haar dochter uit haar eerste huwelijk, Catherina, de DDR verlaten. Catharina werd onder de naam Nina Hagen snel even beroemd als haar stiefvader.

In de Bondsrepubliek wilden tegenstanders van de DDR Biermann graag in de rol van officiële dissident drukken, maar Biermann hoedde er zich voor om zijn kritiek op het DDR-regime voor binnenduitse politieke doeleinden te laten gebruiken. In zijn nieuwe dichtbundels en plaatopnames neemt hij wantoestanden in de Bondsrepubliek even scherp op de korrel als de tekortkomingen van het DDR-socialisme. Tijdens de 'Duitse herfst' op het einde van de jaren zeventig – de periode van RAF-terreur en autoritair tegengeweld – toonde hij begrip voor de idealen van de RAF, al keurde hij alle vormen van geweld af.

In de jaren 80 bleef Biermann schrijven, publiceren en optreden. Na de val van de muur in 1989 kon hij voor het eerst in bijna vijfentwintig jaar weer in de DDR optreden. Hij verscheen er niet als de triomfator die zich verheugd toont over de ondergang van het regime, maar als iemand die de kwellingen en onmenselijkheid van de DDR-staat aan den lijve heeft ondervonden. Die positie speelde hij ook uit in debatten over de Duitse eenmaking en over de verwerking van het DDR-verleden. Hij nam deel aan de bezetting van het *Ministerium für Staatssicherheit* in december 1990, een protestactie om te beletten dat de dossiers van de Stasi in de papierversnipperaar belanden.

Biermann verdiepte zich in de Stasi-dossiers over zichzelf en andere DDR-schrijvers en gebruikte de informatie die hij daarin vond om zwaar uit te halen naar auteurs die het regime hand- en spandiensten verleend hadden. Bijzonder ophefmakend was zijn onthulling van het Stasi-verleden van Sascha Anderson, een spilfiguur uit de alternatieve scène van de Berlijnse wijk Prenzlauer Berg. Maar ook auteurs als Stephan Heym en Stephan Hermlin kregen er van langs. Van de weeromstuit werd Biermann verweten dat hij gemakkelijk oordelen heeft en dat meeloperschap of zachte collaboratie voor veel auteurs het enige middel was om in de DDR te kunnen publiceren.

Biermanns eigen levensloop bewijst dat een confrontationele houding tegen het regime vroeg of laat tot de definitieve breuk leidt, en men stelde dat niet van iedereen dezelfde moed verwacht kan worden. Na een langdurige polemiek die uitgevochten werd op de opiniepagina's van de Duitse media, kondigde Biermann uiteindelijk aan dat hij het Stasi-archief als een afgesloten hoofdstuk beschouwt en dat hij geen oude wonden wil blijven openrijten.

In zijn essays en toespraken tijdens de jaren 90 begraaft Biermann zijn communistische dromen voorgoed. Hij bekritiseert de *Ostalgie* – het fenomeen van de nostalgie naar de overzichtelijkheid van de DDR-staat – die in de deelstaten van de voormalige DDR ontstaat als respons op de snelle maatschappelijke veranderingen. In 1991 kreeg hij zowat de hele intellectuele linkerzijde over zich heen wanneer hij ten tijde van de eerste Golfoorlog het gebruik van geweld om dictators af te zetten goedkeurde.

Verder besteedde Biermann meer aandacht aan zijn joodse afkomst en aan de jodenvervolging onder de nazi's. Hij vertaalde de monumentale klaagzang over de holocaust *Dos lied vunem ojsgehargetn jiddischen volk* van de joodse dichter Yitzhak Katzenelson, die net als Biermanns vader in Auschwitz omgebracht werd. Tegelijk blijft hij zich als Liedermacher, dichter en essayist in de politieke debatten mengen. In november 2000 trad Biermann in dienst als hoofd van de cultuurredactie van het dagblad *Die Welt*, een onderdeel van het Springer-concern. Het was een opmerkelijke carrièresprong voor een schrijver die vele malen de rechtse koers van de Springer-bladen op de korrel nam.

Literatuur en politiek

De zaak Biermann illustreert de precaire positie van de kunstenaar in een totalitair bestel. Per definitie is in een totalitaire samenleving elk domein ondergeschikt aan de verwezenlijking van een maatschappelijk ideaal – het reëel bestaande socialisme, zoals de DDR haar maatschappijproject noemde. In zo'n maatschappij kan geen plaats zijn voor een zuivere of eigenzinnige esthetische sfeer met eigen regels en normen, zoals in een open samenleving. Kunst en literatuur worden er niet in de eerste plaats met esthetische criteria beoordeeld, maar afgemeten op hun bijdrage tot de opbouw van de gewenste maatschappij.

Zoals uit Biermanns biografie blijkt, waren er nochtans wisselingen in de mate van vrijheid die de literatuur genoot. In periodes van dooi – zoals na Honeckers aantreden in 1971 – werd geduld dat kunstenaars en schrijvers constructieve kritiek leverden op de concrete stand van zaken in de DDR, zolang ze maar duidelijk het officiële maatschappijproject onderschreven. Maar ook deze voorwaardelijke artistieke vrijheid kon maar bestaan in zoverre de kunstenaar partijdig was, dit wil zeggen partij koos voor het regime.

In dat opzicht was Biermann een vervelende horzel voor de eenheidspartij SED. Door zijn persoonlijke voorgeschiedenis kon hij moeilijk afgeschilderd worden als fascistische klassenvijand: zijn vader stierf als politiek gevangene in een concentratiekamp, zijn familie was uit communistische overtuiging naar de DDR gereisd, en Biermann zelf was geschoold in de ideologie en de geschiedenis van het marxisme. Wanneer Biermann zijn kritiek op de DDR rechtvaardigde door zich te beroepen op in de DDR gerespecteerde ikonen als Rosa Luxemburg, die de excessen van de oktoberrevolutie bekritiseerde zonder de noodzaak van een socialistische revolutie in twijfel te trekken, maakte die verwijzing hem immuun voor het verwijt een reactionair te zijn. Bovendien kon zelfs de SED moeilijk volhouden dat de DDR de best mogelijke van alle socialistische werelden was. Maar wie de tekortkomingen van de DDR in het openbaar op de korrel nam, speelde de vijanden van de DDR – in binnen- en buitenland – in de hand en stelde zich daardoor deloyaal op tegen het regime. Het was die overweging die leidde tot het beroepsverbod in 1965 en uiteindelijk tot Biermanns uitwijzing in 1976.

Biermann als Liedermacher

Als we zijn talrijke essays en het geflopte toneelstuk *Der Dra-Dra* buiten beschouwing laten, kan Biermanns werk verdeeld worden in gedichten en liederen. Wie de door Biermann samengestelde verzamelbundels *Alle Lieder* en *Alle Gedichte* naast elkaar legt, zal op basis van formele kenmerken amper verschillen kunnen vaststellen tussen een lied en een gedicht. Het enige onderscheid tussen beide is dat de liederen bedoeld zijn om gezongen te worden, terwijl de gedichten bestemd zijn voor een lezend publiek. Wie Biermanns werk wil leren kennen, kan dat dan ook even goed of misschien zelfs beter aan de hand een plaat- of cd-opname dan aan de hand van zijn publicaties in boekvorm.

Een voorbeeld van de verwevenheid van politiek en privésfeer in Biermanns vroege liederen is "Die Zeit der Trauben" (1955):

Als die ersten Trauben kamen
traf ich sie beim Traubenkauf
in dem Laden und wir aßen
gleich zwei Pfund gemeinsam auf.

Als die langen Nächte kamen
ging die Zeit uns schnell dahin.
Oft danach aßen wir Trauben
die so gelb und süße sind.

Heute morgen stand ich wieder
in dem Laden in der Reih'.
Vor mir ging das letzte Pfund weg.
Die Zeit der Trauben ist vorbei.

Op het eerste gezicht is dit gewoon een liedje over de vergankelijkheid van de liefde dat recht uit Heines *Buch der Lieder* (1827) had kunnen komen. Maar wie tussen de regels leest, kan zich vragen stellen bij de ontoereikende druiventoevoer. Ziet de ik-figuur de laatste druiven aan zijn neus voorbijgaan omdat het druivenseizoen nu eenmaal afgelopen is? Of gaat het hier om een verholen kritiek op de planeconomie van de DDR, die er niet in slaagt om de volle winkelrekken te garanderen die West-Duitsers als vanzelfsprekend kunnen beschouwen?

Hetzelfde economische thema duikt ook op in een strofe uit "Die Verkäuferin", een van de vier liederen uit de reeks *Wir loben die guten Sozialisten* (1961):

Wenn mal Schinckenspeck nicht da ist
Den ein Kunde haben muß
Dann sagt sie nicht voller Freude:
Han wa nicht! – und damit Schluß
Sondern preist ihm an die Wurst
Und ein Fläschen für den Durst
Fehlt mal Wurst, gibt es Speck
Und kein Mensch geht wütend weg.

De maatschappijkritiek in Biermanns liederen is echter niet altijd zo subtiel. Zijn scherpste en bijtendste satires op de DDR-bonzen schrijft hij na het beroepsverbod, wanneer zijn teksten in de DDR in het ondergrondse circuit circuleren. Het beroemdste voorbeeld daarvan is "In China hinter der Mauer" (1966). Dit lied haalt zijn pointe uit de dubbelzinnige referentialiteit van het woord "Mauer". Hoewel de tekst op het eerste gezicht de wantoestanden in China – achter de 'Chinese Muur'- hekelt, begrijpt elke luisteraar meteen de verwijzing naar die andere 'Mauer' die Berlijn in twee deelt.

Wo wird das Volk wie Vieh regiert
Verdummt, entmündigt und kastriert
Damit es schuftet und pariert
  Und wo liegt auf der Lauer
Der Bürokratenschutzverein
Sperrt gute Kommunisten ein
Wenn sie nich hallelujah schrein??
In China! In China!
  In China, hinter der Mauer

Het lied "Das macht mich populär" uit 1965 is een reactie op het beroepsverbod dat de 11de plenaire vergadering had opgelegd. Door Biermanns werk te verbieden, zorgde de SED ervoor dat het circuleerde in het ondergrondse, ongecontroleerde milieu.

Zum ganzen 11. Plenum sag
Ich zwölfmal: Ja! Hurra!
Ihr habt ja euer Innerstes
Noch nie so schön gezeigt
Der deutsche Michel sah bei Licht
Ins Herze euch und... schweigt

  Ihr löscht das Feuer mit Benzin
  Ihr macht, was ihr verhindern wollt:
  Ihr macht mich populär
  Ihr macht mich populär

Na het beroepsverbod werd Biermann quasi permanent in de gaten gehouden door het Ministerium für Staatssicherheit. In "Die Stasi-Ballade" (1967) beschrijft Biermann met een combinatie van humor en bitterheid zijn ervaring als gevangene in het eigen huis.

Menschlich fühl ich mich verbunden
Mit den armen Stasi-Hunden
Die bei Schnee und Regengüssen
mühsam auf mich achten müssen
die ein Mikrophon einbauten
um zu hören all die lauten
Lieder, Witze, leisen Flüche
auf dem Clo und in der Küche
Brüder von der Sicherheit
Ihr allein kennt all mein Leid

In hetzelfde jaar ontstond "Das Hölderlin-Lied", dat Biermanns maatschappelijk isolement en de gevoelens van vervreemding die dat veroorzaakt tot thema heeft:

In diesem Lande leben wir
wie Fremdlinge im eigenen Haus
  Die eigne Sprache, wie sie uns
  entgegenschlägt, verstehn wir nicht
  noch verstehen, was wir sagen
  die unsere Sprache sprechen
In diesem Lande leben wir wie die Fremdlinge

In 1968 werd Alexander Dubcek de nieuwe leider van de communistische partij van Tsjechoslowakije. Onder zijn bewind breekt een periode van democratisering en hervorming aan, die een 'socialisme met een menselijk gezicht' moet introduceren. Biermann reageert op deze 'Praagse lente' met het lied "In Prag ist Pariser Kommune":

In Prag ist Pariser Kommune, sie lebt noch!
Die Revolution macht sich wieder frei
Marx selber und Lenin und Rosa und Trotzki
Stehen den Kommunisten bei

Der Kommunismus hält wieder im Arme
Die Freiheit und macht ihr ein Kind, das lacht,
das Leben wird ohne Büroelephanten
Von Ausbeutung frei und Despotenmacht

Op 21 augustus 1968 kwam er echter een abrupt einde aan de Praagse lente, wanneer Russische tanks in de straten van Praag verschenen en Dubcek afgezet werd.

Na de Ausbürgerung betrok Biermann ook zijn nieuwe thuisland, de Bondsrepubliek, in zijn liederen. De elf strofen van het "Deutsches Miserere" (1977) hekelt hij het gebrek aan betrouwbare berichtgeving in Oost en West:

Und im Westen die Zeitungsschreiber
Sie lügen frech, wie sie wolln
Aber ihre Kollegen im Osten
Die lügen korrekt, wie sie solln

Met zijn liederen en artikels speelde Biermann ook een rol in de politiek van de Bondsrepubliek. Naar aanleiding van de verkiezingen voor de Bondsdag vergeleek hij de verdiensten van de SPD-kandidaat Helmut Schmidt en zijn CSU-tegenstander Franz Joseph Strauss in "S & S" (1979).

Schmidt und Strauß, die zwei Athleten
Beide find ich ideal!
In der Wahlarena treten
Beide an fürs Kapital.
Der eine ein rechter Sozialdemokrat
Er redet sein Blech in Rosa
Der andere redet den gleichen Text
In klarer deutscher Prosa
(...)
Heute nacht im Alptraum fragte ich
Den Meister Heinrich Heine:
Freund, gib mir Eizes für die Wahln!
Er lachte und sprach: Ich meine
Das mußt du nebbich selber Wissen
– doch es will mich schier bedünken
der von Süden, der von Norden
– daß sie alle beide stinken

De politieke veranderingen in de Sovjet-Unie onder Mikhail Gorbatsjov inspireerden Biermann tot het hoopvolle lied "ex oriente lux again" (1987). In de laatste strofe contrasteert hij een globale visie op de geschiedenis, waarin de communistische dictatuur slechts een korte periode inneemt, met zijn persoonlijke levensgeschiedenis, die decennia lang gedetermineerd werd door herhaalde conflicten met de communistische machthebbers:

gut, daß jetzt bessere Zeiten kommen
als wäre es gar nicht von Menschen gekommen
das elend lange Leid
für die Welt wars nur ein Seufzer, Marie
aber all meine gute Zeit

Na de val van de Berlijnse muur op 9 november 1989 blikt Biermann terug op de DDR-periode in "Ich hatte es auch schon halb vergessen":

Das Schlimmste war nicht an unsern Tyrannen
Die rotgetünchte Tyrannei
Das Schlimmste waren dabei wir selber
All unsre Feigheit und Kriecherei
Und daß wir auch selber das Übel waren
Grad das ist die Chance und unser Glück
Ihr seht: Es geht! Wir holn uns nun auch selber
Die ewigen Menschenrechte zurück
Nun atmen wir wieder, wir weinen und lachen…

In 1999 publiceerde Biermann de bundel *Paradies uff Erden*. Hierin kijkt hij terug op het woelige decennium na de Duitse hereniging. In de titel van de bundel klinkt al een echo uit Heines gedicht *Deutschland: Ein Wintermärchen*: "Wir wollen hier auf Erden schon / Das Himmelreich errichten". Biermann treedt in de dichterlijke voetsporen van Heine en maakt op zijn beurt een poëtische reis door het herenigde Duitsland.

Um Deutschland ist mir gar nicht bang
Die Einheit geht schon ihren Gang
Unterm Milliardenregen
Wir werden schön verschieden nass
Weh tut die Freiheit und macht Spass
Ein Fluch ist sie, ein Segen

De honderden liederen en gedichten, plaatopnames en bundels van Wolf Biermann leveren een indringend beeld van het leven in de voormalige DDR. Door hun tijdsbetrokkenheid doen sommige teksten vandaag gedateerd aan, maar het blijven onmisbare documenten voor een begrip van de DDR-staat. Het beroepsverbod en de *Ausbürgerung* waarmee de DDR-top zich van Biermann poogde te ontdoen, legden het moreel failliet bloot van een regime dat zich tegen de eigen inwoners keerde. Meer nog dan zijn werk vormt de "affaire Biermann" een wezenlijk onderdeel van elke geschiedenis van de literatuur in de DDR.

BEKNOPTE BIBLIOGRAFIE

Primaire literatuur
Die Drahtharfe (1965)
Mit Marx- und Engelszungen (1968)
Deutschland, ein Wintermärchen (1972)
Für meine Genosen – Berichte des Julij Daniel aus dem sozialistische Lager (1972)
Das Märchen vom kleinen Herrn Moritz (1973)
Die Große Drachentöterschau: Der Dra-Dra (1974)
Nachlaß I (1977)
Preußischer Ikarus (1978)
Verdrehte Welt, das seh ich gerne (1982)
Das Märchen von dem Mädchen mit dem Holzbein (1984)
Affenfels und Barrikade (1986)
Klartexte im Getümmel (1989)
Alle Lieder (1991)
Der Sturz des Dädalus (1992)
Großer Gesang des Jizchak Katzenelson vom ausgerotteten jüdischen Volk (1994)
Alle Gedichte (1995)
Wie man Verse macht und Lieder – eine Poetik in acht Gängen (1997)
Paradies uff Erden. Ein Berliner Bilderbogen (1999)
Über Deutschland – Unter Deutschen (2002)

Beknopte discografie (verkrijgbaar bij www.zweitauseneins.de)
Chausseestraße 131 (1969)
Warte nicht auf beßre Zeiten (1973)
aah – ja! (1974)
Liebeslieder (1975)
Es gibt ein Leben vor dem Tod (1976)
Das geht sein' sozialistischen Gang (live-opname van het optreden in Keulen op 13.11.1976) (1977)
Der Friedensclown (1977)
Trotz alledem! (1978)
Hälfte des Lebens (1979)
Wir müssen vor Hoffnung verrückt sein (1982)
Im Hamburger Federbett (1983)
Die Welt ist schön (1985)
Seelengeld (1986)
VEBiermann (1988)
Gut Kirschenessen (1990)

Nur wer sich ändert (1991)
Live: Brecht – Deine Nachgeborenen (1998)
Ermutiging (2001)

Secundaire literatuur

ARNOLD, Heinz Ludwig (red.). *Wolf Biermann.* München: Text und Kritik, 1980.

BERBIG, Roland et.al. (red.). *In Sachen Biermann. Protokolle, Berichte und Briefe zu den Folgen der Ausbürgerung.* Berlin, Ch. Links, 1994.

BROEKER, Armin et.al. (red.). *Exil. Die Ausbürgerung Wolf Biermanns.* Köln: Kiepenheuer und Witsch, 1977.

ROSSELLINI Jay. *Wolf Biermann.* München, Beck, 1992.

PLEITGEN, Fritz (red.). *Die Ausbürgerung. Anfang vom Ende der DDR.* Berlin: Ullstein, 2001.

TAUTZ, Lothar & RADEKE, Christian. *Warte nicht auf bess're Zeiten. Oskar Brüsewitz, Wolf Biermann und die Protestbewegung in der DDR 1975 –1977.* Halle: Mitteldeutscher Verlag, 1999.

BOTHO STRAUß
(1944-)

Jaak De Vos

Theater als habitat

Weinig auteurs uit de naoorlogse Duitse literatuur hebben zo fijn de "zenuw" van onze tijd gevoeld, geraakt en verwoord als de in 1944 in Naumburg aan de Saale geboren Botho Strauß. Als het cliché van de schrijver als antennemens, als seismograaf van het (politiek-)maatschappelijk bestel nog ergens klopt, dan wel bij deze tijdgenoot. Strauß gold lang als "soixantehuitard", als sympathisant van de studentenrevolte die in mei 1968 in Parijs een radicaal-democratische schokgolf veroorzaakte, voelbaar in heel de westerse wereld. Ook na het wegebben van het revolutionaire elan, na de ontnuchterende vaststelling dat ideologisch noch "realpolitisch" de contestatie blijvend effect gesorteerd had, bleef Strauß de kritische woordvoerder van een generatie.

Strauß beoefent alle literatuurgenres, schreef en schrijft proza, theater, essays en (in mindere mate) lyriek; toch lijkt het theater zijn natuurlijke "habitat". Zijn (niet afgesloten) studieparcours – germanistiek, sociologie en theaterwetenschappen in Keulen en München – en de plannen voor een doctoraal proefschrift over "Thomas Mann und das Theater" wijzen al in die richting. Ook zijn pogingen om zijn ambities als acteur te realiseren brak hij voortijdig af. En toch maakte Strauß zijn weg in en door het theater, eerst (1967-1970) als criticus en redacteur bij het gezaghebbende tijdschrift "Theater heute", dan (tot 1975) als dramaturg aan de vermaarde Berlijnse "Schaubühne" bij de cultregisseur Peter Stein. Uit deze samenwerking ontstaan grensverleggende en richtinggevende producties zoals de enscenering van Maxim Gorki's *Sommergäste* (1974), waaruit al een aantal basiselementen van Strauß' visie op en praktijk van het theater oplichten: de theatrale situatie en met name daarin de dialogische structuur leggen de deficiënte menselijke relaties bloot, wat nog versterkt wordt door een op zich actiearme intrige, die zich bovendien ontspint in een "gesloten", wat toevallig samengesteld gezelschap. Uit die samenwerking ontstaan ook Strauß' eigen stukken (*Die Hypochonder* 1972; *Bekannte Gesichter, gemischte Gefühle* 1975, *Trilogie des Wiedersehens* 1977), die van bij het begin de alledaagse werkelijkheid ondergraven of verhevigen door een raadselachtige *setting*, het spel met de identiteit van de personages, het doorbreken van de logica van de categorieën tijd en ruimte, het evoceren van mythische structuren.

In *Die Hypochonder*, tegelijk liefdes- en misdaadverhaal, dat zich in 1901 afspeelt in Amsterdam, wordt de moord op een chemicus door het jonge paar Nelly en Vladimir – in opdracht van een farmaceutisch bedrijf – nooit opgelost. Eerder dan op een eenduidig aflopende opheldering komt het er voor Strauß op aan in een wisselend rollenspel (en rollenbewustzijn) twijfel te zaaien, door wisselende interpretaties van het gebeuren de zoektocht naar de waarheid te problematiseren. De personages zijn dan ook niet meer dan een soort schaakstuk, een artificiële figuur in een spelstructuur die – zoals in het traditionele "analytische" drama – op inzicht en erkennen mikt, maar – anders dan in de "Anagnorisis"-poëtica van Aristoteles – uit deze inzichtverwerving de catastrofe laat ontstaan. Die creatieve imitatiestructuur wordt ondersteund door verdubbelingprocessen in de figurenconstellatie en in de dialogen, inclusief intertextuele citaten.

Ook *Bekannte Gesichter, gemischte Gefühle* moet het van een dubbelganger-motief hebben: niet alleen zijn alle zeven personages in de gesloten ruimte van het hotel "Deutschland" door de zich steeds wisselende dialoogconstellatie perfect uitwisselbaar, als Doris bij het oefenen voor het kampioenschap amateurdansen struikelt en de droom van de overwinning vervliegt, neemt in het tweede bedrijf een perfecte kopie haar plaats in. Haar partner Günther, niet bereid in de dubbelgangster de echte Doris te (h)erkennen, wordt verliefd op haar. Na de terugkeer van de oorspronkelijke Doris kruipt hij in de koelkast – een plastisch beeld voor de verstarring, de kilte, het gevoel overbodig te zijn waardoor de sociale relaties gekenmerkt worden.

Trilogie des Wiedersehens – de titel alleen al verraadt het zelfreferentiële teruggrijpen op de traditie – borduurt daarop verder: in dit conversatiestuk *pur sang* (Strauß' moderne variant van Gorki's *Zomergasten)* vertonen zestien toevallige bezoekers van een vernissage, allemaal behept met verlies en verlangen, zich eerst zonder een woord te spreken op de scène, vooraleer ze in verstorven frasen en lege woordhulzen door elkaar heen het incident becommentariëren: het schilderij "Karneval der Direktoren" – twee industriëlen als nazi's, in een bezwarende situatie – wordt als beledigend ervaren en ondanks het protest van tentoonstellingsinrichter Moritz en de aanwezigen verwijderd. Niet alleen de talige communicatie – de conversatie – loopt in een crisis vast, ook de liefdesrelaties breken onder de druk van een inhoudsloos en on(be)grijpbaar discours.

"Ohne Dialektik"

Strauß' intellectuele "Werdegang" in deze fase is grofweg verankerd in twee polen, in Theodor W. Adorno (en de dialectiek van de Frankfurter Schule) en in Michel Foucault, van wie hij – lang vooraleer diens schriften in Duitsland populair of zelfs maar vertaald waren – het "archeologie"-concept overneemt: eerder dan uit te gaan van de lineaire continuïteit in de geschiedenis van het Westerse denken, beklemtoont ook hij precies de breukvlakken, de "lagen" waar de aflossingsprocessen tussen de verschillende vertoogvormen zichtbaar worden. Strauß' "graven" naar zulke sedimenten van het verleden, naar hun voortleven in het heden, m.a.w. zijn specifiek omgaan met traditie, overlevering en mythe vindt hier zijn oorsprong. De "dialectische" spanning die zo ontstaat tussen conserveren en openbreken van de traditie, tussen accepteren van het oude en produceren van het nieuwe leidt naar een onbesliste, ambivalente esthetische tussenpositie (die op Adorno teruggaat). Creatief-productieve, kritische re-interpretatie van de traditie, als dialectisch proces, en dus ook de twijfel over een "progressief" denk- en ontwikkelingsmodel, zal Strauß' oeuvre blijven kenmerken, ook als hij – in de prozaband *Paare, Passanten* (1981) provocatief-programmatisch afscheid lijkt te nemen van Adorno's dialectiek ("Ohne Dialektik denken wir auf Anhieb dümmer; aber es muß sein: ohne sie!").

Tegelijk wordt ook duidelijk dat de Mei-Revolte van 1968 voor Strauß zo een nieuw breukvlak met het verleden symboliseert. Die politieke revolte schreeuwt om een esthetische innovatie, of tenminste om een legitimatie en relevantie van kunst. Anders dan vele links georiënteerde tijdgenoten kon Strauß zich niet vinden in de slogan van de "dood van de literatuur". Zijn *Versuch, ästhetische und politische Ereignisse zusammenzudenken* (in "Theater heute" 1970) koppelt theater los van een mimetisch-dokumentaire intentie en beklemtoont veel sterker het illusionaire karakter en de zelfverwijzende functie. Net zoals Peter Handke wordt zo theater als theater bewust gemaakt, o.a. door speelwijze en taalgebruik zichtbaar artificieel te organiseren. Toch betekent die opvatting niet dat er geen relatie tot de (hedendaagse) werkelijkheid zou zijn. *Groß und Klein* (1978) en *Kalldewey, Farce* (1982) zijn beslist herkenbaar als doorlichting van maatschappelijke fenomenen en structuren die naar de Duitse Bondsrepubliek van de jaren 70 en 80 verwijzen.

Groß und Klein. Szenen is in aparte "staties" opgebouwd en wordt slechts door een minimale centrale *plot* gedragen. In feite houdt alleen het hoofdpersonage, Lotte, het stuk bij elkaar. Maar Lotte zelf zwerft zoekend door een haar in alle opzichten vreemd universum, zonder geografisch of sociaal houvast, van ontgoocheling naar ontgoocheling. Alle goedbedoelde pogingen om dit isolement en deze vervreemding te doorbreken lopen spaak: contact lijkt uitgesloten, zoals Strauß ook in de indirecte of ontbrekende talige communicatie (intercom, vreemde taal, dialect, telefoongesprek met God) aangeeft. Ook een soort religieuze aura die Lotte zich aanmeet, kan geen harmonie bewerkstelligen: Lotte eindigt in de wachtkamer van een internist, door iedereen vergeten.

Na het "stationendrama" *Groß und Klein* lijkt Strauß met *Kalldewey, Farce* naar het komediegenre van *Bekannte Gesichter, gemischte Gefühle* terug te grijpen. Het centrale gegeven – twee radicale lesbische feministen en zijn vrouw verscheuren, als moderne Menaden, een man, stoppen de "onderdelen" in de wasautomaat, waarop in het volgende bedrijf de man ongeschonden weer op scène verschijnt – oogt spectaculair, absurd, komisch, de titelfiguur echter, een onbekende man met obsceen taalgebruik, die iedereen in zijn ban slaat en dan onder tafel verdwijnt, brengt een mysterieuze diepere betekenislaag aan, die cultische, mythische structuren (Orpheus, Dionysos) activeert. Tijd (heen en weer flitsen tussen mythische en historische tijd, de tijd als "Archiv") en ruimte (het spel met de deuren, een soort *Huis clos*) verhogen niet alleen de theatraliteit, maar dragen ook bij tot de inkleding van Strauß' kritische tijdsdiagnose (vb. psychotherapie als heilmiddel voor lustverlies in een *plastic* wereld; disharmonie in sociale en emotionele relaties).

Mythe als substraat

Dat mythisch substraat wordt in de twee volgende stukken – *Der Park* (1984) en *Die Fremdenführerin* (1986) – uitdrukkelijk geciteerd, de integratie ervan in de hedendaagse, postmoderne wereld krijgt zelfs een expliciet programmatisch karakter. Vooral *Het Park*, een ambitieus intertekstueel experiment waarin Shakespeares *Midsummer Night's Dream* in de Duitse "Fick- und Ex-Gesellschaft" (zo in *Paare, Passanten*) wordt verplaatst, die slechts de "Logik der Gefühle" kent en "vom Herzen wie von der Börse" spreekt, legt het centrale esthetisch-ideologische opzet van Strauß bloot. De halfgoden Titania en Oberon moeten in een totaal verloederd stadspark niet alleen de lust, het verlangen, de passie, maar ook het mythisch bewustzijn revitaliseren. Het project mislukt: ongecontroleerd zoekt Titania uitsluitend haar eigen genot, wil als een Pasiphaë-doublure door een witte stier bevredigd worden; van zijn kant wordt de rationele Oberon door roemzucht gedreven. Hun exhibitionistisch optreden lokt alleen maar verontwaardiging uit. Ook Oberons hulpje Cyprian (ook Daedalus genoemd), die naar het model van minoïsche terracottapoppen minuscule, lustopwekkende amuletten vervaardigt, mislukt in zijn opzet: hij sterft een gewelddadige dood. Op het einde geeft Oberon zijn goddelijke status op, gaat met de alleszeggende naam Mittentzwei tussen de twee werelden staan en belandt in een triviaal palaver over een aanrijding. Zo wordt pijnlijk aangegeven dat de missie verzandt, dat de mythe niet zo maar in de alledaagse werkelijkheid te integreren valt, ook niet door een hele rij metamorfosen ("Verwandlungen") in de traditie van Ovidius. Vrijwel alle personages ondergaan een transformatie, maar die genereert in het beste geval slechts tijdelijk – in de "Johannisnacht", het magisch-cultische hoogtepunt – een lustbeleving die echter al snel wordt ontmaskerd als perversie, regressie, necrofilie, racisme.

Strauß citeert zijn literair en zijn mythologisch model creatief-productief, wil – zoals Oberon en Titania de lust – de kunst, de literatuur revitaliseren. Met de ironische zelfscepsis hem eigen stelt hij vast dat de triviale "literaire" wereld niet klaar is voor dit soort experimenten, dat alleen een soort geestelijke elite ontvankelijk is voor deze bewustwording – zoals in de slotscène Titania's stierzoon met een provocatieve vraag onderstreept: "Haben Sie mich verstanden oder lauschen Sie nur?" In die vraag wortelt ook de esthetische aporie, het breukvlak, de (groeiende) kloof tussen besef van culturele traditie en verschraalde beleving van pseudo-cultuur. Symptomatisch daarvoor is, hoe de plechtstatige rijmende verzen uit Shakespeares stuk tegen het vlakke modische proza aan schuren en Oberons aanpassingspogingen slechts in gefragmenteerd gestamel resulteren. De fatale analogie tussen Oberons en Strauß' opzet besmet overigens – consequent – ook de finale *outcome*: Oberon vindt geen (talige) aansluiting bij de "menselijke" gemeenschap, en kan ook niet terug naar zijn uitvalsbasis, de godenwereld in Shakespeares stuk – zoals indringend wordt aangetoond in de scène met Titania, waarin hij tevergeefs probeert zich het citaat uit *Midsummer Night's Dream* te herinneren ("Ich kenn ein Ufer wo wilder Thymian blüht") dat als leidmotief voor de hele missie gold. Zo valt ook Strauß met zijn experiment tussen traditie en hedendaagse mode, ziet ook zijn "heilige" literatuurmissie onbegrepen, begraven onder de oppervlakkigheid van het toenmalige Duitse culturele landschap.

In de figuur van Martin, de uitgebluste leraar van middelbare leeftijd, die in het antieke stadion van het mythische, maar tegelijk toeristische Olympia naar de *roots* van de Westerse beschaving en cultuur komt zoeken, verpersoonlijkt Strauß in *Die Fremdenführerin* nog eens de leegte en desoriëntering van de rationele postmoderne mens die de band met de mythe verloren heeft. De herbronning loopt echter op een beangstigende confrontatie met het mythisch-vreemde uit: niet toevallig richt Martin aan Kristine, de gids die de rondleiding van haar zieke "broer", een archeoloog, overgenomen heeft, de vraag "Fremdenführerin, wohin führst du mich?" De vluchtige liefdesaffaire tussen Martin en Kristine breekt niet alleen stuk op de tegenstelling ratio-mythos, die zij zelf symboliseren, maar nog meer door het "optreden" van het mysterieuze Vassili-personage, de "broer", die eigenlijk de minnaar blijkt te zijn. Die wordt met duidelijke Bacchus/Dionysos-allusies aangekleed, krijgt lang een onduidelijke status tussen leven en dood toebedeeld, en verpersoonlijkt zo de grensoverschrijding tussen het "reële" en het mythische (die ook ruimtelijk – de handeling verplaatst zich van de vakantiewoning naar een geïsoleerde, schamele berghut – en chronologisch – cesuren tussen scènes worden door zogenaamde "Zeitzeichen" aangegeven, die Strauß zelf als "Pan-Rufe und Stimmen-Bumerang" omschrijft – gemarkeerd wordt). De climax van deze regressie in het vóór-rationele, mythische, ligt tenslotte in de verschijning van de god Pan op het einde. Martin toont zich niet ontvankelijk voor de grote lustervaring, voor de panische waan van de mythische ontmoeting: in de slotscène leest hij, alleen gelaten, uit de *Metamorphoses* van Ovidius het verhaal van Syrinx en Pan – de mythe overleeft slechts in de literatuur.

Met het drieluik *Besucher* (1988) – bestaande uit *Besucher. Komödie, Die Zeit und das Zimmer* en *Sieben Türen. Bagatellen* – recupereert Strauß nog eens de dragende elementen van zijn theaterschrijven: het theatrale universum, met zijn eigen wetten, conventies en riten; het overspringen van het grensvlak tussen theaterfictie en realiteit, met daaraan gekoppeld de identiteitsvraag en de rollenproblematiek (de repetitiesessies in *Besucher*); communicatiestoornissen en misverstanden in de alledaagse sociale omgang (de opeenvolging van losse scènes met tot banale voorvalletjes gestileerde absurde situaties – een huwelijksfeest zonder gasten, een discussie tussen zelfmoordenaar en het Niets, een parkeerwachter die een *body guard* wenst te engageren, enz. – in *Sieben Türen*); de complexe, versplinterde ruimte-, tijd- en zelfwaarneming (in het successtuk *Die Zeit und das Zimmer* lijkt de toevalsvrouw Marie Steuber in elk fantasieverhaal van de mannen Olaf en Julius en hun afsplitsingen te passen). Precies in dit stuk, met zijn wisselend rollenspel en zijn gefragmenteerde en ontregelende verhaallijn, is er alweer een opvallend terugkoppelen naar het mythische verleden (Medea-Jason-imitatie, Marie die in een zuil verdwijnt, waarmee ze later een gesprek voert).

Die Zeit und das Zimmer werd voor het eerst opgevoerd in 1989, het jaar dat Strauß de hoogste Duitse literaire onderscheiding, de Georg Büchner-prijs, toegewezen kreeg, het jaar ook dat de Berlijnse muur viel en een heel nieuwe politiek-maatschappelijke situatie ontstond die ook voor de literatuur verregaande gevolgen zou hebben. Strauß reageert met *Schlußchor* (1991), een stuk met drie vrij autonome bedrijven, waarin hij aantoont hoe een slogan ("Wir sind der Chor", een duidelijke reminiscentie aan "Wir sind das Volk") uit een wat toevallige verzameling individualiteiten ("gedefinieerd" met letter en nummer, niet met naam of functie) een collectief, en zelfs een agressieve groep maakt. De titel van dit eerste deel – "Sehen und Gesehenwerden" – wijst ook op een problematiseren van de waarneming, de perceptie: een fotograaf die het "Gruppenbild" moet vastleggen

("Sein ist gesehen werden"), de enige die hen als groep kan waarnemen, mist het juiste, historische moment – waarop de unificerende roep "Deutschland" weerklinkt – en wordt door de groep afgemaakt. In het tweede bedrijf wordt de politieke actualiteit al explicieter door de "Rufer"-figuur die nu op geregelde tijdstippen de "Deutschland"-kreet laat schallen en een mythisch-bijbelse scène (de jager Aktaion resp. koning David die de godin Artemis resp. Bathseba bij het baden bespiedt) aan de politieke situatie relateert ("Welchen hübschen Körperteil, was meinen Sie, wird die freizügige Germania als nächsten entblößen?"). Maar pas in het derde deel neemt de politieke allegorese onmiskenbare vormen aan: de "Deutschland"-kreet wordt nu direct met het openstellen van de grens geassocieerd – twee wat vale DDR-burgers worden in een West-restaurant gedropt –, het historische moment echter in de vlakke, clichématige conversatie ontluisterd. Ook hier een (parodistisch) spel met de "mythen": de Anita-figuur, dochter van een door Hitler terechtgestelde monarchistische weerstander, haalt nadat ze even tevoren nog met de Patrick-figuur een soort "Historikerstreit" uitgevochten heeft uit de Berlijnse zoo een adelaar die ze in een onduidelijke slotscène – liefdesspel of gevecht? – afmaakt, terwijl ze als laatste woorden "Wald... Wald... Wald... Wald..." prevelt. Met de adelaar en het oer-"Duitse" romantische woud worden twee centrale "mythen" van de Duitse geschiedenis geactiveerd, maar tegelijk ook als vormen van leeg pathos ontkracht: de vogel als heraldiek symbool met "nichts dahinter", het landschap als slechts talig geëvoceerde "realiteit", als inhoudsloze frase.

EIGENZINNIGE OMGANG MET TRADITIE

Kon door de ironisch-parodistische inkleding in *Schlußchor* (met het bijna obligate slotkoor uit Beethovens 9de symfonie als muzikale coulisse) het conservatief-pathetisch nationalisme nauwelijks ernstig genomen worden, dan rees bij de première van *Ithaka* (1996) toch de twijfel omtrent de politiek-ideologische positie (herpositionering?) van Botho Strauß. Want in de bewerking van Homeros' verhaal over de thuiskomst van Odysseus beklemtoont Strauß toch wel erg opzichtig de wraakzucht en moordlust van de antieke held tegenover de "vreemde", buitenlandse vrijers van Penelope. Een soort *law and order*-ideologie wordt gepropageerd, zo lijkt het, een legitimeren van brutaal geweld, een hang naar de sterke, autoritaire leider. In het licht van Strauß' eigenwillige omgang met traditie en mythe valt echter op te merken dat ook bij Homeros die mateloze brutaliteit al voorhanden was. Wat Strauß doet – nu net geen modernisering van de overgeleverde stof zoals nog in *Der Park* –, zou dus ook kunnen worden uitgelegd als respect voor het "vreemde" verleden. Strauß blijft overigens mythische oertijd en heden tegen elkaar uitspelen, hier bijvoorbeeld in de verschillende taalregisters (Odysseus "homerisch", de vrijers het modische society-jargon).

Ook de recentere stukken van Strauß spelen in dit spanningsveld: experimenteren met het archaïsche in *Jeffers-Akt* (1998) en *Lotphantasie* (1999), eigentijdse levenssituaties (vaak ook met het theater verbonden) in *Die Ähnlichen* (1998) en *Der Kuß des Vergessens* (1998). Ook nog het langademige *Der Narr und seine Frau heute abend in Pancomedia* (2001) wordt als "Zeitstück" beschouwd waarin naast de commercialisering en de marktafhankelijkheid van de literatuur nog maar eens de leegte van de tussenmenselijke verhoudingen, met name op het vlak van de seksualiteit aangeklaagd worden. *Unerwartete Rückkehr* (2002) stelt dat nog eens scherp in een geconcentreerde personenconstellatie: een man, zijn ex-vrouw, zijn nieuwe jonge vriendin en de voormalige partner van de vrouw. Agressieve spanningen, vernederingen en bedreigingen, afrekening met het verleden, bijna archaïsche rituelen (het paar jonge vriendin-ex-partner laat zich als een soort test van hun liefde in een toren inmetselen): het heeft tegelijk iets triviaals en iets mythisch.

De verleiding is groot om de evolutie in Strauß' productie van de jongste tien jaar terug te voeren op en af te wegen aan het ophefmakende essay dat hij op 8 februari 1993 in de SPIEGEL liet verschijnen, en van daaruit het al dan niet vermeende conservatisme, de moraliserende intentie, de Verlichtingskritiek, het opgeven van een links-progressieve ideologie te verklaren en te verketteren. *Anschwellender Bocksgesang* veroorzaakte binnen de linkse intelligentsia veel commotie en de controverse ging zeker niet liggen toen het essay in 1994 in een uitgesproken conservatief-nationalistische essaybundel (*Die selbstbewußte Nation*) werd herdrukt. De vooral in de media uitgevochten "Literaturstreit" zag in de tekst een totale verloochening van de tot dan toe ingenomen ideologische positie: opeens leek Strauß' de mei 68-generatie af te zweren, ze zelfs verantwoordelijk te maken voor het totale waardeverval in de huidige maatschappij, met name voor de gewelddadige ontsporingen in vreemdelingenhaat (de aanslagen op asielcentra). Het essay leek een pleidooi voor een "rechts" nationalisme – waarin ook het taboe dat nog steeds op de schuldvraag van het Duitse nazi-verleden rustte werd opgeheven – en een afwijzing van moderniteit en vooruitgangsoptimisme.

Een genuanceerd-kritische lectuur van het stuk, die ook rekening houdt met Strauß' visies op traditie, overlevering en de mogelijke transformaties daarvan (en met andere, afwijkende versies van het essay), laat echter een andere lezing toe. Er is eerst en vooral de vraag naar de "tekstsoort", naar de discoursvorm van het essay: Strauß zelf beweerde namelijk dat het eigenlijke schandaal in de ontoegankelijke vorm zou liggen. Werd de – inderdaad moeilijke – tekst dan bewust zo geënsceneerd dat verwarring (door tegenspraken, fragmentering, ondoorzichtige argumentatiestructuur en vage uitspraken) van bij het begin in de tekst was ingeschreven? Moet de tekst niet eerder als een literair gebeuren dan als een politiek *statement* gelezen worden? Wat betekenen "links" en "rechts" precies in deze tekst? En wie voert hier het woord? Er werd al op gewezen dat sommige essay-passages zo uit andere schriften van Strauß zouden kunnen stammen; het valt tevens op dat behalve in de titel ("Bocksgesang" is de Duitse vertaling van het Griekse "tragoedia") in een opmerkelijke, geïsoleerde passus tweemaal het begrip "tragedie" valt, een keer in de wat banaal-profane "apocalyptische" betekenis, een keer als vertrouwd klassiek-Grieks theatertheoretisch concept. Van hieruit zou het essay ook kunnen fungeren als een soort *performance*: de tekst thematiseert, provoceert zijn eigen theatraal effect, zet zichzelf in scène, calculeert de reactie (de rol van de kritiek) meteen in. In dat opzicht krijgt met name het citeren van René Girards zondebok-theorie op het einde van het essay een bijzonder accent: het lijkt er op alsof Strauß zijn eerste ideologisch-esthetisch programmapunt – het revitaliseren, activeren van de mythe in het heden, hier via het herstellen van het tragische – op zichzelf toepast, zich zelf ritueel offert om op die manier de cultus, het sacrale, de dionysische oorsprong van het theater te herstellen, de apollinische macht van de geperverteerde ratio te breken. Zo gelezen, heeft Ulrich Greiner perfect omschreven hoe het essay functioneert: Strauß heeft een "tragedie" geconcipieerd en geënsceneerd, waarbij heel Duitsland het toneel voorstelt, de progressieve linkse intelligentsia als extatisch koor optreedt en de auteur zich als zondebok, als offer presenteert dat door de furieuze critici verscheurd wordt.

Binnen de context van Strauß' poëtologisch-esthetisch programma markeert het SPIEGEL-essay dus al veel minder een keerpunt dan in de eerste, oppervlakkige receptie werd aangenomen. De bitse commentaren op verstarde ideologische posities, op de rol van de media, die het "nu" verheerlijken en het cultureel geheugen negeren, de sacrale rol van de dichter als bewaker en bewaarder van deze geestelijke erfenis, het sterk autoreflexieve karakter van en de bezinning op het medium schrijven – hier werd alleen maar consequent en (door discoursvorm en publicatiecontext) provocatief tot uitdrukking gebracht wat al lang sluimerend of zelfs expliciet in vroegere teksten aanwezig was.

Zelfs de vroegste prozateksten vertonen al die preoccupatie met de theoretische condities tot en de ontologische vraagstellingen over het schrijven en de tekst. *Marlenes Schwester* (1975) laat de grenzen tussen fictie, realiteit en droomfantasie vervagen: een wisselend vertelperspectief illustreert de schizofrene psychopathologie, waarin Marlene zich helemaal afhankelijk toont van haar zus die aan bloedarmoede lijdt en op het eind niet helemaal onverwacht aansluiting zoekt bij een groep vampieren. De begeleidende prozatekst – *Theorie der Drohung* – gaat nog verder door op de verteltheorie: de schrijfact op zich staat centraal. Een schrijver bij het schrijven ziet het onderscheid niet meer tussen zijn eigen zinnen en de citaten uit andere teksten die hij zich bij zijn lectuur genoteerd heeft (concept van de intertextualiteit). De tekst schrijft zich zelf – een vanuit het Franse poststructuralisme ("la mort de l'auteur") vertrouwde voorstelling – en vormt een bedreiging voor de autonomie, voor het schrijvende zelfbewustzijn van het subject.

Hier vindt men voor het eerst wat latere prozateksten van Strauß wel vaker karakteriseert: ze zijn als het ware allegorieën voor het schrijven en het lezen. Sterker nog dan in *Theorie der Drohung* komt de desubjectivering van de schrijver tot uiting in *Die Widmung* (1977), op het eerste gezicht een wat banaal verhaal van de door zijn geliefde verlaten boekhandelaar Richard Schroubek die met een soort *journal intime* van zijn geïsoleerd verlies-bestaan Hanna probeert terug te winnen (het neergeschrevene moet tegelijk "Lockbuch" en "Denkzettel" zijn). Dieper dan dit flinterdunne plotje gaan echter de reflecties over de status en de functie van het schrijven, over de autonomie van de schriftuur ("Nun läuft die Schrift. Es gibt kein Entkommen mehr") en het verdwijnen van het schrijvend subject. Wat als protocol van de eenzaamheid bedoeld was – en binnen de literatuurhistorische context van de *Neue Subjektivität* ook lang zo werd gerecipieerd –, draait uit op een complexe en meergelaagde rapportage van een theoriebewust schrijfproces, dat eerder dan het subject (zijn entiteit, identiteit, authenticiteit) te constitueren, het precies ondergraaft. Het schrijvende ik controleert, stuurt zijn schrijven niet meer, wat niet alleen uit de fragmentarische vorm, maar ook – alweer – uit het hoge intertextuele gehalte spreekt, of uit het opduiken van een andere instantie die geregeld de vertelfunctie van het "dode" vertellersubject Richard overneemt en dan van op afstand, maar veel meer geordend, over hem in de derde persoon vertelt. Het schrijven wordt doel op zich, dient in het beste geval een soort psychische zelfexploratie (met "Ich bin noch nicht ganz am Ziel..." begint Richard een nieuwe reeks notities, nadat hij zijn manuscript – ongelezen – van Hanna heeft teruggekregen).

Sociaal-psychische diagnose

De charme en de fascinatie van deze *Widmung* liggen behalve in deze "toepassing" van literatuurwetenschappelijke theorieën met name ook in Strauß' ongeëvenaarde diagnostische kijk op sociaal-psychische fenomenen. Aan de hand van kleine scènes uit de alledaagse werkelijkheid observeert hij sensibel, registreert exact en kritiseert ironisch ontsporingen en "Fehlentwicklungen" in de sociale relaties en de emotionele communicatie.

"Man schreibt einzig im Auftrag der Literatur. Man schreibt unter Aufsicht alles bisher Geschriebenen" is te lezen in *Paare, Passanten* (1981), een wat moeilijk te definiëren prozawerk dat uit *Die Widmung* de soms anekdotische vertelfragmenten, de reflexieve, quasi essayistische stijl en vooral het diagnose-karakter overneemt – de kritische, cultuurpessimistische blik op de vervlakte, imitatie- en simulatiemaatschappij, gedirigeerd door de media, zonder waarachtigheid of oorspronkelijkheid, met name in de beleving van de liefde. Het is niet helemaal ongepast *Paare, Passanten* – zoals later ook, zij het in mindere mate, *Niemand anderes* (1987) – als concentraat van Strauß' toenmalige opvattingen en overtuigingen te lezen. Veel van wat in *Paare, Passanten* lapidair, soms zelfs provocatief wordt verkondigd, keert in latere geschriften terug. Hier liggen de sporen van zijn vroege, intensieve Foucault-lectuur, van zijn ambivalente houding ten opzichte van Adorno, van zijn productief-creatieve omgang met de culturele traditie (Nietzsche, Heidegger, Cioran, Jünger, Valéry, Benjamin, Bloch), maar ook reeds van de verwijdering van het progressief-linkse kamp. Een uitspraak als "Mein einziges wahres Erlebnis von Zeit ist das einer schwanken Synchronität" bijvoorbeeld, lijkt perfect de centrale tijdsproblematiek samen te vatten zoals die in *Der junge Mann* (1984) wordt ontvouwd.

Het omvangrijke, in de "Einleitung" als "RomantischerReflexions-Roman" geafficheerde werkstuk, dat zijn programma in "Allegorien. Initiationsgeschichten" kenbaar wil maken, wil inderdaad "Schaltkreise" instellen tussen verleden en heden, tussen droom en werkelijkheid. Daartoe wordt een hoofdfiguur ontworpen, Leon Pracht, die zich zoals Goethes Wilhelm Meister tegen de wil van zijn vader aan het theater begeeft, maar snel moet inzien dat hij daar en zo zijn esthetische opvattingen niet kan realiseren. Integendeel: hij is het die nog moet gevormd en ingewijd worden. Twee actrices (in het eerste hoofdstuk, "Die Straße") en een oudere regisseur (Ossia, in het laatste hoofdstuk, "Der Turm") nemen die taak op zich. Prachts "Bildung" wordt echter ook gevisualiseerd door fantastische, mythisch-sprookjesachtige tussenepisoden, waarin hij – getransformeerd tot bankconsulent of tot socioloog in een mensenreservaat – geconfronteerd wordt met allegorische voorstellingen van de Duitse geschiedenis of met de alternatieve "ideale staat" na de "culturele aardbeving" (de "Synkreas"), een samenlevingsmodel waarin – in tegenstelling tot de huidige, door een beschavingscrisis getekende maatschappij – mens, natuur en maatschappij in harmonie met elkaar verbonden zijn, precies door een eclectisch-archiverende, tegelijk creatief-combinerende omgang met de culturele verworvenheden van het verleden. Vrijwel altijd gaat dit gepaard met een raadselachtige, symbolische erotiek. Ook tijd en ruimte hebben vooral een symbolische functie: ze gaan quasi in elkaar op, waardoor een soort tijdloze simultaneïteit ontstaat, ze evoceren emblematisch mythische structuren (het oertypische, romantische Duitse woud; de "Turm der Deutschen"), die door subtiele verwijzingen en transformaties de schijnbaar heterogene roman toch een interne coherentie verlenen.

Want geheel in de zin van de vroegromantische poëtica (Novalis, Schlegel, Tieck), die hij tegelijk imiteert en ironiseert, heeft *Der junge Mann* een sterk gefragmenteerd, discontinu en zelfs wat chaotisch karakter: allerlei tekstsoorten vinden er hun plaats in, een voortdurend wisselend vertelperspectief dereguleert constant de lectuur, de intertextualiteit tiert welig, ironie en parodie, maar ook zelfreflectie kenmerken de vertelhouding. Strauß' autopoëtologisch programma – de "Schaltkreise", die een ruimte moeten creëren waarin (romantische) traditie en postmoderne modes (bijvoorbeeld de holistische *New Age*-beweging) interageren – werd consequent, zowel ideologisch als structureel, gerealiseerd, niet in een naïeve terugkeer naar de vroegromantische poëtica, maar in een mild ironische, zelfrelativerende transformatie van mythe en traditie, waarin de tegenposities (de "Aufklärung") meteen meegedacht worden. Bijna emblematisch heeft Strauß zelf zijn opzet, een soort archeologisch vertellen, in het beeld van de in scherven opgegraven vaas gefixeerd:

> Wir befinden uns sozusagen in der Lage eines Archäologen, der an seiner Ausgrabungsstätte alle Bruchstücke und Scherben eines Gefäßes gefunden hat, tatsächlich *alle*. Und siehe da, sie passen auch haargenau aufeinander, sie fügen sich nahtlos zu einem formschönen Ganzen. Nur stammen sie offenkundig aus den verschiedensten Epochen und Zeitschichten, und das Gefäß, das sich daraus so mustergültig und harmonisch rekonstruieren lässt, das kann es zu keinem *einzigen* Zeitpunkt der Menschheitsgeschichte je gegeben haben.

Ook in *Der junge Mann* verdedigt Strauß de opvatting dat waarachtige liefde, erotiek, seksualiteit slechts door kunst en literatuur uit hun mythische verankering in een vlakke, triviale realiteit gereactualiseerd kunnen (en moeten) worden. Bleef in *Rumor* (1980) de half incestueuze relatie tussen vader en dochter ondanks Shakespeare-associaties overwegend in een conventioneel-realistische context ingebed, dan vertoont *Kongreß. Die Kette der Demütigungen* (1989) veel explicieter de link tussen erotiek, mythe en literatuur.

De boekennimf Hermetia materialiseert zich tot de jonge, seksueel onbevredigde vrouw van professor-emeritus Scherrer (die zich zelf, naar de minnaar van de godin Eos, "Tithonos" laat noemen) en lokt de protagonist, de maniakale "Leser" Friedrich Aminghaus, in een *Decamerone*-achtig vertelspel waarin steeds obscenere erotische verhalen elkaar opvolgen, bedoeld om – in afwachting dat de professor Hermetia vrijgeeft – de seksuele opwinding te stimuleren. Aan het eind, nadat Hermetia haar man niet voor Friedrich maar voor de onbeduidende nevenfiguur Czech verlaat, voltrekt zich het omgekeerde proces: de "lezer" vindt zich zelf terug als fictieve figuur in het boek dat hij net heeft "gelezen".

Merkwaardig is hoe bij Strauß over de genregrenzen heen de grondpatronen van zijn denken ideologisch en structureel zichtbaar blijven en elkaar doordringen. Een prozatekst zoals *Beginnlosigkeit* (1992) bouwt niet alleen voort op het "Synchronität"-principe, waardoor het klassieke lineaire denken ultiem buiten spel wordt gezet, maar zet ook – gemodelleerd naar de ondertitel "Reflexionen über Fleck und Linie" – de "vlek" als structurerend principe in: weer vormen fragmenten, aparte beelden, observaties de complexe inhoud van het boek. In dat opzicht wordt er ook niet echt "verteld", er lijkt niet langer een (chrono)logische of causale structuur voorhanden. Het ontbreken (in het beste geval camoufleren) van een episch begin of einde weerspiegelt dan weer het uitgangspunt van Strauß' overwegingen: de *Steady State*-theorie van Fred Hoyle, die ervan uitgaat dat – in tegenstelling tot de *Big Bang*-theorie – de wereld geen echt begin heeft. Daardoor – een voor Strauß allicht aanlokkelijke gedachte – vervalt ook de zin van elke historische tijdsindeling en kan de tijd weer haar mythische proporties aannemen.

Dezelfde sequentiële structuur kenmerkt ook *Wohnen Dämmern Lügen* (1994), maar hier domineert het narratieve toch het essayistische (er is zelfs een ik-verteller). Kleine verhaaltjes, scènes en gesprekken bewijzen nog maar eens hoe accuraat en precies Strauß' waarnemingsvermogen werkt, hoe scherp zijn "semiotische" diagnose zijn kan: uit soms onooglijke fenomenen "leest" hij de symptomen van wat hij wel vaker als de verliesposten van de postmoderne maatschappij heeft beschouwd. Vereenzaming, tijdelijkheid, de gecontroleerde, geïnstrumentaliseerde relatie vormen dus weer de thematische zwaartepunten. De wat raadselachtige titel is wellicht door Heidegger geïnspireerd: diens opstel "Bauen Wohnen Denken" stelt een identiteit van bouwen, wonen en bestaan voorop; Strauß' ingreep in de titel – "Dämmern" in plaats van "Denken" en "Lügen" in plaats van "Bauen" – lijkt er op te wijzen dat Heideggers categorieën ontkracht worden, dat de voorwaarden voor een existentieel en waarachtig "Wohnen" niet meer gegeven zijn.

Precies over dat "Wohnen" gaat het ook in *Die Fehler des Kopisten* (1997), ingegeven door de biografische situatie dat de auteur met zijn zoon in een nieuwgebouwd huis op het platteland (Uckermark) gaan wonen is. Ook hier een prominente ik-verteller, een diarist eigenlijk, die echter meer als in *Wohnen Dämmern Lügen* het essayistische, reflexieve opzoekt en zo het "feitelijk" autobiografische op de achtergrond duwt. Zoals de titel al aangeeft, wordt eerder de problematiek van het schrijven weer aangesproken, en meer in het bijzonder de overlevering van de schriftuur, de literaire traditie. Bij Strauß ligt zoals bekend deze vraag ingebed in een bredere sceptisch-kritische, cultuurpessimistische attitude, die hier ondersteund wordt door het motief van het kind en van de natuur – beide eerder conventionele symbolen voor onschuld, oorspronkelijkheid, zuiverheid. De angst van de vader om zijn zoon aan die "cultuur" (maatschappij, stad) te verliezen, wordt gecompenseerd door het "zelfgeschreven boek", waarmee de zoon de vader met Kerstmis verrast. De zoon zet de schrijfactiviteit van de ouder wordende vader voort, en dan nog helemaal in diens geest: essentieel is het creatief "citeren" van de traditie, "fouten" maken in het "kopiëren".

Opnieuw zou men hier een conservatieve slagschaduw kunnen ontwaren, een naïef-romantisch concept, te meer daar ook weer aperçus over de Duitse natie en de verwerking van het Duitse verleden opduiken. Nog andere echo's uit het *Bocksgesang*-essay zijn terug te vinden in de kritiek op de media, met hun schaamteloze aanslagen op de privé-sfeer van de "burger", of in de treurnis over de teloorgang van de mythen.

"Geschichten, Prosaskizzen und ein Gedichtdialog" vormen de inhoud van *Das Partikular* (2000), dus alweer een erg los gestructureerde verzameling van nu weer eerder fictionele teksten die hun samenhang moeten vinden in de specifieke Strauß-thema's: afscheid en scheiding, problematische liefdesrelaties, man en vrouw op zoek naar zichzelf, mank lopende communicatie en – gedemonstreerd aan de gedichtdialoog "Hüte-die-Fährte" die aan het Welshe Artur-epos *Mabinogion* ontleend is – de eigenwillige re-interpretatie van traditie en mythe. Opmerkelijk in de bundel is een kort verhaal in het vierde deel ("Dem Gott der Nichtigkeiten") waarin een Franz K. in een gehuurde kamer van een hoogbouw berichten leest over de pesterijen tegenover joden en daardoor telkens krimpt. Zo mislukt ook zijn poging om zich door het venster in de diepte te storten. De Kafka-pastiche slaagt er perfect in ook de typische Kafka-stijl te imiteren.

Strauß *is back*, zou men kunnen concluderen, de afwijzing door kritiek en publiek na de hetze rond *Anschwellender Bocksgesang* heeft weer plaats gemaakt voor milde appreciatie en terechte lof – een *Unerwartete Rückkehr*. Daarbij heeft Strauß, zo lijkt het, nauwelijks toegevingen moeten doen aan de smaak van zijn critici. Nog de jongste publicaties – *Die Nacht mit Alice, als Julia ums Haus schlich* (2003) of *Der Untenstehende auf Zehenspitzen* (2004) – dragen het waarmerk van de sensibele en kritische diagnosticus, de ironische commentator en briljante taalkunstenaar Strauß die niet ophoudt zijn "Unzeitgemäße Betrachtungen" (Nietzsche) op zijn tijdgenoten los te laten. Strauß verdedigt consequent een waardesysteem dat naar diepere lagen peilt dan wat in de vlakke, afgestompte *mainstream* gangbaar is. Hij herinnert er ons aan dat naast de rationeel-technologisch-cybernetische hoogstandjes onze cultuur ook gedragen wordt door een "donkere" irrealiteit, door onbewuste dromen, door driftleven, door plotseling optredende oncontroleerbare transformaties – het emergentie-principe uit de chaos-theorie, eerst toegepast op de val van de Berlijnse muur, wordt tot een nieuwe esthetische categorie – en door de bewarende herinnering aan traditie en mythe.

Strauß blijft dus controvers, zijn positie laat zich niet vatten onder simpele labels, zeker niet als die ook nog eens elkaar tegenspreken. Postmodern of conservatief, "Aufklärer" of neo-romanticus, Descartes-adept of Dionysos-aanhanger, Strauß laat in dezelfde tekst, met of zonder "Dialektik", verschillende standpunten op elkaar botsen. Dat dit procédé zelden tot een eenduidige lectuur aanleiding geeft, spreekt dan vanzelf: de weerbarstigheid, onbeslistheid en onduidelijkheid lijken wel immanent in deze teksten ingeschreven. Niet in het minst draagt Strauß' ongeëvenaarde stilistisch-retorische taalcreativiteit daartoe bij. Maar wie bereid is hem te volgen in zijn wantrouwen tegenover het alles verklarende, alles vervlakkende "nu" (wat Parry "Der Aufstand gegen die Totalherrschaft der Gegenwart" noemde), in zijn afwijzen van de alles nivellerende media, die zal wellicht ook begrip kunnen opbrengen voor het auratisch-sacrale en zelfs wat elitaire van zijn poëtica.

Beknopte bibliografie

Primaire literatuur

Bekannte Gesichter, gemischte Gefühle, München: Hanser Verlag, 1975. (*Bekende gezichten, gemengde gevoelens*, in: *Toneel*, vert. Hans Charmant, Amsterdam: International Theatre Bookshop, 1984.)

Trilogie des Wiedersehens, Gütersloh: Bertelsmann, 1977. (*Trilogie van het weerzien*, in: *Toneel*, vert. Hans Charmant, Amsterdam: International Theatre Bookshop, 1984.)

Marlenes Schwester, München: Deutscher Taschenbuch Verlag, 1977.

Groß und Klein, München: Hanser, 1978. (*Groot en klein*, in: *Toneel*, vert. Hans Charmant, Amsterdam: International Theatre Bookshop, 1984.)

Paare, Passanten, Gütersloh: Bertelsmann, 1981. (*Paren, passanten*, vert. Gerda Meijerink, Amsterdam: Arbeiderspers, 1983.)

Der Park, München: Hanser, 1984. (*Het Park*, in: *Toneel*, vert. Hans Charmant, Amsterdam: International Theatre Bookshop, 1984.)

Der junge Mann, München: Hanser, 1984. (*De jonge man*, vert. Nelleke van Maaren, Amsterdam: De Arbeiderspers, 1987.)

Kalldewey. Farce, München: Deutscher Taschenbuch Verlag, 1984. (*Kalldewey. Farce*, in: *Toneel*, vert. Hans Charmant, Amsterdam: International Theatre Bookshop, 1984.)

Die Fremdenführerin, München: Deutscher Taschenbuch Verlag, 1986. (*De rondleidster*, vert. Hans W. Bakx, Amsterdam: Toneelgroep Baal, 1987.)

Besucher, München: Hanser Verlag, 1988. (*Bezoekers*, vert. Nelleke van Maaren, Amsterdam: International Theatre & Film Bookshop,1990.)

Die Zeit und das Zimmer, München: Hanser, 1988. (*De tijd en het vertrek*, vert. Judith Herzberg, Amsterdam: International Theatre Bookshop, 1989.)

Kongreß: Die Kette der Demütigungen, München: Matthes & Seitz, 1989. (*Congres: de keten der vernederingen*, vert. Gerda Meijerink, Amsterdam: De Arbeiderspers, 1991.)

Schlußchor. Drei Akte, in: *Spectaculum. Moderne Theaterstücke* 55 (1991). (*Slotkoor*, vert. Nelleke van Maaren, Amsterdam: International Theatre & Film Bookshop, 1991.)

„Anschwellender Bockgesang", *Der Spiegel*, 08.4.1993.

Wohnen Dämmern Lügen, München: Hanser Verlag, 1994. (*Wonen, schemeren, liegen*, vert. Nelleke van Maaren, Amsterdam: De Arbeiderspers, 1996.), *Ithaka*, München: Hanser, 1996

Die Fehler des Kopisten, München: Deutscher Tacshenbuch Verlag, 1997.

Jeffers-Akt, München: Hanser, 1998.

Die Ähnlichen/Der Kuß des Vergessen, München: Hanser, 1998.

Das Partikular, München: Hanser, 2000.
Der Narr und seine Frau heute abend in Pancomedia, München: Hanser, 2001.
Die Nacht mit Alice, als Julia ums Haus schlich, München: Hanser, 2003.
Der Untenstehende auf Zehenspitzen, München: Hanser, 2004.

Secundaire literatuur

ANZ, Thomas. "Modern, postmodern? Botho Strauß' *Paare, Passanten*", in: Paul Michael Lützeler (red.), *Spätmoderne und Postmoderne. Beiträge zur deutschsprachigen Gegenwartsliteratur*, Frankfurt/M.: Fischer Taschenbuchverlag, 1991, pp. 104-116.

ANZ, Thomas. "Sinn für Verhängnis und Opfer? Zum Tragödien-Verständnis in Botho Strauß' *Anschwellender Bocksgesang*", *Jahrbuch der deutschen Schillergesellschaft* 40 (1996), pp. 379-387.

ARNOLD, Heinz Ludwig (red.). *Botho Strauß* (=text + kritik 81), München: Ed. text+kritik, 1998.

BERKA, Sigrid. "'Vorsicht Lebensgefahr'. Die Spätfolgen der Romantik bei Botho Strauß", in: Erika Tunner (red.), *Romantik – eine lebenskräftige Krankheit: ihre literarischen Nachwirkungen in der Moderne* (= Amsterdamer Beiträge zur neueren Germanistik 34), 1991, pp. 187-208.

BOCK, Ursula. "Botho Strauß: *Kalldewey, Farce*. Rattenfänger über steiler Wand und leerem Grund", in: *Dramen des 20. Jahrhunderts*, deel 2, Stuttgart: Philipp Reclam jun., 1996, pp. 260-281.

DE CREUS, Freddy & DE VOS, Jaak (red.). *Botho: rebel, profeet, of geen van beiden?* (=Documenta. Jaargang XI/3), 1993.

GÖRNER, Rüdiger. "Im Schatten des Mythos. Botho Strauß und die Prägnanz der Undeutlichkeit", in: Gerhard P. Knapp & Gerd Labroisse, m.m.v. Anthonya Visser (red.), *1945-1995. Fünfzig Jahre deutschsprachige Literatur in Aspekten* (=Amsterdamer Beiträge zur neuren Germanistik 38/39), 1995, pp. 547-559.

GOTTWALD, Herwig. *Mythos und Mythisches in der Gegenwartsliteratur. Studien zu Christoph Ransmayr, Peter Handke, Botho Strauß, George Steiner, Patrick Roth und Robert Schneider*, Stuttgart: Verlag Hans-Dieter Heinz Akademischer Verlag, 1996.

GREINER, Bernhard. "Wiedergeburt des Tragischen aus der Aktivierung des Chors? Botho Strauß' Experiment *Anschwellender Bocksgesang*", *Jahrbuch der deutschen Schillergesellschaft* 40 (1996), pp. 362-378.

HAGEN, Anja. *Gedächtnisort Romantik. Intertextuelle Verfahren in der Prosa der 80er und 90er Jahre*, Bielefeld: Aisthesis Verlag, 2003.

HARBERS, Henk. "Botho Strauß' "Bocksgesang" oder Wie die Literatur im Essay ihr Gleichgewicht verliert", in: Gerhard P. Knapp & Gerd Labroisse, m.m.v. Anthonya Visser (red.), *1945-1995. Fünfzig Jahre deutschsprachige Literatur in Aspekten* (=Amsterdamer Beiträge zur neuren Germanistik 38/39), 1995, pp. 583-607.

HÁRS, Endre. "Postmoderne, die deutsche Version. Botho Strauß und die Narration deutscher Nachkriegsgeschichte", in: Gerhard P. Knapp & Gerd Labroisse, m.m.v. Anthonya Visser (red.), *1945-1995. Fünfzig Jahre deutschsprachige Literatur in Aspekten* (=Amsterdamer Beiträge zur neuren Germanistik 38/39), 1995, pp. 561-581.

HÁRS, Endre. *Singularitäten. Lektüren zu Botho Strauß* (=Epistemata. Würzburger wissenschaftliche Schriften. Reihe Literaturwissenschaft vol. 361), Würzburg: Königshausen & Neumann, 2001.

HERWIG, Henriette. *Verwünschte Beziehungen, verwebte Bezüge. Zerfall und Verwandlung des Dialogs bei Botho Strauß*, Tübingen: Stauffacher Verlag, 1986.

KRAJENBRINK, Marieke. *Intertextualität als Konstruktionsprinzip. Transformationen des Kriminalromans und des romantischen Romans bei Peter Handke und Botho Strauß*, Amsterdam/Atlanta: Rodopi, 1996.

MÜLLER, Heidy M. "Transformationen romantischer Inspirationsquellen im Jungen Mann von Botho Strauß", in: Gerd Labroisse & Gerhard P. Knapp (red.), *Literarische Tradition heute. Deutschsprachige Gegenwartsliteratur in ihrem Verhältnis zur Tradition* (=Amsterdamer Beiträge zur neueren Germanistik 24), 1988, pp. 181-199.

PARRY, Christoph. "Botho Strauß", in: Heinz Ludwig Arnold (red.), *Kritisches Lexikon zur deutschsprachigen Gegenwartsliteratur* (= text + kritik 76), München: Ed. text + kritik, 2004.

PHILIPSEN, Bart & VERBEECK, Georgi. "Variaties op een Saterzang. Omtrent Botho Strauß' omstreden *Spiegel*-Essay *Anschwellender Bocksgesang*", *Yang* 30/4 (1994), pp. 50-58.

RADIX, Michael (red.). *Strauß lesen*, München/Wien: Carl Hanser Verlag, 1987.

RUCKHÄBERLE, Hans-Joachim. "Botho Strauß", in: Hartmut Steinecke (red.), *Deutsche Dichter des 20. Jahrhunderts*, Berlin: Erich Schmidt Verlag, 1994, pp. 870-881.

WILLER, Stefan. *Botho Strauß zur Einführung*, Hamburg: Junius, 2000.

CHRISTA WOLF (1929-), IRMTRAUD MORGNER (1933-1990), MONIKA MARON (1941-)

Elke GILSON

CHRISTA WOLF

Het feit dat in dit essay drie auteurs worden samengebracht, is niet onproblematisch. Ten eerste lijkt op die manier het oude vooroordeel bevestigd dat vrouwelijke auteurs *sui generis* in een categorie thuishoren. Ten tweede kon de bewering dat het schrijven van Oost-Duitse auteurs zich fundamenteel van dat van hun West-Duitse collega's zou – en volgens de ideologen ook *moest* – onderscheiden, nooit rekenen op de goedkeuring van meer dan een fractie van hen die met de eerste categorie werden vereenzelvigd. Sinds de Val van de Berlijnse Muur en het verdwijnen van de communistische Oost-Duitse staat, is meer dan ooit de vraag of *de* "DDR-literatuur", als ze dat ooit al heeft gedaan, eigenlijk ook verder is blijven bestaan. De confrontatie met de staat waarin zij een groot deel van hun leven hebben doorgebracht, nam (en neemt) ook in het werk van Christa Wolf, Irmtraud Morgner en Monika Maron diversere vormen aan dan een snelle rubricering zou laten vermoeden.

Zonder meer het bekendst als vertegenwoordigster van het schrijven uit het *andere* Duitsland is Christa Wolf, met wie Günter Grass in 1999 graag zijn Nobelprijs had gedeeld. De schrijfster, die in 1929 in (het nu Poolse) Landsberg an der Warthe in een kruideniersgezin werd geboren, groeide op in het nationaal-socialisme en stortte zich na de oorlog, zoals zovelen van haar generatie, op de ondersteuning van een nieuw maatschappelijk experiment, dat de wereld moest bewijzen dat het ook anders kon. Na een aantal jaren in de redactie van het tijdschrift *Neue deutsche Literatur* verwierf de germaniste Wolf in eigen land literair aanzien met haar debuut *Moskauer Novelle* (1961). In het verhaal besluit de door schuldgevoelens over haar rol in het nazi-tijdperk gekwelde arts Vera Bauer na een kortstondige Moskouse relatie om zich ten volle voor de socialistische toekomst in te zetten.

Ideologisch, maar vooral ook stilistisch complexer dan dit eerste werk – dat achteraf ook door de auteur als getuigenis van een "nieuwe blinde geloofsijver" werd verworpen – was het in 1963 gepubliceerde verhaal *Der geteilte Himmel* over de relatie van de pedagogiestudente Rita Seidel met de iets oudere Manfred Herrfurth, doctorandus in de chemie. Rita, die tijdens haar studie en bijhorende stage in een fabriek voor treinwagons bij het burgerlijke gezin Herrfurth intrekt, beleeft hoe Manfred steeds sterker van de idealen van zijn staat vervreemdt. Omdat hij in de DDR geen mogelijkheden krijgt om zich verder te ontwikkelen, trekt hij naar het Westen. Na een bezoek aan haar geliefde in augustus 1961, tijdens de laatste dagen voor de bouw van de Muur, besluit Rita om Manfred niet te volgen. Ondanks alle nog te overwinnen problemen wil ze haar engagement tegenover het socialistische project, dat in de omgang met haar collega's is gegroeid, verder ontwikkelen.

Voor huidige lezers lijkt Wolfs eerste grote verkoopssucces, dat niet enkel in vele talen vertaald, maar ook verfilmd werd, met zijn detaillistische weergave van de arbeid in het socialistische collectief, zijn conventionele natuurbeschrijvingen en zijn ideologische rechtlijnigheid op een weinig spectaculaire vervulling van het zogenaamde "Bitterfelder Programm" – dat niet enkel arbeiders aan het schrijven wou zetten, maar ook schrijvers aanmaande om de wereld van de productie van dichtbij te bestuderen. Bij zijn verschijnen gaf *Der geteilte Himmel* nochtans aanleiding tot een hevig maatschappelijk debat. Het werk, dat afwisselend vanuit de eerste en derde persoon wordt verteld, sloeg al op vormelijk niveau nieuwe wegen in, maar beroerde vooral ook op thematisch gebied enkele door de officiële cultuurpolitiek duidelijk taboe verklaarde onderwerpen. Niet alleen gaat de relatie tussen de protagoniste en de "Republikflüchtling" Manfred uiteindelijk aan de Duitse deling kapot, bovendien suggereert het werk dat het ongeluk, dat Rita kort daarna in het sanatorium doet belanden, ook wel eens een zelfmoordpoging geweest zou kunnen zijn. Ook al getuigt Rita van een ijzeren volharding om weer beter te worden, toch strookt haar zwakte niet met de verlangde optimistische levenshouding van de socialistische held. De cynicus Manfred, die omwille van zijn ongeloof ten aanzien van de verzoenbaarheid van de menselijke natuur met het socialisme als zwakkeling naar voren komt, krijgt in de globale narratieve constructie het gelijk weliswaar niet aan zijn kant. Toch kan hij zijn kritiek op het DDR-beleid en het gebrek aan vrijheden die het voor het individu te bieden heeft desalniettemin ventileren.

Haar milde en berekende – steeds door signalen van haar onwrikbare socialistische overtuiging gecompenseerde – kritiek liet Christa Wolf in eigen land tot een moreel-politieke leidersfiguur uitgroeien, die omwille van haar verdediging van het communistische alternatief en zijn humanistische waarden ook in brede kringen in het Westen op groot respect kon rekenen. Dat het voor een jongere generatie schrijvers iets minder evident is om de ernst en de vaak ietwat didactisch-stichtelijke toon van Wolfs werk te waarderen, spreekt onder meer uit de manier waarop Thomas Brussig Wolf en haar vroege vertelling op de korrel neemt in zijn beruchte roman *Helden wie wir* (1999): de titel van het slothoofdstuk, "Der geheilte Pimmel", laat over Brussigs perceptie van Wolfs terughoudendheid, ook op het vlak van de beschrijving van seksualiteit, weinig twijfel bestaan.

Dat de hoop van de revolutionaire beginjaren van de DDR geleidelijk begon te wijken voor het inzicht in de stagnatie van het progressieve project, dat door toenemend dogmatisme werd gedwarsboomd, blijkt uit Wolfs waarschijnlijk beroemdste werk *Nachdenken über Christa T.* In de plotloze roman onderneemt de anonieme vertelster een poging om haar veel te vroeg aan leukemie gestorven jeugdvriendin en studiegenote Christa T. in haar reflecties opnieuw tot leven te wekken. Met haar "gebrekkige talent om zich aan te passen" kon Christa T. haar plaats tussen de fantasieloze "Tatsachenmenschen" in haar omgeving maar moeilijk vinden. De ziekte van de eeuwige buitenstaander Christa T. lijkt sterk op een reactie op de jarenlang van haar verlangde afstomping; ze is een veruitwendiging van de spanningen tussen het individuele verlangen naar zelfontplooiing en de maatschappelijk vereiste berekenbaarheid. Haar leukemie en zeker haar dood, die als quasi bewuste keuze wordt geschilderd – "op een dag legde ze zich neer en kon plots niet meer ophouden met dat sterven" –, maakten het onmogelijk om in Christa T. een exemplarische heldin te herkennen, die zonder voorbehoud de uitbouw van een ideale maatschappij vertegenwoordigde. Na een initieel drukverbod werd de roman in 1968 uiteindelijk in een heel kleine oplage gepubliceerd. Intussen werden van het boek enkele honderdduizenden exemplaren verkocht.

Na *Till Eulenspiegel* (1972), een gezamenlijk filmproject met haar man Gerhard Wolf, en de drie *Onwaarschijnlijke verhalen* uit *Unter den Linden* (1974), waarin de algemeen heersende nuttigheidswaan en de verheerlijking van de voorspelbaarheid van het menselijke gedrag op satirische wijze in vraag worden gesteld, zette Wolf haar provocatie ten aanzien van het officiële zelfbeeld van haar staat verder met het grote autobiografische project *Kindheitsmuster* (1976). Het daarin geformuleerde antwoord op de vraag "Hoe zijn we zo geworden zoals we zijn?" ondermijnt de mythe van de antifascistische collectieve identiteit van de DDR. In het boek – dat alweer geen genrebeschrijving toegekend kreeg – onderneemt Nelly Jordan, een alter ego van de auteur, samen met haar broer, man en dochter een reis naar haar geboortestreek in Polen. Het weerzien met de plekken waar ze is opgegroeid maakt verontrustende herinneringen los aan de lafheid en volgzaamheid die ze als kind, vooral in de nationaal-socialistische jeugdbeweging, aan de dag had gelegd. Nog onthutsender is echter de vaststelling dat de mechanismen en modellen van onderdanigheid, die in de kinderjaren werden geïnternaliseerd, ook de wortels zijn gaan vormen voor huidige gedragingswijzen. De vertelster wordt zelfkritisch ten opzichte van totalitaire denkstructuren die ze nog steeds bij zichzelf ontdekt, en die ook bij anderen uit haar omgeving verantwoordelijk zijn voor een onopgemerkt verder leven van fascistoïde neigingen.

De reconstructie van de reis wordt door overwegingen over het functioneren van de herinnering onderbroken. In voortzetting van een tendens die al in *Christa T.* tot uiting was gekomen, worden ook reflecties over het schrijfproces en de ontstaansgeschiedenis van de tekst in het werk ingebouwd. De mix van authentieke herinnering en "waarachtige" verzinsels die beide teksten kenmerkt, is wezenlijk voor Christa Wolfs zoektocht naar "subjectieve authenticiteit" als alternatief voor het geloof in de objectieve waarheid van het traditionele socialistische realisme. *Kindheitsmuster* zet daarenboven ook de perspectiefwisselingen verder waarmee al in *Der geteilte Himmel* werd geëxperimenteerd. De gedistantieerde derde persoon, waarin over het kind Nelly Jordan als over een vreemde wordt verteld, zet de afstand tussen het heden en het verleden in de verf en wordt telkens weer onderbroken door een actueel gesprek van de vertelster met zichzelf in de tweede persoon. Pas op het einde van de tekst smelten beide perspectieven tot een autobiografische ik-vertelling samen.

Het feit dat Wolf Biermann in 1976 na een concert in Keulen uit zijn DDR-staatsburgerschap werd ontzet, bracht na een vloedgolf van protest onder Oost-Duitse intellectuelen vooral een grote desillusie teweeg over de mate waarin hun constructieve bijdrage aan de ontwikkeling van een socialistische maatschappij door de overheid op prijs werd gesteld. De ontgoocheling over de daaropvolgende verstrenging van de cultuurpolitieke richtlijnen vertaalde zich bij Christa Wolf in een toevlucht tot historische periodes waarin van het individu een gelijkaardige zelfverloochening werd verwacht. In *Kein Ort. Nirgends* (1979), dat een fictieve ontmoeting beschrijft tussen Heinrich von Kleist (1777-1811) en Karoline von Günderrode (1780-1806), wordt duidelijk dat in eerste instantie de romantiek een projectievlak werd voor eigen ervaringen. Beide schrijvers, die zichzelf als buitenstaanders beschouwen, ontmoeten elkaar in juni van het jaar 1804 en spreken over hun beperkte mogelijkheden tot zelfontplooiing. Op de plaats van hun verzonnen ontmoeting, in Winkel am Rhein, beroofde Karoline zich enkele jaren later van het leven. Na een poging om in de oorlog de dood te vinden, mondden de vertwijfeling en creatieve crisis ook bij Kleist in zelfmoord uit.

Kein Ort. Nirgends, dat volledig in de toon van de romantiek werd geschreven, herinnerde enerzijds aan een vergeten dichteres en rehabiliteerde met het portret van Kleist anderzijds ook een auteur die door Georg Lukács wegens zijn vermeende "decadentie" uit de socialistische literatuurgeschiedenis was verbannen. In de loop van de jaren zeventig, die als haar meest productieve decennium aanzien worden, leverde Wolf ook verdere bijdragen tot het wegwerken van een aantal blinde vlekken in de vertrouwde literatuurgeschiedschrijving. Ze verzorgde onder meer de uitgave van een collectie gedichten, brieven en proza van Karoline von Günderrode en leverde een nawoord bij een roman die Bettina von Arnim in 1840 als aandenken aan haar iets oudere vriendin *Die Günderrode* had gepubliceerd.

In haar latere werk deed Wolf herhaalde malen een beroep op het aan de romantiek ontwikkelde model van de historiserende cultuurkritiek. Met de jaren keerde ze alsmaar verder terug in de tijd, waardoor correspondenties voor actuele problemen in steeds vroegere tijdperken werden gevonden. Voor *Kassandra* (1983) greep de auteur terug naar de mythe over de val van het Trojaanse rijk zoals die door Aischylos in de *Oresteia* werd beschreven. De dochter van koning Priamos, die dankzij een gift van Apollo de gave bezat om catastrofes te voorspellen, maar door een vloek van diezelfde misnoegde god ook door niemand kon worden geloofd, vertelt in het verhaal over haar wedervaren voor en tijdens de Trojaanse oorlog. De zieneres wacht, gevangen genomen door de Grieken, voor de poort van Mykene op haar dood. In haar sombere terugblikkende monoloog voegt ze een aantal cruciale aspecten aan de totnogtoe steeds mannelijk gedetermineerde overlevering toe. De veroverings- en krijgslogica – die in het tijdperk van de Koude Oorlog nog in dezelfde mate virulent bleken als duizenden jaren voorheen en die in de ontstaansjaren van Wolfs werk in atomaire dreiging, een irrationele wapenwedloop en ecologische vernielzucht hadden geresulteerd – verschijnen in Kassandra's relaas als direct gevolg van het verdringen van de "vrouwelijke factor" als vreemd en bedreigend uit de maatschappelijke besluitvorming.

Kassandra's inzichten in de manieren waarop een eenzijdig verabsoluteerde rationaliteit in haar absolute tegendeel kan omslaan, biedt één van de duidelijkste illustraties van wat Wolfgang Emmerich de in de DDR slechts laat op gang gekomen receptie noemt van de door Horkheimer en Adorno al in de jaren veertig beschreven "Dialektik der Aufklärung". Kassandra, de in haar eigen tijd monddood gemaakte heldin, aan wie Wolf opnieuw een stem verleende, groeide niet alleen in de DDR, maar ook in het Westen uit tot een symboolfiguur voor de vrouwen- en vredesbeweging. De ontstaansgeschiedenis en theoretische achtergronden van Wolfs herwerking van de mythe zijn na te lezen in de schriftelijke versie van haar Frankfurter Poetikvorlesungen, *Voraussetzungen einer Erzählung: Kassandra*, die samen met de roman (in de DDR in gecensureerde versie) zijn verschenen.

Dat het model van de vooruitgang in de zin van een steeds omvattender controle van de ratio over de natuur stilaan aan geloofwaardigheid begon in te boeten, is ook de centrale bewering van *Störfall. Nachrichten eines Tages* (1987), waarin Wolfs directe reactie op de kernreactorramp in Tsjernobyl in 1986 haar neerslag vond. Een kwarteeuw na *Der geteilte Himmel*, dat de ruimtereis van Yuri Gagarin nog als symbool voor de overwinning van het socialisme met behulp van technisch-wetenschappelijke ontwikkelingen had opgevoerd, blijft van het aanvankelijke optimisme slechts weinig over. Toch toont de tweede verhaallijn van het werk, waarin de vertelster over een levensreddende hersenoperatie bij haar broer nadenkt, dat het individuele leven intussen ook van diezelfde wetenschappelijke vooruitgang afhankelijk geworden is.

De landelijke omgeving in Mecklenburg, die de achtergrond vormde voor Wolfs reflecties in *Störfall*, krijgt een veel prominentere plaats toebedeeld in het eveneens duidelijk autobiografisch gekleurde verhaal *Sommerstück*, dat na een lange ontstaansgeschiedenis met begin in de late jaren zeventig in het voorjaar van 1989 verscheen. Het boek biedt impressies uit het harmonische alledaagse samenleven van een groep vrienden in het landhuis van de familie Wolf tijdens de zomer van 1976. Terwijl de betrokkenen (naast Christa en Gerhard Wolf onder andere ook Maxie Wander en Sarah Kirsch) bij Wolf achter schuilnamen verborgen gaan, worden ze bij Sarah Kirsch, die in haar één jaar vroeger verschenen kroniek *Allerlei-Rauh* (1988) dezelfde episode had beschreven, gewoon bij naam genoemd. Wolfs schets van het teruggetrokken bestaan onder gelijkgestemde intimi als schijnbaar enige mogelijkheid om het geloof in de utopie te laten overleven, werd in het Westen enthousiast onthaald als ingetogen en elegisch afscheid van het geloof in de grote politieke idealen van de beginjaren van de DDR. De natuur, die door toenemend verval wordt belaagd, functioneert in dit werk als spiegel voor het gevoel dat het op de bestaande wijze met de staat onmogelijk nog lang verder kon gaan.

Dat het einde der tijden op het moment van de publicatie van *Sommerstück* zo nabij was, kon toen nog niemand, en Christa Wolf zelf het allerminst, vermoeden. De gebeurtenissen uit de herfst van 1989, waarin de Oost-Duitse bevolking zich na de Val van de Berlijnse Muur massaal tegen het voortbestaan van de DDR uitsprak, werden door intellectuelen als Christa Wolf, Volker Braun en Christoph Hein, die een alliantie aangingen met linkse denkers en schrijvers in de BRD, onthaald op een vurig pleidooi voor een *andere DDR* en voor het voortbestaan van een autonoom socialistisch alternatief voor het kapitalistische Westen als "dritter Weg". De hereniging van Oost- en West-Duitsland in 1990 toonde echter aan dat het volk meer heil zag in de voorstellen van de christen-democratische kanselier Kohl dan in een nieuw socialistisch experiment.

In schril contrast met de lof die Wolf voor *Sommerstück* had geoogst en met de eredoctoraten die haar (onder meer aan de Vrije Universiteit Brussel) rond dezelfde tijd werden toegekend, stond de reactie die het verschijnen van *Was bleibt* uitlokte. In de autobiografische tekst, die al in 1979 was ontstaan, maar pas na de "Wende" in 1990 werd gepubliceerd, beschrijft de auteur hoe ze een dag lang door agenten van de Staatssicherheit wordt geschaduwd. Bekritiseerd werd in de voornamelijk West-Duitse media vooral dat Wolf eenzelfde duidelijkheid over de concrete levensomstandigheden in de DDR niet veel vroeger al aan de dag had gelegd. Dat ze pas op een moment waarop haar uitspraken volstrekt "ongevaarlijk" waren geworden, gewaagd had om de controlepraktijken van het machtsapparaat van de regering te beschrijven, werd als teken van lafheid geïnterpreteerd. Niet alleen omwille van de relatieve banaliteit van het beschreven ongemak, dat in vergelijking met de mensonwaardige behandeling (en opsluiting) van minder gefortuneerde dissidenten in het niets verzonk, kwam de auteur zwaar onder schot te liggen. Als problematisch werd vooral het denkverbod ervaren dat Wolf zich vele jaren lang gewillig zelf had opgelegd: talloze uitwijkmanoeuvres hadden het haar mogelijk gemaakt om onaanvaardbare praktijken als de gijzeling van een volk door zijn regering en het schietbevel aan de Muur te verzwijgen, om directe stellingnamen en duidelijke afwijzingen telkens weer te vermijden en om de DDR, ondanks alles, tot het einde toe – als lid van de SED – te blijven verdedigen. Als "Staatsdichter" werd Wolf plots medeplichtig bevonden aan het onrecht van de zogenaamde tweede Duitse dictatuur. Toen de auteur in 1993 in een interview ook nog eens bekende dat ze van 1959 tot 1962 zelf als IM ("Informelle Mitarbeiterin") voor de Staatssicherheit had gewerkt, was het hek helemaal van de dam en kwam een lastercampagne op gang, waarvan de proporties nauwelijks door de ernst van de feiten konden worden gelegitimeerd en die de persoonlijke geloofwaardigheid en integriteit van de – jarenlang als geweten van de natie behandelde – schrijfster volledig dreigde te ondermijnen.

De zogenaamd "deutsch-deutsche" literatuurstrijd, die zich naar aanleiding van de debatten over *Was bleibt* ontspon, en die omwille van steeds nieuwe aanleidingen de cultuurkaternen van de grote Duitse kranten een paar jaar lang bleef beheersen, ging echter over veel meer dan de rol van Christa Wolf als individueel intellectueel en auteur. Ter discussie stond plots het hele concept van een maatschappelijk geëngageerde literatuur, zoals niet alleen vele schrijvers uit de DDR, maar ook een aantal van hun West-Duitse collega's die hadden voorgestaan. Ook hun werk werd na de Wende smalend als "Gesinnungsliteratur" afgedaan, die nauwelijks nog met postmoderne overtuigingen te verzoenen zou zijn geweest.

Wolfs volgende literaire werk liet lang op zich wachten, maar formuleerde wel in meer dan één opzicht een overtuigend antwoord op de vaak meedogenloze kritieken waaraan zij in de jaren na de Wende werd blootgesteld. Met *Medea. Stimmen* greep ze in 1996 op de intussen bedroefde formule van de herschrijving van een bestaande mythe terug. In haar geactualiseerde gedaante is Medea niet zoals bij Euripides de wrede moordenares, die zowel haar kinderen, haar broer als haar rivale Glauke zou hebben omgebracht. De kwalijke reputatie van de vrouw uit Kolchis blijkt in Wolfs relaas, dat bij vroegere versies van de mythe aanknoopt om de antieke heldin van haar schuld vrij te pleiten, het gevolg te zijn van de vooroordelen van de Korinthiërs ten opzichte van het andere en het vreemde. Enerzijds is het onmogelijk om Wolfs beschrijving van het mechanisme waarmee een zondebok wordt gecreëerd niet te lezen in het licht van de controverse rond haar eigen persoon. Ook de in het werk opgebouwde tegenstelling tussen de waarden van Medea's nieuwe woonplaats, het rationele Korinthië, en haar land van herkomst, het wilde en ongeciviliseerde Kolchis, kan als allusie op de actuele mentaliteitsverschillen tussen West- en Oost-Duitsland worden geduid. Toch gaat een lectuur van het boek als simpele *roman à clef* voorbij aan de complexiteit waardoor de tekst vooral op formeel niveau wordt gekenmerkt. Anders dan in de duistere monoloog van Kassandra, is de waarheid in *Medea*, dat niet meer door één centrale, maar door zes verschillende stemmen wordt verteld, in postmoderne, "polylogische" zin relatief.

Ook *Leibhaftig* (2002) is een op autobiografische ervaringen gebaseerde verwerking van het DDR-verleden, waarvoor Wolf gebruik maakte van intussen uit haar vroegere werk vertrouwde beelden en technieken. Centraal in deze roman is het uit *Christa T.* bekende leidmotief van het lichaam als seismograaf, dat als autonoom handelende instantie corrigerend kan ingrijpen als de spanningen te groot worden en dat door "staking" een bewustwordingsproces in gang kan zetten. De lichamelijke crisis bestaat in een aan het eind van de jaren tachtig optredende, levensbedreigende perforatie van de blinde darm van de naamloze protagoniste, die daardoor op individueel niveau (als gevolg van een langzaam proces van vergiftiging) de agonie beleeft, die haar staat, in tegenstelling tot zijzelf, niet zal overleven.

Tijdens haar hallucinatorische koortsdromen onderneemt de protagoniste een reis naar de onderwereld van (onverwerkte) herinneringen, die met visioenen en ontmoetingen met vroegere strijdmakkers worden afgewisseld. Haar begeleidster, de anesthesiste Kora Bachmann, verwijst met haar naam niet alleen naar Kore/Persephone, de vrouw van de dodengod Hades, maar ook naar één van Wolfs grootste literaire voorbeelden, Ingeborg Bachmann. Het zelfkritische onderzoek van de kleinhartigheid waaraan velen uit haar omgeving zich uit opportunisme en machtswellust hadden overgeleverd en waaraan ook zij zelf zich schuldig heeft gemaakt door haar aanvaarding van het onaanvaardbare, wordt op fysiek vlak begeleid door een levensreddend ontgiftingsproces. De nieuwe start met hersteld immuunsysteem, die het einde van de roman in het vooruitzicht stelt, suggereert voor het eerst in Wolfs werk een verzoening met een toekomst die vrij is van socialistisch-utopische voorstellingen.

Ein Tag im Jahr 1960-2000, Wolfs voorlopig jongste publicatie uit 2003, bundelt 41 gedetailleerde protocollen van het leven van alledag op 27 september van elk jaar tussen 1960 en 2000. Met haar minutieuze, volledig van het toeval afhankelijke en van elke esthetische intentie gespeende notities, die als "steunpilaren voor het geheugen" een bescheiden antidotum bieden tegen het onvermijdelijke vergeten, gaf Wolf oorspronkelijk gevolg aan een oproep van Maxim Gorki uit het jaar 1935, die door het tijdschrift "Iswestija" in 1960 werd herhaald: schrijvers uit de hele wereld werden aangemaand om deze ene, willekeurige dag nauwgezet te beschrijven. Zelfs in haar totnogtoe meest persoonlijke werk, dat naast onderhoudende banaliteiten uit het gezinsleven ook reacties op actuele politieke gebeurtenissen bevat, blijft Wolf terughoudend in haar prijsgave van intieme details en overtuigingen. Toch blijkt uit de opeenvolging van de bijdragen een merkbare evolutie van identificatie en engagement naar vertwijfeling en afkeer ten opzichte van het communistische maatschappijmodel.

IRMTRAUD MORGNER

Op veel minder spectaculaire en tegelijk veel drastischere wijze dan Christa Wolf, is haar generatiegenote en collega-schrijfster Irmtraud Morgner (°1933) het slachtoffer geworden van de kritische herwaardering van de intellectuele nalatenschap van de DDR na de Val van de Muur. Het werk van de in 1990 aan kanker gestorven auteur wordt nauwelijks nog gelezen en momenteel ook niet meer gedrukt. Morgner, die als dochter van een trambestuurder in een weinig belezen familie opgroeide, compenseerde het gebrek aan literatuur uit haar kinderjaren later met een studie Germaanse taal- en letterkunde en werkte daarna, zoals Christa Wolf, een aantal jaren in de redactie van het tijdschrift *Neue deutsche Literatur*. Na een aantal conventionele prozateksten verschenen met *Hochzeit in Konstantinopel* (1968) en *Gauklerlegende* (1970) twee innovatieve exploraties van de verhoudingen tussen de geslachten. In beide teksten wordt het tekort aan "vrouwelijke" fantasie in een mannelijk gedomineerde wereld van doelgerichte rationaliteit aan de hand van een relatie van de protagoniste met een wetenschapper veraanschouwelijkt.

De humoristische benadering van hetzelfde thema vormt ook de kern van de eerste van twee omvangrijke romans die Irmtraud Morgner beroemd hebben gemaakt. In *Leben und Abenteuer der Trobadora Beatriz nach Zeugnissen ihrer Spielfrau Laura. Roman in dreizehn Büchern und sieben Intermezzos* (1974 DDR, 1976 BRD) ontmoeten we de Provençaalse minnezangeres Beatriz de Dia, die door een deal met Persephone de mogelijkheid kreeg om de middeleeuwse wereld van de mannen doornroosjesgewijs te verlaten. Dankbaar aanvaardde zij de haar geschonken 810 jaren slaap, omdat zij zich niet langer kon verzoenen met de in haar tijd heersende moraal. De historische trobadora, die omstreeks 1200 leefde en van wie vijf liederen nog bewaard zijn gebleven, was met haar vrije bezingen van de liefde voor de – ook als lustobject begeerde – man niet alleen in conflict gekomen met het kuise ideaal van de hoofse minne; als minnezanger*es* belichaamde zij ook het paradox van de vrouw die niet langer het object, maar het initiatief nemende subject van de minnezang wenste te zijn.

Vroeger dan verwacht echter, wordt de trobadora door het gevloek van misnoegde bouwheren gewekt: haar kasteel blijkt in de weg te staan voor een geplande autosnelweg. In het door de studentenrevolutie in de ban geslagen Frankrijk van 1968 trekt Beatriz na haar ontwaken op onderzoek uit om te beoordelen of de wereld voor vrouwen intussen bewoonbaar is geworden. Een opeenvolging van negatieve ervaringen zetten er haar toe aan de uitnodiging van de overtuigde marxist Uwe Parnitzke naar het "beloofde land" DDR te volgen. Met het adres van diens ex-vrouw Laura Salman in de hand, begeeft Beatriz zich naar Berlijn, waar de ware aard van haar bestemming zich al aan de grens manifesteert. Op de mededeling dat Beatriz is gekomen om zich in het paradijs te vestigen, reageert de grenswachter met de vaststelling: "de Deutsche Demokratische Republik is niet het paradijs maar een socialistische staat".

De reële grenzen van alle utopische voorstellingen blijken al snel uit de onverminderde macht van traditionele rollenpatronen, waardoor vrouwen, ondanks hun juridische en economische gelijkberechtiging in de socialistische staat, nog steeds het grootste deel van het huishoudelijke werk op zich nemen. Laura Salman, trambestuurster en moeder van twee kinderen, laat Beatriz zien welke de offers zijn die de dubbele belasting van werkende moeders vereist. Niet enkel teleurgesteld door de concrete levensomstandigheden van haar gastvrouw, maar ook door de ontzettende preutsheid van het tijdperk waarin ze terecht is gekomen, vertrekt Beatriz prompt op "aventiure", waarna ze beseft dat haar nieuwe thuisbasis de vergelijking met de andere landen van West-Europa nog het best doorstaat. Wegens de geringe vraag naar mensen met haar talenten geeft de trobadora haar bestaan als minnezangeres op om zich in de alledaagse werkelijkheid door concrete handenarbeid voor de verdere realisatie van een betere socialistische toekomst in te zetten. Aan het eind van de roman komt ze op groteske wijze om het leven: ze stort tijdens het ramenlappen voor Laura uit het venster.

Morgners uit 13 boeken en 165 episodische hoofdstukjes bestaande "strategische montageroman" wordt in de tekst zelf expliciet gelegitimeerd als "romanvorm van de toekomst". In een fictief gesprek tussen de "auteur" en een lector van de uitgeverij Aufbau wijst "I.M." op de voordelen van het genre – dat als hypertext *avant-la-lettre* bestempeld zou kunnen worden – bij de verwerking van de veelheid aan informatie die ons omgeeft. Bovendien zou de gekozen werkwijze de enig haalbare zijn voor vrouwen, die door hun verplichtingen ten opzichte van kinderen en huishouden niet in staat zijn tot de langdurige ongestoorde concentratie die gebruikelijke epische genres van hen zouden verlangen. Niet met een monolithisch geheel, maar met een aaneenschakeling van een veelheid aan tekstsoorten wordt de actief in het leesproces ingeschakelde lezer bij Morgner geconfronteerd: legenden en sprookjes, liederen en gedichten, krantenberichten en wetenschappelijke artikels, autoreflexieve "interviews" met de "auteur" en traditioneel (door Laura) vertelde passages wisselen elkaar af. Het procédé blijkt ook nog andere, ironisch becommentarieerde voordelen te bezitten. Door het episodische karakter van het werk kan sneller op eventuele censuurmaatregelen gereageerd worden: het schrappen van een enkele aanstootgevende passage haalt nog niet de structuur van de hele roman onderuit. Omgekeerd laat de montagetechniek ook de recyclage van delen van gecensureerde teksten toe: in de zogenaamde intermezzo's van de roman heeft Morgner een aantal hoofdstukken opgenomen uit *Rumba auf einem Herbst*, een tekst die in de jaren zestig zelfs na herwerking geen drukvergunning had gekregen en pas in 1992 integraal kon verschijnen.

Thematisch, vooral in de teneur van zijn beschavingskritiek, vertoont Morgners werk grote overeenkomsten met dat van Christa Wolf; ook de historische vervreemding van actuele problemen is bij Morgner door de vreemde blik van de middeleeuwse trobadora gewaarborgd. Op atmosferisch vlak liggen echter werelden tussen de ernst in de meeste van Wolfs teksten en de excentrieke *Spielerei*, niet aflatende ironie, continue grappen en vrije omgang met erotiek van Irmtraud Morgner. De subversieve humor, waarmee de auteur alternatieven voor de doorgerationaliseerde alledaagse werkelijkheid denken zichtbaar wilde maken, is ook het opvallendste kenmerk van het vervolg op haar opus magnum over Beatriz de Dia. In *Amanda. Ein Hexenroman* (1983) is de trobadora ten tweeden male, nu in de gedaante van een mythisch fabelwezen, heropgestaan. Als sirene die van haar tong werd beroofd, trekt ze zich terug in de Oost-Berlijnse zoo, alwaar zij met haar notities de geponeerde eenzijdigheid in het bestaande beeld van Laura Salman in een eigen tweede versie van de feiten probeert bij te stellen. De versie van "de auteur" – die als "diese Morgner" op verschillende niveaus in de roman opduikt – zou immers een kwalijke geur van zelfcensuur hebben verspreid.

Het centrale beeld voor de ook in dit werk behandelde conflicten tussen het verlangen naar individuele zelfverwezenlijking en de eisen van het collectief, is in *Amanda* de voorstelling van de gehalveerde vrouw. Laura Salman blijkt slechts een halfwezen te zijn, dat zich noodgedwongen van zijn maatschappelijk onbruikbare andere helft heeft afgesplitst. Haar anarchistische alter ego luistert naar de naam Amanda en leeft als heks opgesloten in de mythische Hörselberg, waar zij een opstand voorbereidt om het mannelijke systeem van zingeving omver te werpen. Bij de minnezangeres voegt zich daarmee een tweede, veel minder zeldzaam, middeleeuws model van vrouwelijke subversiviteit: ook heksen aanvaardden de grenzen die de maatschappij voor hen had vastgelegd niet.

Zoals Christa Wolf zich met *Kassandra* en *Medea* het eerherstel had voorgenomen van een klassieke heldin, die het slachtoffer was geworden van misogyne geruchten, stelt ook Morgner de patriarchale vorm van geschiedschrijving aan de hand van alternatieve varianten van bekende verhalen in vraag: Pandora, bijvoorbeeld, zou pas in de mannelijke overlevering, en geheel ten onrechte, tot de belichaming van de verlokking door het kwade zijn uitgegroeid. Met haar talloze historische excursies en commentaren op het werk van auteurs zo divers als Goethe, E.T.A. Hoffmann en Brecht zoekt ook Morgner de wortels op van actuele, eenzijdig rationele denkwijzen. Haar ongebreidelde fantasie is gericht op de ontwrichting van het "gedresseerde" denken en vertrouwt op het inzicht dat mensen grote waarheden nog het snelst "in onwaarschijnlijke gewaden" herkennen. Met een lawine van humoristische invallen, die bij de lezer niet alleen gegniffel, maar naar het einde toe ook wel eens wat vermoeidheidsverschijnselen durven uit te lokken, levert *Amanda* een vurig pleidooi voor de reïntegratie van de vele elementen die al te lang uit de geschiedenis van de mensheid werden geweerd. Een kernachtig motto voor zijn centrale doelstelling biedt de roman met zijn beroemde variatie op de elfde Feuerbachthese van Karl Marx: "De filosofen hebben de wereld totnogtoe uitsluitend mannelijk geïnterpreteerd, het komt erop aan haar ook vrouwelijk te interpreteren om haar menselijk te kunnen veranderen".

Haar ziekte, maar vooral ook haar ultieme ontgoocheling over het mislukken van het socialistische experiment verhinderden dat Irmtraud Morgner haar literaire exploratie van de voorwaarden om als “hele mens” te kunnen leven voort kon zetten. Het laatste deel van wat als “Salman-trilogie” was gepland, bleef onafgewerkt en verscheen in 1998 postuum onder de titel *Das Heroische Testament. Ein Roman in Fragmenten.* Het boek omvat een – uit honderden mappen en duizenden manuscriptbladen gepuurde – selectie van losse, maar schijnbaar voltooide hoofdstukken, schema's en aantekeningen over de centrale figuren in de roman. Het materiaal, dat door de uitgever van een uitvoerige commentaar werd voorzien, documenteert in eerste instantie de werkwijze van de auteur, die onafgebroken is blijven schaven aan dezelfde personages en constellaties. De nieuwe figuur Herta Kowalczik, of “Hero”, naar wie het boek zou worden genoemd, heeft zich in omkering van het klassieke bijbelverhaal de ideale man uit de ribben gesneden. Aan de Oost-Berlijnse Humboldt-universiteit wil ze aan het begin van het verhaal haar androgyne creatuur, dat niet toevallig Leander werd gedoopt, als doctoraatsproject en bijdrage tot de “filosofie van de daad” verdedigen. Alle speculatie over het verdere verloop van de roman, waarin naast een succesvolle heksenopstand waarschijnlijk ook de hereniging van Laura en Amanda was voorzien, is helaas zinloos.

MONIKA MARON

Ook al is het leeftijdsverschil met Morgner en Wolf niet erg groot, toch behoort Monika Maron, de derde auteur in de reeks, duidelijk tot een andere generatie. Het tijdperk van het fascisme heeft zij, die in 1941 werd geboren in wat later West-Berlijn zou worden, niet bewust beleefd. Ze is weliswaar niet in de DDR “hineingeboren”, zoals Uwe Kolbe de ervaring had omschreven van hen die in de jaren vijftig het levenslicht zagen, maar aan de opbouw van de nieuwe Oost-Duitse staat heeft ze ook niet actief deelgenomen. Als kind van een halfjoodse, overtuigd communistische moeder en stiefdochter van de partijbons en latere Minister van Binnenlandse Zaken Karl Maron verhuisde ze pas op tienjarige leeftijd naar Oost-Berlijn. Dat Marons romans nooit in de DDR konden verschijnen, vindt een belangrijke verklaring in deze biografische factoren, die de aard van haar engagement ten opzichte van de socialistische maatschappij in wezenlijke mate hebben beïnvloed. Hoewel ook zij, na een stage als frezer in een fabriek en een studie in de kunst- en theaterwetenschap, als journaliste bij verscheidene magazines heeft geprobeerd rekening te houden met de grenzen van het in de DDR publiekelijk uitspreekbare, is een dergelijke toegeeflijkheid voor haar literaire werk steeds ondenkbaar gebleven.

Na drie jaar van zinloze pogingen om de breuk met staat en familie te vermijden, werd Marons in 1978 afgewerkte debuutroman *Flugasche* (1981), als eerste in een hele rij, door S. Fischer in Frankfurt am Main gepubliceerd. De 180.000 ton vliegas uit de titel van het werk, dat als eerste ecologische roman uit de DDR wordt beschouwd, dwarrelen elke dag opnieuw neer op de stad waarover de journaliste Josefa Nadler, de protagoniste van het verhaal, haar volgende reportage moet schrijven. Dat ze besluit om de waarheid over de concrete levensomstandigheden in “B.” (of Bitterfeld) in haar artikel niet te verbloemen, leidt niet alleen tot een verbod van de bijdrage, maar vooral ook tot een toenemende isolatie van de journaliste, die in haar gevecht tegen de van haar verwachte hypocrisie eerst door haar collega's en later ook door haar vriend in de steek wordt gelaten.

De roman, waarin Maron eigen ervaringen met redactionele praktijken in Oost-Duitse kranten heeft verwerkt, werd bij zijn initiële receptie voornamelijk geroemd omwille van zijn ‘ecofeministische’ potentieel. De meest in het oog springende thema's – naast de bezorgdheid over het milieu vooral ook het conflict tussen de verlangens van het individu en het collectief – lijken zich niet zo zeer van die van Christa Wolf en Irmtraud Morgner te onderscheiden. Toch bewijst de publicatiegeschiedenis van het werk dat de daarin gearticuleerde scepsis tegenover een aantal gangbare praktijken door de bevoegde instanties tot het soort werd gerekend dat als te grote bedreiging voor de staatsorde moest worden aanzien. De divergenties in de toonval van de kritiek hangen zonder meer samen met het cruciale verschil tussen het perspectief van de leden van de “Aufbaugeneration” en dat van de jongeren. Dat blijkt in de roman zelf ook uit de relatie van Josefa tot haar moederlijke collega Luise: terwijl Luise door persoonlijke herinneringen aan de verschrikkingen van het nazisme in staat is om de voordelen van het heden in vergelijking met het ontegenzeglijk nog ondraaglijker verleden te onderkennen, kan Josefa enkel het concrete, “realexistierende” socialisme, met zijn grote discrepanties ten opzichte van het abstracte ideaal, beoordelen.

Afgezien van een aantal fantasmagorische passages met hallucinaties en dromen is *Flugasche* nog conventioneel realistisch-documentair verteld. Een zoektocht naar eigen vormen en uitdrukkingswijzen heeft Maron ondernomen in de vier verhalen uit *Das Mißverständnis* (1982). In een confrontatie met "god", die verdacht veel op een agent van de Staatssicherheit lijkt, introduceert het korte en hyperreële "Audienz" voor het eerst de protagoniste uit Marons beide volgende romans. Voor haar verheven gastheer moet Rosalind verantwoording afleggen voor haar ongeloof en ketterse geschriften. In surrealistische beelden en motieven schilderen "Annaeva" en het titelverhaal dan weer mislukte pogingen van de protagonistes om het land DDR te verlaten. Hun ondernemingen falen vooral doordat ze in hun gedachten nog te zeer vastzitten aan de structuren waarvan ze zich al te snel meenden te hebben bevrijd.

De totale mentale vrijheid is ook wat Rosalind Polkowski in *Die Überläuferin* (1986) zoekt. Aan het begin van de roman heeft ze zich teruggetrokken tussen de eigen vier muren. Haar psychosomatisch rebellerende lichaam weigert met een plotse verlamming alle verdere onderdanigheid aan het totnogtoe steeds succesvol controlerende verstand. Een beetje zoals Gregor Samsa in Kafka's *Verwandlung*, beschouwt Rosa haar nieuwe (mogelijks slechts ingebeelde) toestand als verlossing van de banaliteiten van haar dagelijkse arbeid in een historisch instituut. Het "fantastische chaos zonder doel en nut" dat ze hoopte te bereiken, blijkt onverhoeds echter door de automatische herhaling van vertrouwde denkwijzen te worden doorkruist. In de vier "Zwischenspiele" van de roman wordt Rosalind opgezocht door een reeks karikaturaal geschetste figuren, die als personificaties van stereotiepe gedragingswijzen in de DDR niet zomaar bereid zijn om zich uit haar voorstellingswereld te laten verbannen. De figurenconstellatie van de sterk door het Franse surrealisme (met name ook door Bretons *Nadja*) beïnvloede roman herinnert met zijn suggestie van de splitsing van het individu aan Morgners denkbeeld van de gehalveerde vrouw. Rosalinds vriendinnen en alter ego's Martha en Clairchen lijken de belichamingen te zijn van respectievelijk de voor rationele doeleinden onbruikbare "ziel" en het subversieve "lichaam", die Rosalind wegens langdurige verwaarlozing is kwijtgespeeld. De bij Morgner nagestreefde eenwording van de gesplitste delen tot een "heel mens" wordt in Marons roman evenwel belachelijk gemaakt: "Mit sich eins werden, haha. [...] Über deine Paradiessucht hätt ick mich schon immer dodlachen können [...] Wat solln dit sein: mit sich eins sein".

Niet alleen in haar fundamenteel afwijzende houding ten opzichte van het communisme, ook in de subjectiviteitsvoorstellingen die Maron in haar romans ontplooit, tekenen zich daarom grote verschillen af in vergelijking met Wolf en Morgner. Ook de genderconcepten wekken een minder binaire indruk. Terwijl vernielzucht en gewelddadigheid bij Wolf en Morgner kennelijk met een mannelijke logica in verband worden gebracht, werd al in *Flugasche* duidelijk dat Marons vrouwenfiguren steeds ook de confrontatie met hun eigen capaciteit tot wreedheid opzoeken. Dat blijkt ook uit de roman *Stille Zeile Sechs* (1991), waarin Rosalind Polkowski – vertrekkend vanuit dezelfde weigering om nog "voor geld te denken", die ook haar voorgangster al tot "overlopen" had aangezet – een poging onderneemt om niet enkel in haar eigen hoofd, maar ook in de buitenwereld een alternatief te vinden voor haar perfect geordende bestaan als historica.

Een mogelijkheid daartoe lijkt haar geboden te worden door de gepensioneerde partijfunctionaris Herbert Beerenbaum, die bij het schrijven van zijn memoires door een verlamde rechterhand wordt gehinderd. Wat Rosalind bij haar aanvaarding van het schijnbaar hersenloze typwerk niet kon voorzien, was dat het aanhoren van zijn zelfingenomen relaas aan haar denkvermogen meer weerstand zou ontlokken dan ze de oude man eigenlijk wou gunnen. Ze begint hem aan steeds kritischere vragen over zijn rol in het communistische geweldapparaat te onderwerpen en gaat uiteindelijk zo ver dat de fysiek erg verzwakte Beerenbaum door zijn opwinding over het verbitterde weerwerk een hartinfarct krijgt en sterft. Eenzelfde dood was ook al Herr Aurich gestorven. De protagonist van de gelijknamige satire uit 1981 (die na haar publicatie in *Das Mißverständnis* in 2001 ook als boek werd gepubliceerd) deelt een aantal wezenlijke kenmerken met Beerenbaum en vele andere vaderlijk-autoritaire mannenfiguren in Marons werk. Ook Aurich, die zich daarvoor al, overtuigd van zijn eigen grootsheid, op Don-Quichottesk-blinde wijze steeds dieper in het verderf had gestort, werd door de subversieve invraagstelling van zijn persoon door een aantal "respectloze wijven" de dood in gedreven.

Stille Zeile Sechs, dat ontstond in de periode waarin Maron in het *Zeit-Magazin* ook een "deutsch-deutsche" briefwisseling met de

West-Duitse publicist Joseph von Westphalen onderhield, werd als roman ook gemotiveerd door de persoonlijke vraag van de auteur naar de redenen om nog langer te blijven wonen in een land, waar zij sinds de publicatie van haar eerste werk in het Westen een fantoombestaan leidde. Het onthutsende inzicht in de mechanismen van een binding door haat, dat in 1988 op biografisch vlak tot het vertrek van de auteur naar Hamburg heeft geleid, is ook bepalend voor de beschrijving van de verhouding tussen Rosalind en Beerenbaum in de roman. Meer nog dan over de in de receptie vaak beklemtoonde onrechtvaardigheden waar Rosalind en haar generatie door de schuld van Beerenbaum en de zijnen het slachtoffer van geworden zijn, denkt Marons (uiteindelijk pas na de Wende gepubliceerde) roman na over de schuld van het ogenschijnlijke slachtoffer zelf. Door haar machtspositie in de confrontatie met een oude, weerloze man heeft namelijk ook Rosalind zelf zich, aanvankelijk zonder het te beseffen, maar met fatale gevolgen, tot een onwrikbare en onverdedigbare overtuiging van het eigen grote gelijk laten verleiden. In haar problematisering van de grenzen tussen schuld en onschuld en in haar beklemtoning van het belang van de persoonlijke verantwoordelijkheid van het individu, zij het als slachtoffer of als dader, heeft de auteur belangrijke denkbeelden van de politieke filosofe Hannah Arendt overgenomen. Deze opvattingen vormen niet alleen de rode draad door Marons hele literaire werk, maar hebben ook haar houding ten tijde van de Val van de Muur geïnspireerd, toen zij met haar argumenten tegen het voortbestaan van de DDR diametraal tegenover Christa Wolf kwam te staan.

Marons politieke commentaren zijn samen met een verzameling columns, dankredes en gelegenheidsteksten na te lezen in de beide bundels *Nach Maßgabe meiner Begreifungskraft* (1995) en *Quer über die Gleise* (2000). Die laatste collectie documenteert ook de beide berichten die Maron in 1976 had geschreven als "Kontaktperson" van de Hauptverwaltung Aufklärung van de Staatssicherheit. Net zoals een paar jaar voordien bij Christa Wolf, veroorzaakte de onthulling van deze contacten in 1995 een mediatieke storm, die meer een bevestiging bood van vertrouwde beoordelingsschema's dan een nuchtere reactie op de ware toedracht van de feiten. Marons berichten over twee door de Stasi mogelijk gemaakte reizen naar West-Berlijn leveren een ironische analyse van de gebreken van de DDR in vergelijking met de vrolijke, kleurrijke en pluriforme creativiteit in de kapitalistische poel van verderf. Weinig later werden ze ten dele letterlijk in *Flugasche* ingebouwd. Dat zij op basis van deze "bijdragen" aan het spionagesysteem van haar staat zelf gedurende decennia tot een object van voortdurende bewaking werd, leek in de publieke debatten over de schandaalepisode in Marons biografie irrelevant.

Hoewel van *Animal triste* (1996) graag wordt beweerd dat Maron, na haar "trilogie van de weerstand" met dit werk volledig nieuwe wegen zou zijn ingeslagen, vallen vooral in de vertelsituatie en in de verlangens van de protagoniste van deze liefdesroman grote continuïteiten met het voorafgaande te onderkennen. Zoals reeds Rosalind in *Die Überläuferin*, heeft de naamloze vertelster zich van bij het begin van het verhaal in haar eigen, van de buitenwereld volledig afgeschermde woonvertrekken opgesloten. De (misschien slechts schijnbaar) stokoude vrouw, die zelf voortdurend scepsis articuleert tegenover de betrouwbaarheid van haar relaas, herinnert niet alleen omwille van deze situatie aan de wereldvreemde helden van Becketts romans, maar ook door de toon van haar vertelling, die door een onwezenlijke en niet meer precies te bepalen tijdsafstand van het verhaalde gebeuren gescheiden lijkt te zijn.

De vrouw, een voormalige paleontologe in het Oost-Berlijnse museum voor natuurkunde, wordt kort na de Wende, op reeds middelbare leeftijd, hals over kop verliefd op een evenmin jonge, getrouwde entomoloog uit het Westen. Sinds jaar en dag, beweert ze aan het niet exact te dateren begin van de roman, heeft ze niets anders meer gedaan dan haar liefdesgeschiedenis mentaal te herbeleven. Keer op keer herhaalt ze voor zichzelf dezelfde scènes, waarbij ze tegelijk probeert om alle gebeurtenissen uit het verleden, die met haar grote liefde niets te maken hebben, te vergeten. Ook de naam van haar geliefde heeft ze uit haar geheugen gebannen. Dat ze hem dan maar "Franz" doopt, omdat ze meent geen andere man met deze naam te hebben gekend, biedt een belangrijke indicatie voor de mate waarin de geliefde een projectievlak is geworden voor al haar fantasievoorstellingen en verlangens. Hetzelfde geldt ook voor de stad Berlijn, die na de Val van de Muur met zijn opengewoelde straten en overal opduikende kranen als "grootstadjungle" een perfecte afspiegeling lijkt te bieden van de chaos en plotse opstoot aan energie in het binnenste van de door tomeloze passie overweldigde vertelster.

Het zijn vooral de zelfironische commentaren van de vertelster die weten te voorkomen dat het verhaal over een in feite banale driehoeksrelatie tot kitsch verwordt. Om haar visie op de werking van het geheugen en het wezen van de herinnering kracht bij te zetten, maakt de protagoniste gebruik van een beeld dat ze aan Brechts drama *Leben des Galilei* heeft ontleend: herinneringen zouden zijn zoals de parels in het binnenste van een schaaldier, die hun oorspronkelijk hoekige vorm met elke bijkomende laag parelmoer voor een steeds perfectere ronde gedaante inruilen. Al worden met de loop der jaren ook van herinneringen de scherpe kantjes afgevijld, toch blijkt aan het eind van *Animal triste* niet alles verdrongen te kunnen worden. Een onaangename, maar onuitwisbare herinneringsflard maakt duidelijk dat Franz, die na een druilerige herfstavond nooit naar zijn geliefde is teruggekeerd, misschien wel door haar schuld onder een bus is omgekomen.

De – ook door de hersenwetenschap nog niet volledig doorgronde – mechanismen van het herinneren en vergeten worden verder onderzocht in Marons totnogtoe enige niet-fictionele werk, de familiegeschiedenis *Pawels Briefe* (1999). De crux van het verhaal ligt in het onverklaarbare vergeten van Marons moeder Hella: de brieven die haar vader, een Poolse emigrant van joodse afkomst, na zijn deportatie door de nazi's vanuit een Pools getto (en later vanuit het concentratiekamp) aan zijn kinderen in Berlijn had geschreven, bleken, toen ze in 1994 door toeval werden teruggevonden, sinds tientallen jaren uit haar geheugen te zijn gewist. Zelfs het feit dat zij met eigen berichten week na week had geantwoord op de steeds vertwijfelder klinkende beschrijvingen van de erbarmelijke levensomstandigheden waarin haar ouders de laatste maanden van hun leven hebben doorgebracht, was voor haar, toen ze met de correspondentie werd geconfronteerd, zo nieuw als had ze het nooit geweten. Niet alleen het trauma van de existentiële angst, die Hella als halfjoodse tijdens de oorlogsjaren zelf heeft doorstaan, ook de volledig op de toekomst gerichte communistische ideologie waarmee zij zich na de oorlog identificeerde, kunnen verklaren, waarom haar leven zo weinig ruimte had geboden om stil te staan bij het verleden.

Met haar reconstructie van het levensverhaal van de grootouders die ze door hun vroegtijdige dood nooit heeft gekend, bewaart Maron naast persoonlijke tegelijk ook collectieve geschiedenis. De concentratie op de concrete details van het individuele leven blijkt een – de jongste jaren door steeds meer auteurs aangewende – strategie te zijn om zich door de omvang van de gruwel van de holocaust niet te laten overweldigen en om, ondanks de inadequaatheid van elke representatie, niet te verstommen. De twijfel over haar eigen geschiktheid om als buitenstaander over een tijdperk te schrijven dat ze zelf nooit heeft beleefd, wordt gecompenseerd door de meerstemmige opbouw van het werk, waarin ook Pawel en zijn vrouw Josefa, hun dochter Hella en andere rechtstreekse getuigen, door citaten uit hun notities vaak in hun eigen stem, een eigen versie aan die van de vertelster kunnen toevoegen.

Met *Endmoränen* (2002) knoopt Maron weer aan bij de reflecties over het ouder worden in *Animal triste*. Vanuit haar zomerhuis op het Voorpommerse platteland denkt de protagoniste Johanna na over datgene wat sinds de ondergang van de DDR eigenlijk in haar leven is veranderd. De germaniste, die al wekenlang met gering succes probeert om eindelijk haar biografie geschreven te krijgen over Wilhelmine Enke, de maîtresse van de Pruisische koning Friedrich Wilhelm II, stelt vast dat zij, anders dan het – zichzelf telkens opnieuw uitvindende – object van haar biografie, en ondanks haar vele wilde plannen na de Val van de Muur, niet in staat is gebleken om haar leven over een fundamenteel andere boeg te gooien. De morenen ("opeenhopingen van bergpuin bij een gletsjer") uit de titel verwijzen daarom niet alleen heel concreet naar de landelijk idyllische achtergrond van het verhaal, maar vooral ook naar de relicten die de (communistische) "ijstijd" ook in individuele levens heeft achtergelaten. Ook nadat de steen des aanstoots is verdwenen, is Johanna afhankelijk gebleven van de – jarenlang geoefende en verfijnde – strategieën om hem te bestrijden. Ze beseft dat een dergelijk gedrag elke zin heeft verloren, maar vreest tegelijk dat het intussen, nu zij in de herfst van haar leven is aangekomen, te laat is voor een nieuw begin. Haar resignerende toon, die een correspondentie vindt in het steeds herfstachtiger wordende landschap, herinnert niet enkel aan Tsjechov, maar ook aan het elegische karakter van Christa Wolfs *Sommerstück*. Nog voor het vooruitzicht op een – door de stijgende levensverwachting van de doorsnee West-Europeaan mogelijks nog tientallen jaren durende – herhaling van hetzelfde de protagoniste in de totale depressie kan storten, duiken een Russische galeriehouder en een zwarte verwaarloosde hond op, die de verkenning van nieuwe wegen in het nog niet gepubliceerde vervolg op deze roman aankondigen. Een indicatie van de richting die Johanna's leven uit zal gaan, bieden de *Poetikvorlesungen* die Maron begin 2005 aan de universiteit van Frankfurt heeft gehouden.

Afsluitend, en om aan het eind van dit essay nog even terug te keren naar de in het begin opgeworpen vraag over het eventuele voortbestaan van de "DDR-literatuur", kan vastgesteld worden dat het werk van Maron en Wolf, dat steeds dicht bij biografische ervaringen aanleunt, in al zijn verscheidenheid laat zien dat de DDR in hun schrijven – en in dat van auteurs die net als zij het grootste deel van hun volwassen bestaan in de Oost-Duitse staat hebben doorgebracht – ongetwijfeld ook in de toekomst nog een rol zal spelen. In de receptie van de teksten, die zowel in het Oosten als in het Westen lange tijd voornamelijk op zoek is gegaan naar betrouwbare informatie over het leven in het *andere* Duitsland, heeft het thema DDR – gelukkig – heel wat van zijn vroegere brisantie ingeboet. Daardoor komt eindelijk ruimte vrij voor een analyse van andere thema's en vooral ook van de meer formeel-esthetische kenmerken van de jarenlang op veel te voorspelbare wijze geduide teksten van de "voormalige DDR-auteurs".

Beknopte bibliografie

Primaire literatuur

Monika Maron

Flugasche. Roman, Frankfurt/M.: Fischer, 1981.

Das Mißverständnis. Vier Erzählungen und ein Stück, Frankfurt/M.: Fischer, 1982.

Die Überläuferin. Roman, Frankfurt/M.: S. Fischer, 1986. (met Joseph von Westphalen): *Trotzdem herzliche Grüße. Ein deutsch-deutscher Briefwechsel. Mit einem Nachwort von Antonia Grunenberg,* Frankfurt/M.: Fischer, 1988.

Stille Zeile Sechs. Roman, Frankfurt/M.: Fischer, 1991. (*Stille Zeile, nummer zes: roman,* vert. Nelleke van Maaren, Amsterdam: Atlas, 2001.)

Nach Maßgabe meiner Begreifungskraft. Artikel und Essays, Frankfurt/M.: Fischer, 1993.

Animal triste. Roman, Frankfurt/M.: Fischer, 1996. (*Animal triste,* vert. Nelleke van Maaren, Amsterdam: Atlas, 1997.)

Pawels Briefe. Eine Familiengeschichte, Frankfurt/M.: Fischer, 1999.

Quer über die Gleise. Essays, Artikel, Zwischenrufe, Frankfurt/M.: Fischer, 2000.

Endmoränen. Roman, Frankfurt/M.: Fischer, 2002.

Geburtsort Berlin. Mit Fotos von Jonas Maron, Frankfurt/M.: Fischer, 2003.

Wie ich ein Buch nicht schreiben kann und es trotzdem versuche, Frankfurt/M.: Fischer, 2005.

Irmtraud Morgner

Das Signal steht auf Fahrt. Erzählung, Berlin, DDR: Aufbau, 1959.

Ein Haus am Rande der Stadt. Roman, Berlin, DDR: Aufbau, 1962.

Hochzeit in Konstantinopel. Roman, Berlin, DDR: Aufbau, 1968.

Gauklerlegende. Eine Spielfrauengeschichte, Berlin, DDR: Eulenspiegel, 1970.

Die wundersamen Reisen Gustavs des Weltfahrers. Lügenhafter Roman mit Kommentaren, Berlin, DDR: Aufbau, 1972.

Leben und Abenteuer der Trobadora Beatriz nach Zeugnissen ihrer Spielfrau Laura. Roman in dreizehn Büchern und sieben Intermezzos, Berlin, DDR: Aufbau, 1974.

(met Sarah Kirsch en Christa Wolf): *Geschlechtertausch. 3 Geschichten über die Umwandlung der Verhältnisse,* Darmstadt: Luchterhand, 1980.

Amanda. Ein Hexenroman, Berlin, DDR: Aufbau, 1983.

Der Schöne und das Tier. Eine Liebesgeschichte, Frankfurt/M.: Luchterhand, 1991.

Rumba auf einen Herbst. Roman, Ed. Rudolf Bussmann. Frankfurt/M.: Luchterhand, 1992.

Das Heroische Testament. Roman in Fragmenten, Ed. Rudolf Bussmann. München: Luchterhand, 1998.

Christa Wolf

Moskauer Novelle, Halle: Mitteldeutscher Verlag, 1961.

Der geteilte Himmel. Erzählung, Halle: Mitteldeutscher Verlag, 1963.

Nachdenken über Christa T., Halle: Mitteldeutscher Verlag, 1968. (*Nadenken over Christa T.: roman,* vert. Tinke Davids, Amsterdam: Van Gennep, 1988.)

Lesen und Schreiben. Aufsätze und Betrachtungen, Berlin, DDR: Aufbau, 1971.

(met Gerhard Wolf): *Till Eulenspiegel: Erzählung für den Film,* Berlin, DDR: Aufbau, 1972.

Unter den Linden. Drei unwahrscheinliche Geschichten, Berlin, DDR: Aufbau, 1974.

Kindheitsmuster, Berlin, DDR: Aufbau, 1976. (*Patronen van een jeugd: roman,* vert. Tinke Davids, Amsterdam: Van Gennep, 1990)

Kein Ort. Nirgends, Berlin, DDR: Aufbau, 1979. (*Geen plek. Nergens: roman,* vert. Tinke Davids, naw. Roswitha Wiegmann, Amsterdam: Van Gennep, 1985.)

Fortgesetzter Versuch. Aufsätze, Gespräche, Essays, Leipzig: Reclam, 1979.

Kassandra. Erzählung, Darmstadt: Luchterhand, 1983. (*Kassandra: verhaal,* vert.Tinke Davids, naw. Margret Brügmann, Amsterdam: Van Gennep, 1990.)

Voraussetzungen einer Erzählung. Kassandra. Frankfurter Poetik-Vorlesungen, Darmstadt: Luchterhand, 1983. (*In de ban van Kassandra: lezingen over het ontstaan van een verhaal,* vert. Tinke Davids, Amsterdam: Van Gennep, 1987.)

Die Dimension des Autors. Essays und Aufsätze, Reden und Gespräche 1959-1985, 2 delen, Berlin, DDR: Aufbau, 1986.

Störfall. Nachrichten eines Tages, Berlin, DDR: Aufbau, 1987. (*De cesuur: berichten van een dag,* vert. Tinke Davids, Amsterdam: Van Gennep, 1987.)

Ansprachen, Darmstadt: Luchterhand, 1988.

Sommerstück, Berlin, DDR: Aufbau, 1989.(*Zomerspel: roman,* vert. Tinke Davids, Amsterdam: Van Gennep, 1989.)

Reden im Herbst. Dokumente und Nachweise, Berlin: Aufbau, 1990. (= *Im Dialog. Aktuelle Texte.* Frankfurt/M.: Luchterhand 1990.)

Was bleibt. Erzählung, Frankfurt/M.: Luchterhand, 1990. (*Wat blijft: novelle,* vert. Tinke Davids, Amsterdam: Van Gennep, 1991.)

(met Brigitte Reimann): *Sei Gegrüßt und Lebe. Eine Freundschaft in Briefen, 1964-1973,* Berlin: Aufbau, 1993.

Auf dem Weg nach Tabou. Texte 1990-1994, Köln: Kiepenheuer & Witsch, 1994. (met Franz Fühmann): *Monsieur – wir finden uns wieder. Briefe 1968-1984. Briefwechsel mit Franz Fühmann,* Ed. Angela Drescher. Berlin: Aufbau, 1995.

Medea. Stimmen. Roman, München: Luchterhand, 1996. (*Medea: stemmen: roman,* vert. Tinke Davids, Amsterdam: Van Gennep, 1996.)

Hierzulande Andernorts. Erzählungen und andere Texte 1994-1998, München: Luchterhand, 1999.

Werkausgabe in zwölf Bänden, Ed. Sonja Hilzinger. München: Luchterhand, 1999-2001.

Leibhaftig. Erzählung, München: Luchterhand, 2002.

Ein Tag im Jahr. 1960-2000, München: Luchterhand, 2003.

Mit anderem Blick. Erzählungen, Frankfurt/M.: Suhrkamp, 2005.

Secundaire literatuur

ANZ, Thomas (red.). *"Es geht nicht um Christa Wolf": der Literaturstreit im vereinten Deutschland,* Frankfurt/M.: Fischer Taschenbuch, 1995.

ARNOLD, Heinz Ludwig (red.). *Christa Wolf* (=text + kritik 46), München: ed. text + kritik, 1994.

BRIDGE, Helen. *Women's Writing and Historiography in the GDR,* Oxford: Clarendon Press, 2002.

Silke von der Emde. *Entering History. Feminist Dialogues in Irmtraud Morgner's Prose* (=German Life and Civilization 40), Oxford/Berlin: Lang, 2004.

EMMERICH, Wolfgang. *Kleine Literaturgeschichte der DDR,* Leipzig: Gustav Kiepenheuer, 1996.

FINNEY, Gail. *Christa Wolf,* New York: Twayne, 1999.

GILSON, Elke (red.). *Monika Maron in Perspective. "Dialogische" Einblicke in zeitgeschichtliche, intertextuelle und rezeptionsbezogene Aspekte ihres Werkes* (= German Monitor 55), Amsterdam/New York: Rodopi, 2002. (met volledige bibliografie tot 2002)

GILSON, Elke (red.). *"Doch das Paradies ist verriegelt..." Materialien zum Werk von Monika Maron,* Frankfurt/M.: Fischer, 2006.

KANZ, Christine. "Wissenschaftskritik und Geschlechterdifferenz in Texten von Monika Maron, Ingeborg Bachmann, Christa Wolf und Anne Duden", in: Christine Kanz, *Gegenwelten. Zur Geschlechterdifferenz in den Kulturwissenschaften* (= Fußnoten zur Literatur 42), Bamberg: Verlag Wulf Segebrecht, 1997, pp. 79-94.

KLG. Kritisches Lexikon zur deutschsprachigen Gegenswartsliteratur: Frauke Meyer-Gosau over Wolf, Heinz Puknus over Morgner, Konrad Franke over Maron.

KOCH, Lennart. *Ästhetik der Moral bei Christa Wolf und Monika Maron. Der Literaturstreit von der Wende bis zum Ende der neunziger Jahre* (= Schriften zur Europa- und Deutschlandforschung 8), Frankfurt/M.: Lang, 2001.

LEWIS, Alison. *Subverting Patriarchy. Feminism and Fantasy in the Works of Irmtraud Morgner,* Washington: Berg, 1995.

LEWIS, Alison. "Die Verkörper(lich)ung der Freiheit: Geschlecht, Macht und Körper in den Romanen Monika Marons.", *Zeitschrift für Germanistik. Neue Folge*, H.3 (2000), pp. 579-595.

MAGENAU, Jörg. *Christa Wolf. Eine Biographie,* Berlin: Kindler, 2002.

ROSSBACHER, Brigitte. *Illusions of Progress. Christa Wolf and the Critique of Science in GDR Women's Literature* (= East German Studies, Vol. 32), New York: Peter Lang, 2000.

SCHMITZ-KÖSTER, Dorothee. *Trobadora und Kassandra und… Weibliches Schreiben in der DDR.* Köln: Pahl-Rugenstein, 1989.

VANHELLEPUTTE, Michel (red.). *Christa Wolf in feministischer Sicht: Referate eines am 7. und 8. Dezember 1989 an der "Vrije Universiteit Brussel" veranstalteten Kolloquiums,* Frankfurt/M.: Lang, 1992.

HANS MAGNUS ENZENSBERGER
(1929 –)

Bart PHILIPSEN

EEN OPGEMERKTE DEBUTANT

"Endlich, endlich ist unter uns der zornige junge Mann erschienen". Niemand minder dan Alfred Andersch zorgde met een inmiddels bijna legendarische recensie van de poëziebundel *Verteidigung der Wölfe* (1957) voor de pijlsnelle lancering van Hans Magnus Enzensberger in de naoorlogse Duitstalige literatuur. In 1955 had Andersch de jonge burgerzoon, kort na de voltooiing van zijn proefschrift over Clemens Brentano, als assistent-redacteur voor zijn literaire radioprogramma's aangeworven. Een schot in de roos zo bleek, want Enzensbergers radio-essays waarin ondermeer brandhout werd gemaakt van de retoriek – het 'discours' – van bijvoorbeeld het toen al beroemde weekblad DER SPIEGEL of het boulevardblad BILD, bleven niet onopgemerkt. *Verteidigung der Wölfe* was voorzien van een aparte *Gebrauchsanweisung* waarin de auteur opriep om zijn gedichten te begrijpen als "opschriften, affiches, vlugschriften, krantenannonces, muurinscripties". Het ging, kortom, om poëzie met de vinger aan de hectische pols van de maatschappij, gedichten vol injectieven voor de "ongeduldigen": "Lies keine Oden, mein Sohn, lies die Fahrpläne: sie sind genauer". (*Ins Lesebuch für die Oberstufe*) Het titelgedicht is een regelrechte aanval op de kleine burgerij en de zwijgende meerderheid in het naoorlogse restauratieve Adenauer-tijdperk: "Ihr Lämmer, Schwestern sind, / mit euch verglichen, die Krähen: / Brüderlichkeit herrscht / unter den Wölfen: / sie gehen in Rudeln". In een ander programmatisch gedicht *Anweisung an Sisyphos* valt het woord waaraan de debutant zijn 'epitheton' te danken had: "lab dich an deine Ohnmacht nicht, / sondern vermehre um einen Zentner / den Zorn in der Welt, um ein Gran". Voor Andersch aanleiding genoeg om de *angry young man* tot erfgenaam van de politieke poëzie van de – overigens pas overleden – Bertolt Brecht uit te roepen. Inderdaad herinnert de stijl van Enzensberger poëzie vaak aan die van Brecht, al blijkt bijvoorbeeld uit het Sisyphosgedicht dat de jonge Enzenszberger al lang niet meer het historisch optimisme en de didactische esthetiek van de meester deelde: "Was du tust, ist aussichtslos. Gut: / du hast es begriffen, gib es zu, / aber finde dich nicht damit ab, / Mann mit dem Stein". Maar Andersch prees in een adem ook de "mozartiaans gewichtloze, lichte hand" van zijn protégé. Daarmee trof hij zeer precies de ambivalentie van politieke gedrevenheid en schijnbare poëtische lichtvoetigheid die zowat het handelsmerk van Enzensberger zou worden en – zoals de titels van zijn recentere werken *Leichter als Luft. Moralische Gedichte* en *Die Geschichte der Wolken. 99 Meditationen* aantonen – meer is dan een uiterlijke signatuur: een ethos. Die ambivalentie beantwoordde ook aan het beeld dat de jonge 'rebel' zelf maar wat graag in de media ging mee-creëren: dat van een altijd met flair geklede, briljante intellectueel met een hang naar modern maniërisme en het *bon mot*, maar ook met een vlijmscherp inzicht in 'alledaagse' ideologische mechanismen of 'mythologieën' en een onverzadigbare honger naar brandend actuele internationale *issues*, een hedendaagse avant-gardist "fladderend rond krantenkiosken met buitenlandse kranten als een kolibri". (Peter Rühmkorf) Een negatieve lectuur van dat oordeel dat Enzensberger tot cultuurseismograaf en –metereoloog benoemt, zal hem tot op heden blijven achtervolgen. Zijn tegenstanders – en die zitten zowel ter linker als ter rechterzijde – vinden hem veeleer een opportunist, een windhaan en briljante maar modieuze trendwatcher.

Een blik op de context van Enzensbergers debuut levert een interessant plaatje op. In 1957 was namelijk ook Heiner Müllers eerste bekroonde theaterstuk *Der Lohndrücker* verschenen; en in 58 verrast een nauwelijks oudere Günter Grass het publiek van de Gruppe 47 (waaronder ook Enzensberger) met een paar bladzijden uit zijn pas voltooide roman *Die Blechtrommel.* Er zijn goede redenen om Enzensberger, Günter Grass en Heiner Müller ondanks grote onderlinge verschillen als de 'drie tenoren' van de Duitse naoorlogse literatuur te beschouwen, tenminste als men rekening houdt met hun constante aanwezigheid op de literaire scene in de tweede helft van de twintigste eeuw en met hun bekendheid buiten de grenzen van het eigen taalgebied. Alle drie hebben ze zich aan verschillende genres gewaagd;

maar terwijl Grass toch vooral als verteller en Müller als theatermaker naam hebben gemaakt, wordt Enzensberger haast uitsluitend geassocieerd met een ondertussen behoorlijk omvangrijk poëtisch en essayistisch, voornamelijk cultuurkritisch oeuvre. In vergelijking met het oeuvre van Grass en Müller is de focus van Enzensbergers werk enerzijds internationaler, anderzijds sterker op de naoorlogse *Bundesdeutsche* actualiteit gericht. Niet dat Enzensberger vergroeid was of is met Duitsland. Zoals bij zo vele naoorlogse Duitstalige auteurs heeft het trauma van de tweede wereldoorlog en in het bijzonder van de geallieerde bombardementen – met name op zijn geboortestad Nürnberg – van hem een fundamenteel ontwortelde, ex-territorale schrijver gemaakt. Enzensbergers taalkritische reflex, de insisterende thematiek van de ondergang of catastrofe en het diepgewortelde wantrouwen tegenover de geforceerde normaliteit van de *Bundesrepublik* na 45 zijn belangrijke symptomen van die vervreemding van de eigen taal en cultuur. Na de publicatie van zijn eerste gedichtbundel emigreerde de auteur overigens naar Noorwegen; even later volgen kortere en langere verblijven in Rome en andere Italiaanse steden, Rusland, New York, Mexico en – natuurlijk – Cuba waar hij in 1968 en 69 met hooggestemde verwachtingen naar toe trok en diep ontgoocheld en ontnuchterd raakte over het 'reële' socialisme van *el jeffe* Fidel en de zijnen. Enzensberger had de fysieke afstand van het vaderland nodig voor zijn haarscherpe diagnoses van de naoorlogse republiek van het *Wirtschaftswunder* en de geforceerde normaliteit; en uiteraard als uitdrukking van zijn – ondogmatisch-marxistisch geïnspireerde – internationalisme. Maar die exterritorialiteit belette hem niet om gedurende vele decennia de meest aanwezige intellectueel in de Duitse media te zijn; en tegelijkertijd als geen ander het intellectuele debat in Duitsland met internationale thema's te injecteren.

VAN *VERTEIDIGUNG DER WÖLFE* TOT *NATÜRLICHE GEDICHTE*: DE DICHTER ENZENSBERGER

Tussen 1957 en 2004 – toen Enzensberger naar aanleiding van zijn 75ste verjaardag een door hem zelf samengestelde bloemlezing met de bedrieglijke titel *Natürliche Gedichte* publiceerde – zijn zowat vijftien gedichtbundels verschenen. Men kan ongetwijfeld fases in

Enzensbergers lyrische productie onderscheiden. *Landessprache* (1960) en *Blindenschrift* (1964) zetten het procédé van *Verteidigung der Wölfe* min of meer verder: poëzie moet als *Gebrauchsgegenstand* begrepen worden, aanzetten tot reflectie, want om de waarheid en niet om persoonlijke emoties is het de dichter te doen. In het lange openings- en titelgedicht *Landessprache* – niet het enige, lange epische gedicht in Enzensbergers oeuvre – staat nog eens Enzensbergers gespleten verhouding tot het al even gespleten vaderland centraal:

> denn dieses Land, vor Hunger rasend, / zerrauft sich sorgfältig mit eigenen Händen, / dieses Land ist von sich selber geschieden, / ein aufgetrenntes, inwendig geschiedenes Herz, / unsinnig tickend, eine Bombe aus Fleisch, / eine nasse, abwesende Wunde: / Deutschland, mein Land, unheilig Herz der Völker, / ziemlich verrufen, von Fall zu Fall, unter allen gewöhnlichen Leuten: // Meine zwei Länder und ich, wir sind geschiedene Leute, / und doch bin ich inständig hier, / in Asche und Sack, und frage mich: was habe ich hier verloren?

Meer nog dan in *Verteidigung der Wölfe* breekt de taal van het maatschappelijke discours, van de media (inclusief de tabloids) en de politiek in de poëzie binnen, zoals het tot in het latere oeuvre doorlopende motief van een totale atomaire vernietiging of een ander ecologisch armageddon dat het kapitalistisch-industriële netwerk hetzij langzaam hetzij door een plotse catastrofe zal vernietigen: "es ist etwas in der Luft, klebrig / und zäh, etwas, das keine Farbe hat / (nur die jungen Aktien spüren es nicht): / Gegen uns geht es, gegen den Seestern / Und das Getreide". Maar het retorische maniërisme, het gebruik van motti uit de klassieke canon (Heraclitos, Plinius, Vergilius...) en het – voor Enzensberger misschien wel meest typische – procédé van het halve, parodistische citaat dat zowel naar de literaire (of bijbelse) canon als naar het onuitputtelijke arsenaal van zegswijzen, gemeenplaatsen en alledaagse uitdrukkingen kan verwijzen, zorgen voor een systematische vervreemding van het actualiteitsperspectief. Vooral het atomair-ecologische ondergangstopos is een symptoom van een veel complexere geschiedfilosofische tendens die al bij de eerste receptie als "religieus" of – in de traditie van Enzensbergers geliefde Franse Verlichtingsdenkers – op z'n minst als deïstisch werd bestempeld; een pessimistisch deïsme en een radicaal negatieve theologie welteverstaan (*Ode an Niemand* heet een cyclus in de bundel), want het is een grondtendens van Enzensbergers werk, dat de moderne mens met de vrijheid en verantwoordelijkheid die hem door de terugtrekking van God werd geschonken, niet veel goeds heeft aangericht. En dat het 'heilige' of 'goddelijke' in het beste geval nog overleeft in anorganische of elementaire plantaardige en dierlijke bestaansvormen. Een alternatief voor de catastrofale cultuurgeschiedenis zoekt de cosmopolitiet Enzensberger inderdaad vreemd genoeg in al dan niet idyllische natuurlijke realiteiten, die echter vaak de idee van idylle perverteren of laten convergeren met onverbloemde regressieve fantasieën door het vreemde perspectief van de mens als verbannen Adam, en meer nog door ongewone keuzes ("Das zarte Erdherz, die Sellerie, / menschlicher als der Mensch, / frißt nicht seinesgleichen" *Ehre sei der Sellerie)* of door imaginaire identificaties met 'lagere' levensvormen ("ich bleibe, // mildherzig unter den Wurzeln, / wie eine Auster im Meer, und harre, / und lausche in meinen Bronchien / dem süßen Wind, wie ein Strauch". *Anwesenheit).*

In de bundel *Blindenschrift* heeft de bitsige toon en expliciet politieke en 'objectieve' thematiek van de twee voorgaande bundels plaatsgemaakt voor een opvallend subjectievere en persoonlijkere poëzie. De gedichten in *Blindenschrift* laten met een zekere verbitterde berusting het drama van de wereld 'daarbuiten' binnensijpelen om zich op een unheimliche wijze in de intieme ruimte te nestelen zoals in het vaak geciteerde *Abendnachrichten*:

> Massaker um eine Handvoll Reis, / höre ich, für jeden an jedem Tag / eine Handvoll Reis: Trommelfeuer / auf dünnen Hütten, undeutlich / höre ich es, beim Abendessen. // Auf den glasierten Ziegeln / höre ich Reiskörner tanzen, / eine Handvoll, beim Abendessen, / Reiskörner auf meinem Dach: / den ersten Märzregen, deutlich.

Vaak registreren ze met haast mystieke aandacht de details, de kleine verschillen en geringste eigenschappen van de dingen die tegelijk onbetekend lijken, maar door hun onverschilligheid tegenover de grote geschiedenis van hun eigen natuurlijke historia een subversief verhaal maken, zoals in de lange hymne op het korstmos (*Flechten*):

> Worauf will dieser hinaus, / sagt ihr, mit seinen Flechten? / Soll er Hungermoos essen! / Wir haben keine Zeit. // Aber die Flechte, / die Flechte hat Zeit. / Diese Tausendjährige da / zu euern Füßen / hat Barbarossas

> Schuh / zertreten, doch sie / achtete seiner nicht. // Nicht von den ungeschlachten / Schlachten der Reiter / ist das Färbermoos rot, / doch es war dabei.

De les van de leermeester Adorno indachtig probeert het gedicht in de weigering om politiek te zijn en in de zelfreflectie als taalconstructie weerstand te bieden aan een ideologische of andersoortige geweldpleging op het onbetekenende, geringe en singuliere.

Na de drie vroege bundels verdwijnt poëzie voor langere tijd naar het achterplan (zonder echt afwezig te zijn, zo blijkt uit de bundel *Gedichte 1955-1970*) om pas tien jaar later aarzelend terug prominent te worden. De gepolitiseerde en poëzie-onvriendelijke sfeer op het einde van de zestiger jaren zat daar uiteraard voor iets tussen. Met *Mausoleum* (1975) en *Der Untergang der Titanic* (1978) lijkt die weerstand tegen poëzie overwonnen; maar hoe knap en vernieuwend beide werken ook zijn, ze zijn niet zondermeer onder het label poëzie te klasseren – de ondertitel van *Der Untergang der Titanic* is niet toevallig *Eine Komödie*. *Mausoleum* doet dan weer denken aan een mengvorm van antieke historiografie in versvorm en documentaire poëzie; in zevendertig balladen behandelt Enzensberger zeer persoonlijke capita selecta uit de geschiedenis – de onverzoenlijke dialectiek – van de Verlichting. Het zijn even zovele portretten of grafschriften van protagonisten en tegenstanders van de Verlichting die al dan niet een productieve, vaak ook goedbedoelde maar misbruikte bijdrage tot de geschiedenis van de mensheid hebben geleverd. Enzensberger trakteert de lezers als een echte poeta doctus op een galerij beroemde en ook minder gekende wiskundigen, antropologen, ingenieurs, biologen, filosofen, kunstenaars, stadsplanners, ontdekkingsreizigers, natuurkundigen, politici, goochelaars enz. Deze vreemde, schijnbaar heterogene familie – van de Italiaanse uurwerkmaker Giovanni de' Dondi (1318-1389) tot de onvermijdelijke Ernesto Guevara de la Serna (1928-1967) – wordt verweven tot een verborgen, gestructureerd netwerk van wisselende paren die elkaar wederzijds lijken te becommentariëren, te corrigeren of te weerleggen. Zo volgt op het portret van de Franse arts en uitvinder Guillotin het verhaal van de Franse filosoof en mathematicus Condorcet die tot de guillotine veroordeeld werd (maar zelfmoord pleegde voor het zover was). Rug aan rug spreken zo de optimistische denker en de man die – al dan niet gewild – de bloedige consequenties uit de revolutionaire droom hielp verwezenlijken. Een gelijkaardige dialectische pas-de-deux vindt men terug bij Gutenberg en Machiavelli: of hoe het instrument bij uitstek van de emancipatie ook de legitimatie van het absolutisme heeft gediend. De grondige bronnen- en literatuurstudie wordt als materiaal voor een complexe literaire evocatie gebruikt die via autobiografische of wetenschappelijke citaten, gedachten, persoonlijke anekdotiek, reflecties van het schrijvende ik en reacties van anderen een polyfone structuur creëert en het klassiek-historische perspectief door welgekozen anachronismen en actualiseringen (Leibniz' biografie wordt met 'citaten' uit een geheim CIA-rapport gelardeerd) ondermijnt. Enzensbergers laatste portret – over Guevara – eindigt met een diepontgoochelde reflectie over wat er 'blijft' van Ché en zijn revolutie, namelijk een door het kapitalisme alweer lang handig gerecupereerde zichzelf overlevende flower-power trend:

> Löcher im Volkskrieg. Sonst in der Metropole spricht von ihm / nur noch eine Boutique, die seinen Namen gestohlen hat. / An der Kensington High Street glimmen die Räucherstäbchen; / neben der Ladenkasse sitzen die letzten Hippies, verdrossen, / unwirklich, wie Fossile, und fraglos, und fast unsterblich. // Der Text bricht ab, und ruhig rotten die Antworten weiter.

Het Cubaanse fiasco ligt ten grondslag aan Enzensbergers bekendste en allicht ook meest complexe werk *Der Untergang der Titanic*. Ondanks de duidelijke allusie op Dante's *Divina Commedia* waarvan het o.a. de indeling in 33 gezangen overneemt, blijft het onmogelijk om deze hybride tekst precies te definiëren – toevallig of niet werd hij ook een paar maal voor het theater bewerkt. De diversiteit aan genres, perspectieven en de montage van citaten uit zowat alle mogelijke bronnen – van de menu's uit de eerste klasse van de Titanic over negrospirituals en citaten uit Poe's *Gordon Pym* tot citaten uit Dante, Lenin, Bakoenin – is net als de beproefde techniek van het anachronisme – Marilyn Monroe en Dante drijven naast elkaar voorbij – en de ingewikkelde poëtische concentratie van een groot stuk Europese cultuurgeschiedenis *in a nutshell* Enzensberger ten voeten uit. Er is een duidelijke quasi-autobiografische kadervertelling, vastgehecht aan het standpunt van een postrevolutionaire, illusieloze ik-verteller in het Berlijn van de deprimerende zeventiger jaren die terugblikt op een verblijf in Cuba, acht jaar vroeger (onder het laatste gezang staan de coördinaten "Habanna 1969-Berlin 1977").

Het hele "versepos" volgt de logica van een meerlagig afscheid en rouwproces. Zo is er de rouw om een manuscript over de ondergang van de Titanic dat ooit in Havanna werd begonnen, maar 'verloren' ging toen het verstuurd werd naar Europa en nu gereconstrueerd moet worden door een schrijver die – net als Cuba, de revolutie, de wereld – niet meer identiek is aan wie of wat hij toen was; en ook dat is een verlies, wellicht het eigenlijke verlies dat hier verwerkt wordt. Het zinkende schip met zijn vele niveaus of 'dekken' wordt een metafoor voor een heel mens-, wereld- en maatschappijbeeld – een eerbiedwaardig topos dat minstens tot Sebastian Brants *Narrenschiff* teruggaat. De spanning tussen het gereconstrueerde verhaal over de zinkende mythe van de Titanic met al de gekende cultuurfilosofische connotaties (zoals de kritiek op het bijna religieuze geloof in techniek en vooruitgang) en een vertelsituatie die doordrenkt is van de ontgoocheling om het verlies van een politiek-maatschappelijke droom wordt nog gecompliceerder door een derde laag meta-literaire, vooral kentheoretische teksten die tussen de gezangen geschoven worden. Ze focussen voornamelijk op de ondergangssymboliek en -metaforiek in de hele Westerse kunst- en cultuurcanon, op het esthetische genot van de artistieke voorstelling van de ondergang net zo goed als op de commercialisering en banalisering ervan.

Vooral die extra reflexieve dimensie heeft nogal wat kritiek uitgelokt, niet enkel bij de literaire mainstream die in de zeventiger jaren in hoofdzaak de cultus van de "neue Innerlichkeit" beleed en dus dit soort tekst te 'politiek' vond, maar vooral bij de klassieke linkse achterban die Enzensberger van verraad aan het progressief-revolutionaire verhaal betichtte. De waarheid ligt nog elders: In het essay "Zwei Randbemerkungen zum Untergang" (1978) duidt Enzensberger de fascinatie voor apocalyptische en (utopische of a-topische) fantasieën als reactie op een taboe of minstens blinde vlek van de linkse theorie die het onberekenbare van de geschiedenis – haar oncontroleerbare negativiteit – had verloochend ten voordele van het ideaal van een maakbare en planbare maatschappij. Ze ontkent

> daß es keinen Weltgeist gibt; daß wir die Gesetze der Geschichte nicht kennen; daß auch der Klassenkampf ein 'naturwüchsiger' Prozeß ist, den keine Avantgarde bewußt planen und leiten kann; daß die gesellschaftliche wie die natürliche Evolution kein Subjekt kennt und daß sie deshalb unvorhersehbar ist

Enzensberger wil de echte dialectiek van de Verlichting terug aanzwengelen door de rede voortdurend te confronteren met wat haar dwarsboomt en verloochent en haar aan te moedigen om met de moed der wanhoop "voor te doen":

> Alles, heule ich, wie gehabt, alles schlingert, alles / unter Kontrolle, alles läuft, die Personen vermutlich ertrunken / im schrägen Regen, schade, macht nichts, zum Heulen, auch gut, / undeutlich, schwer zu sagen, warum, heule ich und schwimme ich weiter.

De kanttekening die genuanceerdere critici bij het Titanic-project hebben gemaakt, lijkt de achillespees van de onderneming 'Enzensberger' misschien beter te treffen: "Nicht zum Aushalten (...) diese geschmeidige Souveränität, diese Brillianz in allen Stimmlagen, diese Artistik bei der Trauerarbeit!" Is de intellectueel die het links-progressieve discours blindheid voor het onberekenbare, en dus voor de catastrofe en de utopie, verwijt, niet zelf een esthetische controlefreak?

Echt 'terug' is de dichter Enzensberger pas vanaf de negentiger jaren. De bijtend-sarcastische en satirische toon die in vroegere titels doorklinkt lijkt in het recentere werk zoals *Zukunftsmusik* (1991), *Kiosk* (1995), *Leichter als Luft. Moralische Gedichte* (1999) of *Geschichte der Wolken. 99 Meditationen* (2003) geweken voor een meer ironisch-beschouwelijke, ethische en zelfs meditatief-religieuze teneur, al zou men ook op de continuiteit met een gelijkaardige, nog minder overheersende meditatieve en resignatieve teneur in *Landessprache, Blindenschrift* of *Der Untergang der Titanic* kunnen wijzen. Enzensberger heeft alleszins zelf een voorzet aan die interpretatie gegeven met de bloemlezing *Natürliche Gedichte (*2004*)*, een selectie van 31 gedichten uit al zijn poëziebundels, zij het met een duidelijk overwicht van de laatste vier. Een blik op de titels verraadt onmiddellijk het leidmotief: *Sieg der Weichseln, Das Ende der Eulen, Flechtenkunde, Der Eisberg, Ein Hase im Rechenzentrum, H2O,...* Het zijn stuk voor stuk gedichten die de focus richten op dierlijke, plantaardige, fysiologisch-chemische, biologische, anorganische en organische realiteiten en processen die we onder de – bedrieglijk meerduidige: dixit Enzensberger in een "Nachbemerkung" – categorie 'Natuur' vatten. Maar in Enzensbergers schrifttuur nemen ze de gestalte van een niet-idyllische, tussen het sacrale en het meest elementair-profane zwevende tegen- en tussenwereld van de menselijke beschaving aan, soms haar mogelijkheidsvoorwaarde (*H2O*), soms haar bedreiging (*Der Eisberg*), altijd het 'andere' van onze vertrouwde culturele orde. Maar Enzensberger zou Enzensberger niet zijn, als die andere 'natuurlijke' werkelijkheid niet vooral leesbaar zou worden gemaakt doorheen een steeds verfijndere semantiek, een talig onderscheiden en nuanceren van verschillen en eigenschappen – kleurennuances, vormbeschrijvingen, geuren- en smaakpaletten – die ook 'wetenschap' in de strikte zin als een aandacht voor het objectieve *in* de taal en misschien als *poeisis*, een dubbele geboorte van betekenaar en ding begrijpt. Of als een archeologie en een *memoria* van woorden en dingen die vergeten worden (zoals de vele woorden voor "gras" in *Taxonomie*). Een terugkerend motief en de inzet van een groot aantal recente gedichten is de vervreemde en vervreemdende, archaïsche of niet-menselijke, microscopische of net telescopische blik op de dagelijkse orde en schijnbaar vanzelfsprekende realiteit: de menselijke gang ("Wie er das nur fertigbringt, / dieser hinkende Engel", *Balanceakt*) of de ingewikkelde fysiologische en andere operaties die stem en articulatie mogelijk maken (of in gevaar brengen). Ondanks de quasi-etherische of visionaire titels van sommige bundels en gedichten wordt vooral ingezoomd op de natuurlijke en cultureel-historische materialiteit van de wereld en wordt gepoogd om elke ideologische lectuur van die materialiteit te vermijden en zelfs actief te bestrijden. Zoals in het afsluitende titelgedicht *Zukunftsmusik* waarin de 'toekomst' steeds abstracter en 'verhevener', steeds atopischer wordt, de onvatbare referent van een taalspel (al is de allusie op de "Eisberg" uit het *Titanic*-project nooit ver weg) die uiteindelijk weggeschreven wordt:

> Die wir nicht erwarten können, / wirds lehren. // (...) Die wir auf uns zukommen lassen, / erwartet uns nicht, / kommt nicht auf uns zu, / nicht auf uns zurück, / steht dahin. // (...) War nicht, / ist nicht für uns da, / ist nie dagewesen, / ist nie da, / ist nie.

In gedichten als *Der Krieg, wie* – over de alomtegenwoordigheid van geweld, de permanente oorlogssituatie in alle aspecten van de samenleving – en *Privilegierte Tabestände* – naar aanleiding van xenofobie een aanslagen op vreemdelingen in Duitsland – komt nog eens de politieke en maatschappijkritische Enzensberger aan het woord. Toch kan men niet voorbij aan de religieuze of levensbeschouwelijke motieven, topoi of genres die zeker vanaf *Kiosk* gaan overheersen, hoe ironisch, profaan of zelfs heidens ze ook ingekleurd worden, zoals in

Ein Vorwurf ("Wahnwitziger Verschwender, / was hast du mit den Blättern gemacht?") of in *Eine Begegnung der anderen Art*. Een reeks korte heterogene 'statements' of 'data' die via krant, radio, post of conversatie "op één dinsdag" wordt gerecipieerd, wordt aan de "kat van de buren voorgelegd". De in se onbetekenende 'weetjes' contrasteren sterk met de zintuiglijke beschrijving van het dier dat mysterieuze herkenning en unheimliche vreemdheid oproept:

> Eine Metaphysik streifte die andere, / als ich meinen Bückling mit ihr teilte. // Unsere Ratschlüsse, ihre und meine, / so schien es mir, waren reziprok // unerforschlich wie die der Götter.

De concrete sociaal-politieke 'drive' van de vroegere gedichten is klaarblijkelijk naar de achtergrond gedrongen ten voordele van het alledaagse, vaak het banale en middelmatige, soms ook het uiterst zintuiglijke dat plaats van epifanie wordt. Maar op de keper beschouwd zijn het vooral de signalen van de *Zeitgeist* die veranderd zijn, niet het perspectief van de dichter die zoals voorheen ook deze nieuwe trends als een antenne registreert en ze vervolgens op de hem typische kritisch-cerebrale en speels-poëtische wijze becommentarieert.

Enzensberger als essayist en publicist

Zelfs al heeft men vaak gewezen op de chronologische afwisseling van lyrische productie en politiek-maatschappelijke essayistiek in Enzensbergers werkgeschiedenis, toch kan men er niet omheen: de essayist-publicist en dichter Enzensberger vormen een siamese tweeling. Net zoals de dichter die zich op een Noors eilandje terugtrekt en de publieke, geëngageerde intellectueel, overigens geen evidentie in de Duitse traditie. Een studiejaar in Parijs in de vroege jaren vijftig had de ogen van de jonge Enzensberger geopend. De levendige interactie tussen het politiek-maatschappelijk reilen en zeilen in Frankrijk en de Franse intellectuelen en academici die het moderne publieke forum van de pers allesbehalve schuwden, maakte grote indruk. Poëzie schrijven én nadenken over de eigen maatschappelijke positie als schrijver hoorden van in het begin voor Enzensberger samen. Tegelijk met het vroege poëtische werk verschenen daarom de essaybundels *Einzelheiten I & II* (1962 en 1964) waarin reflecties over *Poesie und Politik* en

Bewusstseinsindustrie nog sterk door Enzensbergers Adorno-lectuur zijn gekleurd.

Van Enzensbergers essays, die in vele gevallen eerst als radio- of krantenessays publiek werden, hebben een aantal internationaal weerklank gevonden. Dat geldt in het bijzonder voor het essayistische werk uit de late jaren tachtig en begin jaren negentig. Toen begon Enzensberger zich met opstellen als *Ach Europa*! (1987), *Die große Wanderung* (1992) en *Aussichten auf den Bürgerkrieg* (1993) met verve te mengen in debatten over cruciale vraagstukken als het eengemaakte Europa, globalisering, xenofobie, migratie en asielpolitiek, het einde van de ideologieën en het fenomeen van de 'burgeroorlog' als fundamentele conditie van de 'global village'. Maar lang voor het in de culturele katernen van de betere dag- en weekbladen *bon ton* werd om met het gepopulariseerde jargon van de discoursanalyse en de systeemtheorie ons gemediatiseerde bewustzijn en onze verwikkeling in allerlei maatschappelijke systemen en discursieve scenario's in kaart te brengen, maakte de essayist Enzensberger in de jaren zestig en zeventig al naam met mediakritische opstellen. Die fascinatie voor de media, de informatisering en de digitalisering die in het 'gewone' taalgebruik begon door te dringen, vormt overigens ook een terugkerend motief in het poëtische werk. Ze is symptomatisch voor Enzensbergers wantrouwen tegenover de illusie van het natuurlijke en voor zijn inzicht in wat vandaag de problematiek van de representatie wordt genoemd. Dat was gedurfd in de naoorlogse Duitse context waarin een vaak bedenkelijke en zelfs vandaag nog niet uitgestorven traditie van innerlijkheidscultivering, schijn-onmiddellijkheid en a-historische wereldvreemdheid verderleefde (zie het recentere werk van Peter Handke). Ook in de vijftiger jaren, toen Enzensberger begon te publiceren, was de relatie van het literaire establishment met het publieke forum en in het bijzonder met de media nog sterk getekend door wantrouwen en misprijzen. Maar de jonge Enzensberger leerde in die jaren als radioredacteur en in de uitgeverswereld al vroeg de kunst om de media te bespelen en "in de media tegen de media te polemiseren alsof men buiten de media zou staan" (Norbert Bolz). Enzensberger heeft natuurlijk beroemde voorgangers zoals Heinrich Heine, Bertolt Brecht of Karl Kraus. En niet te vergeten: Clemens Brentano. Van hen heeft hij het talent geërfd om een grote sensibiliteit en interesse voor het tijdsgebeuren te koppelen aan een even sterk ontwikkeld vormgevoel en bewustzijn van het medium en met name voor de latente betekeniseffecten van alledaagse uitdrukkingen en clichés. Zoals de dichter probeerde ook de essayist Enzensberger zich aan de nogal stroeve en academische ideologie- en cultuurkritiek à la Adorno en Horkheimer te onttrekken en de focus resoluut te richten op de microanalyse van het alledaagse en populaire. Het is geen toeval dat in die zelfde jaren Roland Barthes in maandelijkse columns zijn baanbrekende en erg beroemd geworden analyses van 'alledaagse mythes' (*Mythologies*) publiceerde waarin hij retorische technieken in bijvoorbeeld reclameboodschappen blootlegde. Enzensbergers analyses uit de late vijftiger en vroege zestiger jaren van het taalgebruik in magazines als DER SPIEGEL, de retoriek van de FAZ of de presentatie van nieuwsfeiten in de beroemde Duitse Wochenschau-afleveringen die in de bioscopen voor de hoofdfilm werden vertoond, scherpten zijn inzicht in wat nu een gemeenplaats lijkt maar toen – in het naoorlogse Duitsland – uit alle macht verdrongen werd: dat onze door de media schijnbaar verruimde blik op de wereld vooral ook een geconstrueerde en gemanipuleerde voorstelling is, die historisch-maatschappelijke processen, gevolgen van politieke en economische structuren en manipulaties hetzij als natuurlijke evenementen of toestanden hetzij als spannende intriges, storys en drama's met individuele helden en slachtoffers wil presenteren. De stichter-hoofdredacteur van DER SPIEGEL Rudolf Augstein haastte zich om de genadeloze diagnose van zijn eigen blad zelf te publiceren (in gecensureerde vorm alleszins) – en zette daarmee een trend in: Enzensberger werd een begeerde publicist in zowat alle belangrijke media die hij vervolgens genadeloos maar elegant en met esprit neersabelde.

Maar Enzensberger beperkte zich niet tot de bestaande publicatiekanalen. In 1965 richtte hij vanuit zijn Noorse 'refugium' het al gauw legendarische literair-politieke tijdschrift *Kursbuch* op. Het wordt in de daarop volgende woelige jaren hét forum bij uitstek voor marxistisch geïnspireerde theorievorming en internationale politiek-culturele kritiek met teksten van Frantz Fanon, Fidel Castro en Carlos Fuentes; maar ook voor binnenlands gebruik en met name als klankbord van de *Außenparlementarische Opposition* vervulde het een belangrijke rol. Uiteraard verschenen heel wat van Enzensbergers grote essays in *Kursbuch*. Een paar voorbeelden: het fameuze Cuba-opstel uit 69 waarin Enzensberger zijn nog pijnlijke ontgoocheling over het failliet van de revolutie uitschrijft; het essay *Baukasten für eine Medienanalyse (1970)* dat een klassieker in de media-wetenschappen zal worden en terug aanknoopt bij Brecht en Benjamin en de fameuze 'radio-theorie' uit de twintiger en dertiger jaren, waarin een kritiek van de nieuwe elektronische media gepaard ging met een affirmatie van hun democratisch potentieel en een revisie van de stroeve afwijzing door linkse kritiek; en in *Kursbuch* 45 verscheen het al even briljante opstel *Von der Unaufhaltsamkeit des Kleinbürgertums* (1976) – een akribische microanalyse van de Duitse middenklasse die volgens de eminente cultuursocioloog Wolf Leppenies kwalitief gelijkaardige academische studies ver overtreft. Maar er zijn ook andere stemmen die naar aanleiding van dit opstel vooral Enzensbergers radicale koerswijziging laken. De vroegere legendarische poëtische en essayistische scheldtirades tegenover de 'kleverige' en 'stompzinnige' petite bourgoisie lijken hier geweken voor een bijna bewonderende analyse van een klasse die steeds weer en overal door aanpassing overleeft. In *Kursbuch* 68 maakt een essay met de titel *Verteidigung der Normalität* blijkbaar de cirkel rond: de middelmatigheid van de Duitse kleinburger wordt gesacraliseerd als het antidotum bij uitstek tegen ideologische recuperaties. Ook *Mittelmaß und Wahn* waarin in 1988 links en rechts gepubliceerde opstellen uit diezelfde jaren gebundeld worden brengt een weliswaar steeds ironische, hommage aan een geprofessionaliseerde middelmatigheid – in de politiek, de cultuur, de media – die tenminste de waanzinnige en gewelddadige excessen van de fantasie onder controle heeft. De hierboven vermelde essays uit de negentiger jaren zullen, als reactie op o.a. het racistische geweld in Duitsland, de Golfoorlog en het Balkanconflict de vroegere maatschappijcriticus en satiricus weer wakkerschudden. De middelmaat en normaliteit wordt opnieuw verdacht, want ze blijkt slechts de façade van een permanente oorlogssituatie.

Enzensberger trok zich in 1975 uit de kernredactie van het *Kursbuch* terug, maar in 1980 kriebelt het weer. Met een oude vriend – de Chileense dichter Gaston Salvatore die als beursstudent in de zestiger jaren naar Duitsland was gekomen en uitgroeide tot een charismatische leider van het studentenprotest en compaan van Rudi Dutschke – ontwerpt hij het concept voor een nieuw tijdschrift. Vroegere medestanders schrikken zich een hoedje: *TransAtlantik* ziet eruit als en chique magazine voor de beter gesitueerde hooggeschoolde klasse met reclame voor de laatste Jaguar, dure whisky en sigaretten en ademt net als *Der Untergang der Titanic* een post-revolutionaire, resignatieve sfeer uit. De grote verhalen en dus ook die van de linkerzijde hebben hun krediet verloren. Al in het eerste nummer rekent Enzensberger in een doorwrocht opstel over *Eurozentrismus wider Willen* af met het 'romantische' oriëntalisme van een generatie intellectuelen uit de liberaal-kapitalistische maatschappij die nog zouden dromen van de 'ganz Andere' medemens (lees: de door het kapitalisme onverdorven Derde Wereld-bewoner): "Een exotisch alternatief voor de industriële beschaving bestaat niet meer". En in 1985 verrast Enzensberger nog eens als stichter van een nieuwe publicatiereeks die de "zwarte kunst van de drukker" in ere moest herstellen Met haar qua druk en vormgeving bijna ambachtelijk verzorgde en tegelijk democratisch geprijsde uitgaves werd "Die andere Bibliothek" een begrip. Niet enkel oudere werken (zoals Lichtenbergs *Sudelbücher* of Fischarts *Geschichtsklitterung*) werden door Enzensberger opnieuw onder de aandacht gebracht; met ontdekkingen als Ransmayr *Die letzte Welt* en W.G. Sebald (*Schwindel. Gefühle*, *Die Ausgewanderten* en *Die Ringe des Saturn*) bewees hij ook een neus voor onbekend talent te hebben.

Enzensbergers proza en theaterwerk staat alleen al qua omvang duidelijk in de schaduw van zijn poezie en essayistiek. Naast de documentaire roman *Der kurze Sommer der Anarchie. Buenaventura Durutis Leben und Tod* (1972) moet zeker Enzensbergers kinderboek *Der Zahlenteufel* vermeld worden; deze internationale bestseller die het verhaal vertelt van een jongetje dat niet van wiskunde houdt maar door de telduivel 'bekeerd' wordt, is typisch voor Enzensbergers levenslange fascinatie voor mathematisch en wetenschappelijk jargon dat hij met veel overtuiging maar uiteraard niet zonder ironie ook in gedichten verwerkt. Theaterwerk zoals *Das Verhör von Habanna* (1970) – een soort theaterpartituur gebaseerd op politieke verhoren van zogenaamde contrarevolutionairen in Cuba –, *Molières Menschenfeind* (1979) of *Der Menschenfreund* (1984) – een bewerking van Diderot – zijn representatief voor enerzijds het Cuba-complex, anderzijds de levenslange affiniteit met de Franse Verlichting. Maar ze illustreren ook Enzensbergers bijna principiëel- poëtologisch beleden schatplichtigheid aan teksten – stemmen – van anderen. Bijna veertig jaar na *Museum der modernen Poesie* (1960) – een anthologie met moderne en avantgarde-gedichten (uit de jaren 1910-1945) – brengt

Enzensberger in *Geisterstimmen* (1999) een eerbetoon aan al die auteurs zoals Apollinaire, W.C. Williams, Auden, Vallejo etc. die hem in die mate hebben beïnvloed dat hij hun werk heeft vertaald, geparafraseerd, geïmiteerd en gepersifleerd. Het is die wondere collectie literaire echo's – vaak blasfemische hommages – die hier verzameld zijn. En het gesprek tussen de levenden en de doden wordt steeds intenser. In *Dialoge zwischen Unsterblichen, Lebendigen und Toten* (2004) wordt in gefingeerde interviews en dialogen met en over onder andere Diderot en Goethe het genre van de antieke goden- en dodengesprekken weer opgenomen. Enzensberger lijkt te solliciteren voor een plaats in het literaire pantheon – bij voorkeur achter een zuil waar het goed observeren is.

Beknopte bibliografie

Primaire literatuur

Zowat alle werken van Enzensbergers verschenen bij Suhrkamp Verlag, Frankfurt/M. (voor de verschijningsdata, zie in de tekst). Naar aanleiding van Enzensbergers 70ste verjaardag bracht de uitgeverij een herdruk van de belangrijkste dichtbundels uit:

Verteidigung der Wölfe; Landessprache; Blindenschrift; Die Furie des Verschwindens; Zukunftsmusik; Kiosk (in casette), Frankfurt/M.: Suhrkamp, 1999. (De furie van het verdwijnen: gedichten, vert. Peter Nijmeijer, Amsterdam: De Bezige Bij, 1985. Toekomstmuziek: gedichten, vert. Michaël Zeeman, Amsterdam: De Bezige Bij, 1993.)

Gedichte. 1950- 2000, mit Original-Hörprobe auf CD, Frankfurt/M.: Suhrkamp, 2001.

Die Geschichte der Wolken. 99 Meditationen, Frankfurt/M.: Suhrkamp, 2003.

Dialoge zwischen Unsterblichen, Lebendigen und Toten, Frankfurt/M.: Suhrkamp 2004.

Natürliche Gedichte, Frankfurt/M.: Suhrkamp, 2004

Leichter als Luft. Moralische Gedichte, Frankfurt/M.: Suhrkamp, 2005

Verdediging van de wolven: een keuze uit de gedichten, 1957-1999, samenst. en vert. Martin Mooij, Amsterdam: De Bezige Bij, 2002.

Een selectie uit Enzensbergers essayistisch werk:

Einzelheiten I. Bewubtseins-Industrie, Frankfurt/M.: Suhrkamp, 1964.

Einzelheiten II. Poeise und Politik, Frankfurt/M.: Suhrkamp, 1964.

Mittelmab und Wahn. Gesammelte Zerstreuungen, Frankfurt/M.: Suhrkamp, 1988.

Ach Europa! Wahrnehmungen aus sieben Ländern. Mit e. Epilog aus dem Jahre 2006, Frankfurt/M.: Suhrkamp, 1988 (6. druk). (*Ach Europa!: waarnemingen uit zeven landen, met een nawoord uit het jaar 2006*, vert. Anet Bleich, Amsterdam: De Bezige Bij, 1989.)

Europa in Ruine. Augenzeugenberichte aus den Jahren 1944-1948, hrsg. v. Hans M. Enzensberger. Frankfurt/M.: Eichborn Verlag, 1990.

Die Große Wanderung: Dreiunddreißig Markierungen. Mit einer Fußnote über einige Besonderheiten der Menschenjagd, Frankfurt/M.: Suhrkamp, 1992. (*De grote volksverhuizing: drieëndertig markeringen: over enkele bijzonderheden bij de mensenjacht: een voetnoot*, vert. Marion Offermans, Amsterdam: De Bezige Bij, 1993.) *Aussichten auf den Bürgerkrieg*, Frankfurt/M.: Suhrkamp, 1993. (*Oog in oog met de burgeroorlog: essay*, vert. Gerry Bruil, Amsterdam: De Bezige Bij, 1994.)

Enzensbergers beroemdste kinderboek:

Der Zahlenteufel. Ein Kopfkissenbuch für alle, die Angst vor der Mathematik haben, Ill. Rotraut S. Berner, München: Carl Hanser, 1997. *(De telduivel: een hoofdkussenboek voor iedereen die bang voor wiskunde is,* vert. Piet Meeuse, Amsterdam: De Bezige Bij, 1998.)

Secundaire literatuur

DIETSCHREIT, Frank & HEINZE-DIETSCHREIT, Barbara. *Hans Magnus Enzensberger*, Stuttgart: Metzler Verlag, 1986

FISCHER, Gerhard. *Debating Enzensberger 'Great Migration' and 'Civil War'*, Tübingen: Stauffenburg Verlag, 1996.

LAU, Jörg (red.). *Hans Magnus Enzensberger. Ein öffentliches* Leben, Frankfurt/M.: Suhrkamp, 2001.

GÜNTER GRASS
(1927-)

Benjamin BIEBUYCK

MEIN BREITER EPISCHER ATEM

"Ohne Furcht vor dem Odium der Peinlichkeit, neigen wir vielmehr der Ansicht zu, daß nur das Gründliche wahrhaft unterhaltend sei". Met deze woorden besluit de verteller in de 'Vorsatz' van Thomas Manns grote tijdsroman *Der Zauberberg* zijn voornemen om zijn verhaal grondig te vertellen, om 'zijn tijd te nemen'. Hoewel hij in een recent interview nog ontkende dat Thomas Mann zijn schrijven heeft beïnvloed, zijn net dezelfde eigenschappen kenschetsend voor het prozawerk van Günter Grass: grondig en werkelijk onderhoudend. Want al is hij er in de loop van een halve eeuw schrijverschap in geslaagd om ook als dichter, theaterauteur en beeldend kunstenaar een naam te verwerven, Grass heeft zijn reputatie in grote mate te danken aan zijn breedvoerige epische oeuvre. Daarin ontvouwt hij met barokke penseeltrekken een omstandig en vaak grotesk fictief-autobiografisch universum, met personages en leidmotieven die over de grenzen van de afzonderlijke werken heen steeds weer opduiken. In het middelpunt van al zijn schrijven staat het voortdurende streven naar een maatschappelijk geëngageerde literatuur. Het valt dan ook niet te ontkennen dat zijn teksten in de eerste plaats een vooraanstaand getuigenis over de recente Duitse geschiedenis en over haar politieke actualiteit zijn.

Dat Grass voor velen de diagnosticus van het twintigste-eeuwse Duitsland is, is toe te schrijven aan de specifieke omstandigheden waarin hij opgroeide. Geboren in de herfst van 1927 in de periferie van de historische Hansestad Gdansk (in het Duits: Danzig), nauwelijks twee jaar voor de grote beurskrach, snuift hij gedurende zijn gehele kindertijd de geest van de Duits-nationalistische radicalisering op. Danzig, bekend voor haar haven op de breuklijn tussen Oost en West en haar reusachtige scheepswerf, was van oudsher een biculturele biotoop met een Duitse en een minoritaire Slavische gemeenschap, een protestants eiland in het katholieke Polen. In de nasleep van de Eerste Wereldoorlog werd de stad losgehecht van Oost-Pruisen, het noordelijkste deel van het Duitse Rijk, om het net soeverein geworden Polen – dat toen territoriaal veel oostelijker lag dan nu en slechts enkele kilometers kuststrook had – rechtstreekse toegang te geven tot de Oostzee. Als vrijstaat had ze een eigen bestuur, maar geopolitiek werd dit in hoge mate door de Poolse buur gecontroleerd, zeer tot ergernis van een groot deel van de bevolking, die bij de diplomatieke besprekingen over de regio in Versailles niet was geconsulteerd – precies in 1927 nam de eerste verkozene van Hitlers NSDAP zitting in de Danzigse *Volkstag*, al vanaf 1932 bestuurt de partij de stad.

Het gezin Grass, dat een kruidenierszaak uitbaatte en tot de kleine stadsburgerij behoorde, had – zoals wel vaker voorkwam in de streek – een gemengde culturele achtergrond. Van groot belang voor de psychologische biografie van de auteur is zijn Kasjoebische moeder Helene, in *Mein Jahrhundert* geschetst als een gulle vrouw met een passie voor muziek en dans. Met haar kleine huisbibliotheek wijdde ze haar zoon, die al snel een verstokt lezer zou worden, in de literatuur in. De Kasjoeben zijn een Pommers-Slavische katholieke gemeenschap uit de regio ten westen van Danzig en spreken een taal die met het Pools verwant is. Vader Willy Grass stamde uit een Duitse familie en werd later afgeschilderd als een typische middenstander: een windhaan zonder voeling met de artistieke ambities van zijn zoon en wiens interesse voor politiek niet op ideologische, maar enkel op commerciële overwegingen berustte. In 1936 werd hij lid van de NSDAP, een jaar later stuurde hij de kleine Günter naar het *Jungvolk*, de kinderafdeling van de *Hitlerjugend*. De auteur heeft nooit een geheim gemaakt van de fascinatie die het nationaalsocialisme en zijn activistische jargon van de 'totale oorlog' bij hem opwekten. Met de overtuiging van een zestienjarige nam hij dienst in de *Wehrmacht*, maar al snel maakte hij kennis met de gruwel. Na de algemene capitulatie verzeilde hij in Amerikaanse krijgsgevangenschap. De jongens moesten heropgevoed en bezochten het *KZ* van Dachau, maar ze geloofden niet wat ze zagen, beducht als ze waren voor vijandige propaganda. Pas in de daaropvolgende jaren begon het de jonge Grass voorzichtig te dagen hoe verblind zijn generatie was geweest. Hij besefte dat wellicht enkel zijn (jeugdige) leeftijd hem had behoed voor het plegen van onmenselijke misdaden. En al zou hij altijd beklemtonen dat zijn leeftijdsgenoten en hij geen helderzienden waren, toch duurde het meer dan tien jaar voor hij de grote roman van zijn jeugd kon schrijven: *Die Blechtrommel* (1959). Want, zo stelde hij in 1994, "[w]er in den zwanziger Jahren dieses Jahrhunderts geboren wurde [...], dem sehen beim Schreiben zu viele Tote zu".

Een experimentele onrustzaaier

Het is niet zo dat het eind van de Tweede Wereldoorlog de jonge Grass ertoe aanzet een nieuwe levensweg te zoeken. Als dertienjarige had hij reeds een historisch verhaal over de Kasjoeben opgestuurd naar 'Hilf-mit!', het tijdschrift van de *Hitlerjugend*. Na zijn vrijlating gaat hij aan het werk op een boerderij, later in een kaliummijn – waar zijn affiniteit groeit met het nuchtere maatschappelijke realisme van de SPD van Kurt Schumacher –, om tenslotte als metser en steenhouwer zich voor te bereiden op studies beeldende kunsten aan de academie te Düsseldorf, later ook te Berlijn. De jaren 50 boden de zelfbewuste kunstenaar-in-wording gelegenheid om zijn horizon te verruimen: hij reisde door Italië en Frankrijk, waar hij voor de kost tekende, reciteerde en schreeft, veel schreef – naast eerste *Blechtrommel*-schetsen ook gedichten (*Die Vorzüge der Windhühner*, 1956) en theater (o.a. *Noch 10 Minuten bis Buffalo*, 1954, en *Hochwasser*, 1955). Lang moest Grass niet op erkenning wachten: een optreden de Gruppe 47, leverde hem niet alleen een geldprijs op, uitgevers verdrongen elkaar om het explosieve werk van de jonge literaire "Störenfried" (H.M. Enzensberger) in hun boekenfondsen te mogen opnemen. Het drie delen dikke *Die Blechtrommel* was al een *hype* voor het op de markt kwam en werd door tal van recensenten de hemel in geprezen, al rumoerden op de achtergrond ook bezwaren van blasfemie en pornografie.

Hoewel zijn lyriek – geïnspireerd door Trakl en Rilke – door velen introvert en moeilijk wordt genoemd, vond Grass' dramatisch werk aansluiting bij de existentialistische en absurdistische geest die door de naoorlogse Europese letteren waarde. Een sterk staaltje van dit absurdisme figureert in het hoofdstuk 'Beton besichtigen – oder mystisch barbarisch gelangweilt', uit het tweede boek van zijn eerste roman *Die Blechtrommel*. Op experimentele wijze onderbreekt de verteller zijn gangbare epische stijl voor een omstandige theatertekst. Vanaf de zomer van 1943 maakt het hoofdpersonage, de 94 centimeter grote trommelaar Oskar, deel uit van een theatergroep die de bezettingstroepen in Frankrijk met variété moet verstrooien. Bij de beruchte *Atlantikwall* in Normandië knopen leden van de groep in typisch absurde stijl een gesprek aan met eerste luitenant Herzog en korporaal Lankes over de bouw en decoratie van bunkers; in elke bunker, zo heet het, moet een jonge hond gebetonneerd worden, net zoals dat in huizen, schuren of dorpskerken op het Duitse platteland het geval is: "denn muß da was Lebendiges rein". Nu er in de wijde omgeving geen jonge honden meer te vinden zijn, hopen de soldaten dat "es hier bald los geht". Als de leden van het genootschap vaststellen dat Lankes een begenadigd kunstschilder is, die met zijn "strukturelle Formationen" hedendaagse schilderkunst boven de bunkeringang aangebracht heeft, besluiten ze na het voordragen van een ter plekke gecomponeerd gelegenheidsgedicht op de bunker te picknicken. Op dat moment verschijnt tussen de 'Rommelasperges' (zoals op de kustlijn ingeplante boomstammen, die een militaire landing moeten verhinderen, metaforisch heten) een stel naar krabben zoekende nonnen, die op de tonen van grammofoonmuziek vrolijk, maar dwangmatig beginnen dansen, om vervolgens op bevel van de eerste luitenant met machinegeschut door Lankes "van het strand geruimd" te worden – de kans bestaat immers dat ze tot de gecamoufleerde vijfde kolonne van de Engelsen behoren: "Im Hintergrund fliegen fünf Nonnen mit Regenschirmen gen Himmel". Na afloop van de stichomythisch weergegeven gesprekken meldt de verteller lapidair dat dit spektakel zich voltrokken heeft aan de vooravond van de geallieerde invasie en dat tijdens de invasie Oskars geliefde Roswitha door een 'inslaande schipsgranaat' om het leven komt. De theatrale weergave van deze scène vormt in de roman een uitzondering; toch kunnen we stellen dat de manier waarop Grass hier een tot alledaagsheid getrivialiseerde waanzin portretteert tegen de achtergrond van de historische werkelijkheid en haar moordende artefacten, kenmerkend is voor het gehele vertelexperiment dat *Blechtrommel* heet.

INSASSE EINER HEIL- UND PFLEGEANSTALT

In deze theaterscène doen de verteller en Oskar expliciet een stap terug: Oscar neemt niet deel aan de dialoog en zoals bekend doet drama geen beroep op een bemiddelende verteller, maar confronteert het de toeschouwers rechtstreeks met de handelingen van de personages. Hoewel dit in het boek nog twee keer gebeurt – telkens wanneer een derde persoon (Bruno, de verpleger, of Vittlar, de vriend en getuige op het proces) Oskars wilde verhalen moet attesteren –, dient de roman in de eerste plaats te worden gelezen als een bekentenis. Aanwijzingen hiervoor zijn onder meer de beroemde beginzin van het boek ("Zugegeben: ich bin Insasse einer Heil- und Pflegeanstalt") en de soms verwarrende afwisseling tussen het ik- en het Oskar-perspectief. Het slot van de vertelling maakt duidelijk waarom de dertigjarige Oskar geïnterneerd is: wanneer hij met behulp van zijn hond Lux toevallig de ringvinger van een vrouw vindt, die vervolgens in een weckpot bewaart en als een ritueel object aanbidt, blijkt dat de vinger van het lichaam van Oskars verdwenen buurvrouw stamt. Na een surrealistische vlucht naar Parijs wordt hij gearresteerd en bekent gewillig, maar ten onrechte deze en ook andere moorden. Wanneer de ware dader ontmaskerd wordt, rest Oskar niets meer dan in afwachting van zijn vrijlating zijn dolle levensverhaal neer te schrijven op "unschuldiges Papier" – het relaas dat we te lezen krijgen en dat op intrigerende wijze de sporen van zijn eigen ontstaansgeschiedenis draagt. Want hoezeer Oskar zich er ook voor inspant ons te doen geloven dat zijn vaak picaresk genoemde avonturen *waar* zijn, overal ontwaart de lezer afdrukken van Oskars (misschien wel bewuste) onbetrouwbaarheid. Vanzelfsprekend is er de vingerwijzing in de openingspassage, die het hele boek in de schaduw van de waanzin rukt. Ook kunnen sporen worden gevonden in de consistentie van de vertelling zelf; in sommige gevallen geeft de verteller zijn onzekerheid over het gebeuren ook ruiterlijk toe. Zo duiken de 'opgeruimde' nonnen nog een tweede keer op, wanneer Lankes samen met Oskar na de oorlog de bunkers als 'vakantiehuisje' bezoekt. Herinneringen ophalend, schildert Lankes de nonnen zo plastisch dat het zevental daadwerkelijk, zij het als "schwarze Segelschiffe" over de duinen gewaaid worden. Binnen in de bunker, verborgen onder het tromgeroffel van de verteller, verkracht Lankes de jonge novice Agneta – die voor het eerst de 'grote' zee ziet. Hier blijkt duidelijk dat Oskar wel de codex van het boze, van de dader, begrijpt (hij stuurt zes andere nonnen op zoek naar de novice bewust de verkeerde richting uit), maar niet in staat is de lichaamstaal te lezen en te duiden van het slachtoffer, die na het verorberen van een vis en ontdaan door het dubbel verhulde geweld de zee inzwemt. Het beeld van de zelfmoord inspireert Lankes ter plekke tot een reeks van 43 nonnenschilderijen, die hem het pantheon van de schilderkunst binnenvoeren. Dit zet Oskar ertoe aan zijn eigen trommelkunst te verzilveren – een toespeling die evenzeer zijn jazzoptreden treft als, maar dan met een bitter-ironische ondertoon, de aan de trommel toegedichte herinneringsarbeid van de hele roman.

Naast dergelijke inconsistenties tasten ook de talloze epische overdrijvingen de geloofwaardigheid van de verteller aan. Zo wijt hij zijn kleine gestalte aan een bewust geënsceneerde val in de kelder. Met zijn kinderlijk geschreeuw beweert hij gerichte glasbraak te kunnen veroorzaken; zijn oom en hij zouden een tijdlang een succesvol inbrekersduo zijn geweest, doordat hij met een geluidsloze kreet gaten in etalages kon snijden. Op de trein, bij de evacuatie van Duitsers uit het oosten, groeit hij plotsklaps drieëntwintig centimeter – terwijl hij in het voorafgaande hoofdstuk al de drastische toename van zijn gestalte beschrijft. En zijn muzikaal succes berust op zijn vermogen om met trommelspel de toehoorders tot ware huilorgieën te bewegen. De lezer kan genieten van het wilde fabuleren en de grenzenloze verbeelding van de verteller, maar merkt dat de vertelling weliswaar voortbouwt op gebeurtenissen die zich in de fictionele werkelijkheid voltrekken, maar deze doelgericht herinterpreteert en niet in hun 'authentieke' vorm weergeeft. Diverse instanties in de tekst erkennen Oskars getormenteerde verdraaiingen en pogen – zij het op de achtergrond – te corrigeren: Maria, zijn jonge stiefmoeder, met wie hij een zoon meent te hebben, of de rechter, die bij de veroordeling van de criminele tienerbende die Oskar als haar Jezusmascotte opvoert, het hoofdpersonage vrijspreekt, met de aanbeveling het kwetsbare groeigestoorde kind toe te vertrouwen aan de zorgen – lees: het euthanasieprogramma – van het *Gesundheitsministerium*.

Familieroman

Uit dit alles, in combinatie met de flitsende, naar bevestiging zoekende vertelstijl, blijkt allengs dat de vertelling een frivole laag vernis is, waaronder een realiteit schuil gaat die zo pijnlijk is dat ze niet onder woorden kan komen. Het genie van Grass in deze roman ligt er nu in dat hij deze techniek van de onvertelde vertelling zowel psychologisch als historisch plausibel weet te maken. In 1909 publiceerde Freud zijn opstel 'Der Familienroman des Neurotikers'. Hierin beschrijft hij hoe een afwijzende of liefdeloze opstelling van een ouder bij een neurotisch kind aanleiding kan geven tot de constructie (Freud schrijft *dichten*) van een alternatief levensverhaal, op basis van de eigen, onverwerkte biografie. In dit verhaal, dat Freud met de mooie term 'familieroman' omschrijft, speelt de eigen herkomst een centrale rol: vooral in het tweede stadium zal het mannelijke kind fantaseren over de vermeende (dan wel werkelijke) amourettes van de moeder, om zich van de geminachte vader los te maken en deze te vervangen door een (vaak ook sociaal) hoger gewaardeerde persoon. Het is niet zeker of de breeddenkende autodidact Grass met zijn roman expliciet alludeert op de Freudiaanse neuroseleer, maar we kunnen er toch niet omheen dat de fantasierijke Oskar systematisch de credibiliteit van zijn officiële genealogie aanvecht. Het begint al bij de wonderbaarlijke, 'onderrokse' conceptie die zijn Kasjoebische grootmoeder Anna te beurt valt. Vervolgens bespeurt hij in zijn (Poolse) oom Jan, met wie zijn moeder, Agnes, al geruime tijd een relatie heeft, zijn ware vader, ten nadele van haar (Duitse) echtgenoot Alfred Matzerath. En wanneer vader Matzerath na de dramatische dood van Oskars moeder troost vindt bij de zeventienjarige huishoudster en *Ersatz*-moeder Maria cultiveert de verteller de overtuiging zelf de vader van de kleine Kurt te zijn, die al in de eerste huwelijksmaanden geboren wordt.

De reikwijdte van het trauma dat de dood van de moeder bij het jonge kind veroorzaakt en mee aan de grondslag ligt van diens epische neurose, vindt haar meest dramatische uitdrukking in het schokkende relaas van de verteller in het hoofdstuk "Karfreitagskost". Op Goede Vrijdag maken de Matzeraths samen met oom Jan een uitstap naar de havengeul, waar ze schepen en vissers observeren. De aanloop naar de dreigende uitbarsting illustreert treffend de mimetische driehoek die de verlangenseconomie tussen het echtpaar en de oom structureert. Voordien was die driehoek al ingebouwd in hun gezamenlijke skaatpartijen, een typisch Duits kaartspel dat met drie gespeeld wordt en waarin diegene die hoogst biedt (in het Duits: *reizt*, wat ook 'prikkelen', 'erotisch bekoren' betekent), troef mag bepalen. Nadat de twee mannen tijdens het eerste deel van de wandeling vooral voor elkaar oog hebben, willen ze allebei – tegen de wil van Agnes in – per se toekijken hoe een stuwer zijn palingvangst binnenhaalt. Wanneer deze een zwarte paardenkop uit het water trekt waaruit de palingen krioelen, en hij uit de 'lachende' mond van het kadaver twee palingen trekt, "die mindestens armdick waren und armlang", braakt de moeder haar hele maaginhoud uit op de stenen – tot groot jolijt van de meeuwen, die al wild naar de palingoogst grepen, want "denen gehörte die Mole". De scène loopt vooruit op de mededeling dat de moeder zwanger is, ongewild – wie de vader ook moge zijn. De grijnzende stuwer, die gedurig "Beßchen kieken" herhaalt, houdt haar met de sinistere paardenkop haar eigen lot, haar eigen meervoudig gepenetreerde en naar afdrijving snakkende lichaam voor. Dat Matzerath vervolgens ook nog beslist om een stel palingen voor het avondeten mee te nemen en na een fikse ruzie in soep verwerkt, brengt haar ertoe zich een manisch vis- en visoliedieet op te leggen, waarmee ze poogt haar bezoedelde lichaam te reinigen. Maar het eten van vis staat in *Die Blechtrommel* gelijk met doodsaanvaarding: de dood van Agnes in boek 1 wordt subtiel gespiegeld in de zelfmoord van de novice Agneta in boek 3, telkens onder de onbegrijpende ogen van Oskar. Hier doemt het motief van de zwarte kokkin op: de onbeschrijfelijke, macabere belichaming van het blinde geweld, van het pure kwaad dat het leven beheerst. Want, zo heet het later, alleen "wenn Satan keine Lust hat, siegt die Tugend".

Trommelorgie

Als genre laat de familieroman alle ruimte voor het aftasten van taboes, die toen het boek verscheen nog sterk leefden. De meedogenloze weergave van seksuele honger en de herhaalde ironiseringen van religieuze symbolen – men denke bijvoorbeeld aan Oscars fascinatie voor het "Gießkännchen" van een *Iesus infans*-beeld – zijn evenwel geen gratuite, losstaande excursies, maar worden ingenieus verweven in de overkoepelende motiefstructuur van de roman; daarom kon en kan men *Die Blechtrommel* niet afdoen als een schandaalsucces. Dezelfde redenering houdt stand wanneer men zich vragen stelt over het autobiografische karakter van de tekst. Het klopt uiteraard dat

Grass heel wat materiaal uit het eigen levensverhaal in de roman heeft verwerkt – hoe kan het ook anders? Net als in tal van andere werken (onder andere *Katz und Maus* uit 1961 en *Hundejahre* uit 1963, die samen met Grass' eersteling de 'Danziger Trilogie' vormen) toont de auteur zich geobsedeerd door zijn geboortestreek en de verloren gewaande sociale en culturele ruimte die hij met het Polen van zijn vroegste kindheid associeert. Diverse personages lijken een directe doorslag te zijn van familieleden; de lotgevallen van Oskar in Düsseldorf herinneren sterk aan Grass' lotgevallen aldaar. Maar ook hier geldt: de wisselwerking die elk van deze tekstelementen onderhoudt met de totaliteit van het tekstgebeuren, is de eigenlijke dynamiek die van het boek een veelgelaagd en polyinterpretabel meesterwerk maakt. Veel belangrijker dan Grass' eigen ervaringen als drummer is daarom de meervoudige en paradoxale symboliek van het roodwitgekleurde titelmotief, dat literair-historisch een allusie bevat op de tamboermajoor in Heines *Buch Legrand*, cultuurhistorisch op de Poolse vlag. In de eerste plaats is de trommel een herinneringswerktuig: al in de inleidende woorden laat Oskar er geen twijfel over bestaan dat hij het verleden "zurücktrommelt". Het trommelgeluid belichaamt het geweld en de vehementie waarmee de gruwelen van het verleden telkens opnieuw in de actualiteit opdoemen. Het getrommel veroorzaakt ontroering en zelfs regelrechte ontreddering, zoals uit de optredens in de jazzclub met de omineuze naam "Zwiebelkeller" blijkt. Toch heeft het gedrum ook een heilzaam effect: het veegt al wat een verwerking van dat verleden in de weg staat uit, maar het effent ook het pad voor communicatie binnen de eigen tijd. Het belichaamt de misschien wat elementaire en in de lusteconomie (vgl. de trommelstokken als fallussymbool) verwortelde code waarop menselijke verstandhouding berust: de nabijheid van het horen en begrijpen die groeit in weerwil van de afstand tussen de gesprekspartners, de volheid van het geluid dat voortspruit uit de holte van het instrument. Nergens in het boek doet de verteller moeite om te ontkennen dat deze communicatie, deze herinneringsarbeid in essentie ook zelf een daad van geweld, van vernietiging is: niet alleen het slaan op de trom suggereert dat (vgl. ook de scène waarin Oscar de stokken gebruikt om bij de zwangere Maria een abortus te veroorzaken), maar evenzeer de repetitiviteit waarmee de protagonist een nieuwe blikken trommel nodig heeft omdat de voorgaande kapot is of het panische geknuppel waarmee hij zijn brakende moeder tegen de meeuwen wil beschermen. Deze conjunctie van waarheid en destructie, van herinnering en pijn, wordt al vroeg in de vertelling lyrisch aangekondigd in het licht- en schaduwspel dat het geroffel van een nachtvlinder tegen "zwei simplen Sechzig-Watt-Glühbirnen" veroorzaakt tijdens een bevalling van Oskar: een 'Trommelorgie', ter ere van de boreling. Het beeld van de kwetsbare vlinder, die dwangmatig trommelend het licht opzoekt en daardoor de leermeester van de kleine verteller is, signaleert hoe belangrijk het is om *Die Blechtrommel* als een 'Künstlerroman', als een roman over literatuur in de nasleep van de Grote Catastrofe te lezen: niet alleen omdat het de naakte brutaliteit en de universaliteit van het zinloze geweld laat zien (zoals dat van de begenadigde trompetspeler Meyn, die na actieve deelname aan de *Kristallnacht* uit de *SA* gezet wordt omdat hij met een pook zijn vier katers heeft afgeslacht), maar tegelijk omdat het op verbluffende wijze duidelijk maakt dat ook de literatuur een gesublimeerd deel is van diezelfde geweldrationaliteit. Op het onlosmakelijke verband tussen geweld en vertellen alludeert Grass overigens al in het prille begin van de roman, wanneer Oskar beschrijft hoe zijn advocaat bij ieder bezoek zijn nylonhoed over de linker bedpoot 'stülpt': een "Gewaltakt", zo verklaart hij, "und Anwälte wissen viel zu erzählen".

Deze bijna onthutsende vaststelling leidt bij Grass evenwel niet tot enige vorm van cultuurpessimisme, al is ook in andere werken zijn oordeel over de actualiteit kritisch. De redenering die hiervoor verantwoordelijk lijkt, berust op de overtuiging dat de literaire representatie bewust het object dat ze beweert te representeren, mist en dat ook toont. Hier ligt de historische dimensie van de techniek van de *onvertelde vertelling*: door niet de fictionele werkelijkheid weer te geven, maar enkel een satanisch-grotesk vertekende karikatuur ervan, schemert door dit laatste een tweede werkelijkheid door – die van de niet-representeerbare gruwel die het nationaalsocialisme teweeggebracht heeft. Doordat de verteller indirect haar inauthenticiteit onthult, krijgt de hyperbolisch vertelde onwerkelijkheid een tweede-orde-authenticiteit: die van de dubbele negatie. Deze komt speels aan het licht, wanneer Oskar – verstopt in de kast van zijn buurvrouw, de verpleegster Dorothea – de twee "Negativformen" van haar bustehouder met zijn te kleine vuistjes wil vullen. Gevisualiseerd wordt ze door de opgezwollen littekens op de rug van Herbert Truczinski. Ze wordt romanesk geënsceneerd in de door Oskar en zijn moeder bijgewoonde theateropvoering van Duimeling, waarbij de sprookjesheld wel gehoord wordt, maar de hele tijd onzichtbaar blijft. Ze wordt, ten slotte, met veel gevoel voor melancholische tragiek vertegenwoordigd door de uit Galicië afkomstige, alleenstaande mijnheer Fajngold, met zijn obsessie voor desinfecteermiddelen, die zich gedraagt alsof zijn vrouw en zijn zeven kinderen (Lew, Jakub, Berek, Leon, Mendel en Zonja) hem voortdurend begeleiden, terwijl hij ze in de ovens van Treblinka heeft moeten achterlaten. Zo wordt Oskars vertelling finaal de allegorie van de onvertelde vertelling, het relict van de schaduw van dat geweld dat je enkel recht kan doen door het niet met het geweld van de vertelling te beroeren. In die negativiteit moet de literatuur haar cultuurstichtende roeping waarmaken.

Alternatieve geschiedenis

De complexe, op constructie en negativiteit berustende verteltrant van *Die Blechtrommel* wordt gestut door de vele encyclopedische en intertekstuele verwijzingen die de tekst rijk is en op hun beurt een louter autobiografische of historische lectuur van de tekst ongeloofwaardig maken. Zoals bekend, trok Grass met het prijzengeld van de Gruppe 47 naar Danzig om historisch onderzoek te doen naar de precieze omstandigheden van de fameuze schermutselingen rond de Poolse post bij het uitbreken van de Tweede Wereldoorlog en de erop volgende terechtstellingen. Ook is afdoende gedocumenteerd hoe gul Grass heeft gegraaid in Goethes *Wilhelm Meister* en zijn gedichten, in Thomas Manns *Lotte in Weimar*, in Grimmelshausens *Simplicissimus*. Toch kan men in zekere zin stellen dat het boek een monomane, 'centripetale' vertelling biedt: alles wordt weergegeven vanuit de unieke, vertekenende blik van Oskar – zelf heeft hij het over het kijkgaatje in de deur van zijn cel, waardoor zijn verpleger hem onbegrijpend observeert. Dit is één van de redenen waarom Grass' vroege romankunst in hoofdzaak gelezen is in het licht van de recente Duitse geschiedenis: de opkomst van het Nazisme, de gerieflijke verleiding van het boze en de continuïteit ervan in het naoorlogse Duitsland, het meeloperschap van de kleine daders. Hierdoor heeft het vernuft van zijn vertelstijl lange tijd niet de aandacht gekregen die het verdient. Voor een deel heeft Grass ook zelf hiertoe bijgedragen. Zijn politiek engagement in de jaren 60 is zeer nadrukkelijk: hardnekkig werft hij op politieke bijeenkomsten voor de SPD van Willy Brandt, schrijft toespraken en publiceert opiniestukken voor de latere kanselier. Daarbij ontplooit hij zich als een overtuigd voorstander van een hervormingspolitiek: hij verkiest de geleidelijkheid van de "Schnecke" boven de op dat moment voor vele linkse intellectuelen veel aantrekkelijkere antiburgerlijke revolutie (zie *Aus dem Tagebuch einer Schnecke*, 1972).

Wanneer Brandt in 1972 met een grote meerderheid herkozen wordt, besluit Grass wat meer afstand te nemen van de politieke actualiteit en – zelf een gepassioneerd kok – een "erzählendes Kochbuch" te schrijven. Verontrust door de scènes van achterstelling en honger waarmee hij in 1975 in het straatarme Calcutta wordt geconfronteerd, verruimt hij zijn blik naar een universeler niveau van menselijk lijden en ontdekt hij de stille emancipatorische kracht van de voeding. Grass houdt vast aan de reeds in *Die Blechtrommel* levendige visie van de alternatieve geschiedenis: naast en onder de officiële geschiedenis, met haar grote gebeurtenissen en haar monumentale heersers, ligt altijd de veel belangrijker ongeschreven geschiedenis van de kleine man en vrouw. Nog intensiever dan al het geval was, graaft Grass in archieven, geschiedenisboeken en encyclopedieën – vijf jaar lang. Tot hij in 1977 *Der Butt* baart, een uitermate complexe roman, waarmee hij de 'monomane' narratologische optiek van zijn eersteling overtroeft met een al even ingenieuze, maar nu radicaal 'centrifugale' vertelstijl.

Het is onmogelijk om de plot van *Der Butt* te reconstrueren: de negen hoofdstukken bevatten een homerische hoeveelheid narratief materiaal, met tal van personages, hoofd- en nevenintriges. Bovendien vermengt het boek pure verbeelding, autobiografie, politieke geschiedenis en culinaire weetjes tot een copieus geheel, gelardeerd met reepjes poëtische zelfexpressie. De structuur van het werk verwijst naar de maanden van de zwangerschap. In het begin onthult de verteller immers hoe hij bij zijn partner, Ilsebill, een kindje verwekt en – als het ware van de weeromstuit – zelf zwanger geraakt van een vertelling. De van nieuw werk zwangere schrijver: het is een bekend topos in de Westerse literatuurgeschiedenis, maar in dit geval maakt Grass er de verslaggeving van een doorleefde zwangerschap van. Naar analogie met de gangbare visie dat de foetus alle ontwikkelingsstadia van het leven doormaakt voor het tot volle wasdom komt, en duidelijk onder invloed van de structuralistische antropologie van de jaren 60 en 70 (vooral Lévi-Strauss), keert de verteller terug naar de prehistorische matriarchale samenleving in de Weichseldelta. Het gehele stamleven draait rond de figuur van de drieborstige Aua – neolithisch in klei verbeeld symbool van vruchtbaarheid, wiens naam niet alleen een primitieve klinkercluster is, maar ook een transcriptie van een (Duitse) kreet van (fysieke) pijn. De mythische Aua is een Pommerse superlatief van de Griekse titaan Prometheus: ze steelt niet alleen het vuur van de wolf, maar zogend bezorgt ze haar volk ook overvloed, op voorwaarde dat het zich – moederrechtelijk – onthoudt van het gebruik van metaal. En zo passeren in het totaal elf kokkinnen de revue. Op de voorhistorische Aua na leven ze allemaal in de schaduw van de geschiedenis, van mannen die zich geroepen voelen om 'geschiedenis te maken': de Germaanse wortelgodin en oermoeder Wigga, Mestwina, die met haar pollepel de voor de gedwongen kerstening van Pommeren verantwoordelijke bisschop Adalbert van Praag vermoordde, de gotische ascete Dorothea van Montau, die voor de officiële kerk tussen sacraliteit en ketterij balanceerde, de gulzige abdis "dicke Gret" Rusch, Agnes Kurbiella, meid en muze van de zeventiende-eeuwse schilder Möller en de dichter Opitz, Amanda Woyke, die tijdens de Napoleontische oorlogen de bevolking met de aardappel voor de hongerdood behoedde, de paddenstoelenexperte Sophie Rotzoll, die zich haar leven lang uitsloofde om haar revolutionaire geliefde uit de gevangenis te halen, Lena Stubbe, auteur van een proletarisch kookboek en oprichtster van de volkskeukens – om te besluiten met Sibylle Miehlau en de bij de grote staking van 1970 op de Leninscheepswerf te Danzig betrokken Maria Kuczorra, die twee opeenvolgende generaties uit de eigen tijd representeren. Met elk van deze kleurrijke figuren ontbloot Grass een verdekt stuk geschiedenis en schrijft zo een eigen fictieve, gecorrigeerde tegengeschiedenis: hier zijn vrouwen motor van sociale vooruitgang zijn, die op beslissende momenten de doorslag geven. De verteller gedraagt zich als archeoloog die de beerput van het verleden doorzeeft: in het drek leest hij zijn "Geschichte der Ernährung".

HET GERECHT VOOR DE BOT

Zoals ook in andere werken het geval is, gebruikt Grass kleine motieven of woordspelingen als steunpunten om van het ene verhaalniveau naar het andere te pivoteren. De *gerechten* waarmee de kokkinnen hun maatschappelijke rol spelen, zijn immers meteen ook voorwerp van een *juridische* verhaallijn, die duidelijk geïnspireerd is door het feministisch activisme van de jaren 70. In het eerste hoofdstuk beschrijft de verteller hoe drie feministes de platvis uit de titel, een sprekende bot die door de eeuwen heen de raadsman en pleitbezorger van de mannelijke suprematie is geweest, uit de Oostzee vissen. Ze wijzen zijn aanbod af om vanaf nu hen te dienen en leveren hem uit aan het "Feminal", een rechtbank voor misdaden tegen vrouwen, om berecht te worden. Het is geen toeval dat het uiteindelijke vonnis een groot "Buttessen" voorschrijft, waarbij de vierenvijftig vrouwen samen met de verteller elf platvissen verorberen, het equivalent van de elf door de geschiedenis veronachtzaamde kokkinnen, waarna de bot zelf in de Oostzee vrijgelaten wordt. Dat ook Aua bij het eind van het matriarchaat opgepeuzeld werd, bevestigt de intrinsieke samenhang tussen de twee soorten gerechten. Het relaas van het feministisch tribunaal vormt de tweede belangrijke laag in de architectuur van de roman: het gerecht verhoort de beklaagde en voert hiermee het onderzoek naar de historische lotgevallen van de elf kokkinnen. Dat precies de bot hier optreedt als belichaming van mannelijke rationaliteit en de onderdrukking waartoe ze aanleiding gaf, heeft ten dele te maken met de specifieke fysiognomie van de vis met de scheve mond (de door Grass kunstig gelithografeerde afbeelding op de een van de uitgaven spreekt boekdelen), maar vooral met het bekende door Philipp Otto Runge opgetekende sprookje "Von dem Fischer un syner Fru". Het sprookje vertelt hoe een visser van een door hem gevangen bot een wens mag doen, tot driemaal toe, als hij de vis maar terug in het water gooit. Opgehitst door zijn ontevreden vrouw Ilsebill worden de wensen van de visser steeds exuberanter, tot hij de rol van God voor zich opeist: dan moet hij weer zijn plaats in het armtierige vissershuisje innemen. De verteller borduurt voort op de vermoeden dat er van het sprookje een tweede versie zou zijn, die evenwel door de (romantische) optekenaars moedwillig is weggelaten: in deze versie is niet de vrouw, maar de man de hebzuchtige booswicht. De alternatieve geschiedenissen van de kokkinnen illustreren, althans naar de mening van sommige leden van het tribunaal, dat de bot systematisch en doelgericht tussenbeide is gekomen om het werk van de betrokken vrouwen te ondermijnen en hun aandeel in de geschiedenis te verdoezelen. Hierdoor hebben vrouwen nooit de erkenning gekregen die ze verdienen en is er nooit plaats gemaakt voor het zelfbewuste en assertieve wezen dat sinds de IJzertijd is verdwenen.

De vernietigende kracht van de mannelijke 'orde' krijgt haar meest schokkende uitdrukking in de 'achtste maand' van het boek, dat de veelzeggende titel "Vatertag" draagt. Dit hoofdstuk schetst het wedervaren van een feministisch-lesbisch kwartet, dat op vaderdag – de dag waarop mannen er samen op uit trekken om zich in bier en wilde verhalen te verliezen – een eigen 'vaderdag'-uitstap waagt. Het viertal bestaat uit de tiende kokkin, 'Billy' Miehlau, en haar drie vriendinnen Mäxchen, Fränki en Siggi, die in de aanhef van het boek als de vissers van de bot optraden. De vrouwen hebben hun naam 'vermannelijkt' en zijn vastberaden zich niet meer in het sociale harnas van hun gender te laten opsluiten. Niet meer geremd door de burgerlijke omgangsvormen gaan ze flink tegen elkaar en tegen de voorbijtrekkende mannen tekeer; met een vriendschapspiramide – met helemaal onderaan Sibylle – demonstreren ze hun nieuwe machismo. Maar tegelijk nemen ze plaats in de hiërarchie en de geweldeconomie van het traditionele gezin: 'vader' Fränki slaat zijn 'zoon' Mäxchen, die de snikkende "Tränentrine" Billy in het gezicht spuwt. Een dieptepunt bereikt de geweldsuitspatting wanneer de drie 'hengsten' Billy tijdens haar slaap overmeesteren en haar met behulp van een plastuit verkrachten, omdat ze "een zoon willen verwekken" die 'Emanuel' (*God met ons*) moet heten. Het slachtoffer, aan beide armen vastgehouden, verschijnt hier als een tragische karikatuur van de gekruisigde Christus en zijn argeloos bevruchte moeder. Hiermee is de 'vaderdag'-parodie ogenschijnlijk rond. Wanneer haar als troost en vergoeding een nieuwe afwasmachine beloofd wordt, is voor Sibylle de maat vol: ze wil een nieuw leven beginnen, 'als vrouw', en verlaat woedend het gezelschap. Maar haar nieuwe levensweg eindigt al snel: alleen in het bos wordt ze door een bende motoren en kraaien overvallen, serieel aangerand en tot pulp overreden – het einde meteen van haar "schöne Vatertagserkenntnis". Het schokkende tafereel lijkt een definitieve afrekening met het 'gelijkheidsfeminisme' te zijn, dat vrouwen ertoe oproept de traditionele positie van mannen in de sociale hegemonie te bezetten. De ideologie van dit soort feminisme volgt, zo suggereert het boek, dezelfde patronen als die van het aloude dominante mannelijke discours: het metonymische verband tussen de 'kruisiging' van Sibylle door haar drie gezellen en de als communie gesacraliseerde groepsverkrachting door de motorbende is in dit opzicht treffend.

Poëtologie van de uitvlucht

De dialectiek tussen de officiële en de fictieve geschiedenis, tussen de bekende en de verdwenen versie van het sprookje is een duidelijke aanwijzing dat Grass ook in *Der Butt* het literaire potentieel van de onvertelde vertelling aan het werk zet. Belangrijk hierbij is dat hij hiervoor niet teruggrijpt op een unieke, identificeerbare verteller, die zijn eigen verhaal doet. Integendeel: bij elke kokkin en vaak onaangekondigd tussen de andere verhalen door komt een andere verteller aan het woord die zich meestal in het middelpunt van het gebeuren, maar in de periferie van de vertelling bevindt – in tegenstelling tot de geschiedenis gaat het verhaal *niet* over hen. Al deze vertellers rapporteren vanuit een relatief neutraal narratief standpunt, weinig bewogen door de voorvallen die ze beschrijven. Vaak, maar zonder duidelijke regelmaat, vallen de vertellers uit hun onbewogen pose en neemt een lyrisch ik het woord. De poëtische intermezzi, die vooral stemmingen en motivaties tot uitdrukking brengen en in 1983 onder de titel *Ach Butt, dein Märchen geht böse aus* in een aparte en met etsen voorziene editie verschenen, signaleren de persoonlijke, emotionele betrokkenheid en verzuchtingen van de vertellende personages rechtstreeks, niet bemiddeld door het verhalend betoog. Hoewel de identiteit van de vertellers wel wordt meegedeeld, komen we over henzelf eigenlijk maar weinig te weten. Het bizarre hierbij is dat alle vertellers over de grenzen van de tijd heen te herleiden zijn tot een in de vertelactualiteit gesitueerde ik-positie. De neolithische visser Edek, de middeleeuwse bisschop, de keukenjongen van dikke Gret, de jakobijnse Fritz, de suïcidale Otto Stubbe, ...: allen zijn ze identiek aan het hedendaagse ik, de schrijver en filmmaker, die "inwendig reich an Figuren" heet te zijn. Hier verschijnt de derde dimensie in de gelaagdheid van *Der Butt:* ze is integraal in de actualiteit van het vertellen gesitueerd en schetst de bevindingen van de aanstaande vader, die zich door de zwangerschap van zijn vrouw Ilsebill gedwongen ziet de hele infrastructuur van hun relatie, van zijn leven te herijken. Ilsebill, een moderne vrouw, wil na de geboorte niet opgesloten zitten in haar moederrol, ze wil reizen, zichzelf ontplooien, een afwasmachine, een bouwspaarplan – en dwingt de ik-verteller zijn persoonlijke vrijheden te herzien. Alsof het om een kinderspel gaat, deelt hij zichzelf en de mensen uit zijn omgeving steeds wisselende identificatierollen toe: die ben ik en die ben jij – de naar de rand verdrukte man, de in het centrum opererende vrouw, de trouwe bondgenoot en vriend (Lud): de vertrouwde actanten in het sociale relatiesjabloon van de structuralistische antropologie. Ook het paradigma van de film speelt hier duidelijk mee – niet alleen maakt de ik-verteller van de meest recente vertellijn een film over de werfstaking in Danzig, ook heeft het hele proces van de bot plaats in een bioscoopzaal en wordt het leven van Sibylle een film genoemd.

Het is niet zo dat de lezer dit meergangendiner met duidelijke richtlijnen voorgeschoteld krijgt. Integendeel: terloopse bemerkingen suggereren dat de antropologische uitweidingen in het boek een droom zijn, of gewoonweg verzonnen. Het lijkt er dan ook zeer sterk op dat de lange en rijk geïllustreerde historische uithalen van de verteller – analoog met het slotpleidooi van de bot op het proces – niets meer zijn (maar ook niets minder) dan het verhaal van een authentieke, maar finaal ook wat banale ruzie tussen twee aanstaande ouders, maar dan wel weergegeven in de verbloemde of gesublimeerde vorm van een caleidoscopische transpositie. Hiermee draait Grass de typische allegorische oriëntatie die veel literaire werken kenmerkt op ingenieuze wijze om: het gewone leven is nu niet meer de microstructuur waarop de aandachtige lezer de macrostructuur van de collectieve geschiedenis kan aflezen, maar omgekeerd – de hele geschiedenis wordt geïnstrumentaliseerd ten dienste van de herinrichting van de alledaagse, individuele existentie. Dat is de kern van de boodschap die we van de onder vele lagen bedolven Ilsebill kunnen horen: de breed uitgesponnen verhalen verraden een poëtologie van de uitvlucht en de zelfrechtvaardiging: "'Du mit deinen historischen Ausflüchten und Lügengeschichten!' schimpft sie täglich. (Ilsebill glaubt nur, was in der Zeitung steht.)". Literatuur is hier het middel van een (onzekere) man die niet in het reine geraakt met zijn nieuwe opgave als vader. Schrijven over het verleden is dus niet, zoals sommige critici beweren, louter "gegenwartfeindliches Fluchtverhalten"; het is intrinsiek vervlochten in de psychologische en sociale dialectiek van het heden. Dit betekent niet dat de verteller zijn aanzet om een onvolledig weergegeven geschiedenis te corrigeren, opgeeft. Maar hij realiseert zich dat dit enkel kan door middel van een in de actualiteit verwortelde fictie, die zich over een onvertelde vertelling heenstulpt – een "Sudelbuch" of kladboek, zoals het in de tekst heet. We beschikken immers niet over middelen die de geschiedenis adequater kunnen weergeven: zelfs statistieken, zo beklemtoont de verteller, moeten we lezen. Twee voorbeelden tonen aan dat Grass deze basisintuïtie evenwel niet zonder hoop tekent. Hoewel het belang van haar proletarische kookboek niet door de sociaal-democratische voorman August Bebel wordt begrepen, slaagt Lena Stubbe er wel degelijk in de mensen die haar om hulp vragen te louteren: de 'psychoanalytische' soep die ze hiertoe bereidt, trekt 'bouillon' uit de nagel waaraan haar man zich wilde ophangen. En op het eind volgt de ik-verteller Maria, wiens man Jan bij de staking door de ordetroepen is doodgeschoten, naar het strand, waar ze zich ogenschijnlijk gevoelloos door hem laat bevruchten. Dan ziet hij hoe ze, in zee, met een driemaal herhaald Kasjoebisch woord de bot bij zich roept: "haar bot", zo weet hij, want op het eind van het boek is hij helemaal "aus der Geschichte gefallen". Als ze na haar gesprek met de vis uit zee terugkeert, ziet hij (die het telkens over de vrouwen in hem had) hoe zij de andere kokkinnen belichaamt, maar uiteindelijk Ilsebill blijkt te zijn geworden en ze gaat– zonder hem ook maar aan te kijken – aan hem voorbij. Op dit aangrijpende moment, dat symbolisch met de voltooiing van de zwangerschap in de geboorte van de dochter correspondeert, aanvaardt de ik-verteller naar het voorbeeld van de bot dat het tijd is voor een nieuw tijdperk: dat van de moeders en de dochters. Zonder het te weten heeft hij het heft al uit handen gegeven en legt nu zichzelf het zwijgen op.

Grass heeft deze merkwaardige roman tegelijk aan zijn moeder en zijn dochter opgedragen, die met hun naam, "Helene" biografisch expressie geven aan de transgenerationele verbondenheid die ook in de tekst een belangrijke rol speelt. Zijn moeder typeert de sterke vrouw aan wie hij alles te danken heeft, zijn dochter de nieuwe vrouw die zijn verhaal moet verder vertellen. Want, zoals Grass aan zijn feministische critici repliceerde, *Der Butt* heeft een vervolg nodig, maar dat moet door een vrouw worden verteld. De onvertelde vertelling weerspiegelt dus niet alleen de gruwelen van het verleden, het mobiliseert ook de mogelijkheden van de toekomst. Hierin heeft literatuur een cruciale verantwoordelijkheid: ze is niet alleen (uit)vlucht, maar ook de motor bij uitstek van de dynamiek tussen zelfvervreemding en toe-eigening die aan empathie een maatschappelijke waarde geeft. *Der Butt* wordt een ongemeen groot commercieel succes; met de opbrengst sticht Grass de "Alfred Döblin"-prijs – genoemd naar de door hem diep vereerde modernist –, waarmee hij ongepubliceerde manuscripten wil laten bekronen en zo een aanmoediging wil voorzien voor de eigentijdse literatuur.

"Warum erst jetzt?"

Ondergang, allegorie en apocalyps blijven ook in de werken na *Der Butt* centrale thema's. In *Das Treffen in Telgte* (1979) blikt hij tegen de achtergrond van de Dertigjarige Oorlog en in de sfeer van de barok terug op de bijeenkomsten van de Gruppe 47. *Die Rättin* (1986), met zijn twaalf hoofdstukken en zijn barok-woekerende titels, speculeert in absurd-groteske *science fiction*-stijl over schrikbeelden en genetische mutaties ten gevolge van een nucleair conflict. Maar de val van de Muur en de politieke omwentelingen in Centraal- en Oost-Europa veranderen andermaal de richting van Grass' verbeelding. De teksten krijgen (weer) een sterker historische ondertoon. *Unkenrufe* (1992) is een bespiegeling over kolonisatie en culturele hybriditeit in het licht van de door Grass zo verfoeide snelle hereniging van de twee Duitslanden. *Ein weites Feld* (1995) confronteert deze hereniging met andere sleutelmomenten in de Duitse geschiedenis, vooral met de oprichting van het Duitse Rijk in 1871. *Mein Jahrhundert* (1999) biedt aan de vooravond van een nieuw millennium – het moment waarop hij de lang voorspelde Nobelprijs in ontvangst mag nemen – een anekdotische reflectie bij ieder jaar van de voorbije eeuw. Met de novelle *Im Krebsgang* (2002), het laatste deel van wat inmiddels het "Danzig-Sextet" heet, komt er een voorlopig einde aan Grass' prozawerk. De auteur portretteert zichzelf hier in een verdubbelde periferie – twee concentrische cirkels weg van de eigenlijke handeling: een oude man die een journalist de opdracht geeft om het einde te reconstrueren van het in 1945 door een Russische onderzeeër getorpedeerde schipWilhelm Gustloff, waarbij duizenden vluchtende burgers om het leven kwamen. Verteltechnisch is de door een metonymische sequentie van naamsoverdrachten gestructureerde novelle veel conventioneler dan het werk dat we hierboven besproken hebben: de klemtoon ligt voornamelijk op de verwerking van een stuk onverwerkt verleden, waaruit moet blijken dat de Duitsers tijdens de Tweede Wereldoorlog niet enkel daders waren, maar soms ook weerloze, lijdende slachtoffers. Grass wist er zelf alles van; niet alleen waren er de deportaties van de Duitstalige gemeenschappen uit het Oosten, zijn moeder, die tijdens de Eerste Wereldoorlog haar drie broers en ouders had verloren, werd één van de vele slachtoffers van de militaire politiek van de massaverkrachtingen door het Sovjetleger. De tragische ironie van *Im Krebsgang* is dat de zoon van de journalist zelf een antisemitisch geïnspireerde moord begaat in het kader van een via het internet geïnitieerde confrontatie, waarbij deze de (vermoorde) Nazipropagandist Wilhelm Gustloff speelt en zijn opponent de rol van diens joodse moordenaar David Frankfurter. Hij motiveert zijn daad door te verwijzen naar het onschuldige lijden van Tulla, zijn grootmoeder, die de scheepsramp van 30 januari 1945 had overleefd. Op die manier worden wederom verschillende geschiedenissen over elkaar heen gelegd: de ene staat model voor de andere, maar is er tevens de omkering van, en geen van beide kan enige aanspraak maken op absolute historische waarheid. Dat die bestaat, staat nergens in Grass' oeuvre ter discussie; maar waar het hem finaal om gaat, is dat de vertelling altijd moet worden begrepen in het licht van de machtsverhoudingen waarbinnen ze wordt verteld. Onweerlegbaar is ze getuige van de macht; haar 'waarheid' bestaat er niettemin in dat ze door middel van het onvertelde de lezers die macht en de deficiënties ervan kan souffleren.

"Nie hört das auf"

De voorbije halve eeuw heeft Günter Grass gebruikt om zich te profileren als een uiterst kritisch waarnemer van de Duitse politieke scène en als een uitgesproken publieke figuur. Uit het voorafgaande mogen we concluderen dat hij – naar de interioriteit van de vertelling gericht – evenzeer een virtuoos van de verbeelding is. Opvallend en paradoxaal zijn twee ononderbroken inspanningen. De ene brengt hem ertoe om altijd de diversiteit, de pluraliteit van de geschiedenis bloot te leggen; de andere zet hem ertoe aan om met iedere roman verder te bouwen aan dat unieke narratieve universum van hem, waarin een bonte groep van personages, een gevarieerd arsenaal van symbolen en leidmotieven, en een rijke, vaak carnavaleske sequentie van intriges telkens verder worden uitgebouwd. Beide inspanningen komen samen in de ambitie om het onvertelde – onverteld – te laten opduiken: hoe fijnmaziger de details van de vertelling, des te preciezer verschijnen de contouren van datgene wat hoe dan ook niet kan worden uitgesproken.

Beknopte bibliografie

Primaire literatuur

GRASS, Günter. *Werkausgabe in sechzehn Bänden,* NEUHAUS, Volker. & HERMES, D. (red.), Göttingen: Steidl, 1997.

Deel II: *Theaterspiele.* STOLZ, Dieter. (red.)

Deel III: *Die Blechtrommel.* NEUHAUS, Volker (red.) (*De blikken trommel,* vert. Koos Schuur, Amsterdam: Meulenhoff, 2004).

Deel IV: *Katz und Maus.* NEUHAUS, Volker (red.) (*Kat en muis,* vert. Jan Gielkens, Amsterdam: Meulenhoff, 1963)

Deel V: *Hundejahre.* NEUHAUS, Volker (red.) (*Hondenjaren,* vert. Koos Schuur, Amsterdam: Meulenhoff, 1999)

Deel VII: *Aus dem Tagebuch einer Schnecke.* NEUHAUS, Volker (red.)

Deel VIII: *Der Butt.* MAYER-ISWANDY, claudia (red.) (*De bot,* vert. Amsterdam: Meulenhoff, 2002)

Deel IX: *Das Treffen in Telgte.* MAYER-ISWANDY, Claudia (red.)

Deel XI: *Die Rättin.* NEUHAUS, Volker. (red) (*De rattin,* vert. Peter Kaaij, Amsterdam: Meulenhoff

Deel XII: *Unkenrufe.* HERMES, Dieter (red.) (*Onheilspad: een roman,* vert. Jan Gielkens, Amsterdam: Meulenhoff, 1992)

Deel XIII: *Ein weites Feld.* HERMES, Dieter (red.) (*Een gebied zonder eind,* vert. Jan Gielkens, Amsterdam: Meulenhoff, 1992)

Deel XVI: *Essays und Reden III. 1980-1997.* HERMES, Dieter (red.)

Mein Jahrhundert. Göttingen: Seidl, 1999 (*Mijn eeuw,* vert. Jan Gielkens, Amsterdam: Meulenhoff, 2003)

Im Krebsgang. Eine Novelle, Göttingen: Steidl, 2002 (*In krabbengang,* vert. Jan Gielkens, Amsterdam: Meulenhoff, 2002)

Secundaire bibliografie

ARNOLD, Heinz Ludwig (red.). *Blech getrommelt. Günter Grass in der Kritik,* Göttingen: Steidl 1997

JURGENSEN, Manfred. *Über Günter Grass. Untersuchungen zur sprachbildlichen Rollenfunktion,* Bern: Francke, 1974.

JUST, Georg. *Darstellung und Appell in der 'Blechtrommel' von Günter Grass.* Frankfurt am Main: Athenäum, 1972.

LOSCHÜTZ, G. (red.) *Von Buch zu Buch – Günter Grass in der Kritik,* Neuwied: Luchterhand, 1968.

MAYER-ISWANDY, Claudia. *'Vom Glück der Zwitter': Geschlechterrolle und Geschlechterverhältnis bei Günter Grass,* Frankfurt am Main: Peter Lang, 1991.

MOSER, Sabine. *Günter Grass: Romane und Erzählungen,* Berlin: Schmidt, 2000.

NEUHAUS, Volker. *Günter Grass,* Stuttgart: Metzler, 1979.
PREECE, Julian. *The Life and Works of Günter Grass. Literature, History, Politics,* Basingstoke: Palgrave Macmillan, 2004.
STOLZ, Dieter. *Günter Grass zur Einführung,* Hamburg: Junius, 1999
STOLZ, Dieter. *Vom privaten Motivkomplex zum poetischen Weltentwurf. Konstanten und Entwicklungen im literarischen Werk von Günter Grass,* Würzburg: Königshausen & Neumann, 1994.

OVER DE AUTEURS

Benjamin BIEBUYCK doceert Duitse letterkunde aan de Universiteit Gent. Hij studeerde aan de universiteiten van Gent en Basel, was aspirant bij het Fonds voor Wetenschappelijk Onderzoek en promoveerde in 1996 met een studie over literaire figuurlijkheid. Zwaartepunten in zijn onderzoek zijn literatuur- en figuurlijkheidstheorie, literatuur uit de 19e en 20e eeuw en het samenspel tussen literatuur, ethiek en recht. Op dit moment bereidt hij een monografie voor over narrativiteit en figurativiteit in Nietzsches werk.

Henri BLOEMEN is hoofddocent vertaling en vertaalwetenschap aan de Lessius Hogeschool te Antwerpen bij het departement Vertaler-Tolk. Hij promoveerde in 1990 met een proefschrift over Robert Walser. Hij is tevens co-directeur voor Vlaanderen van het Steunpunt Literair vertalen en publiceert vooral op het gebied van de vertaaltheorie, de vertaalreflectie en de moderne Duitse literatuur. Meest recente publicaties zijn *Denken over vertalen* (Nijmegen, 2004) en *Vertaal! Over de didactiek van het literair vertalen* (Leuven, 2004). Op het gebied van de Duitse literatuur publiceerde hij over Robert Walser, Peter Handke, Walter Benjamin, Brigitte Kronauer, Eduard Mörike en Friedrich Schlegel.

Leopold DECLOEDT is docent Duitse literatuur aan het Instituut voor Germanistiek aan de Universiteit Wenen. Hij studeerde Duits en Nederlands aan de Universiteit Gent, waar hij in 1992 promoveerde met een proefschrift over het beeld van keizer Frans-Josef I in de Oostenrijkse literatuur van het interbellum. Van 1994 tot 1999 was hij hoofd van de afdeling Nederlands aan de Masaryk Universiteit in Brno (Tsjechië). Hij is lid van de redactie van *duitse kroniek*, redacteur van de reeks *Wechselwirkungen. Österreichische Literatur im internationalen Kontext* (Peter Lang Bern). Zijn onderzoekszwaartepunten zijn Oostenrijkse literatuur van de twintigste eeuw, de literaire relaties tussen het Nederlandse en Duitse taalgebied en receptie-onderzoek. Een van zijn recente publicaties is: *Der oft steinige Weg zum Erfolg. Literatur aus Deutschland im niederländischen Sprachraum 1900-2000* (Amsterdam/New York: Rodopi 2004).

Erik **DERYCKE** is journalist. Hij studeerde Germaanse Filologie en Kunst- en Cultuurbeleid aan de K.U.leuven, waar hij ook als aspirant van het N.F.W.O. verbonden was aan de afdeling Duitse Literatuur met een onderzoeksproject over Franz Grillparzer. Hij vertaalde kortverhalen en poëzie voor diverse literaire tijdschriften en bloemlezingen. In 2004 verscheen *De mooiste van Quasimodo* (vertaling en redactie met Bart Van den Bossche).

Jaak **DE VOS** is gewoon hoogleraar voor Duitse Literatuur aan de Universiteit Gent. Hij promoveerde er in 1981 met een proefschrift over het theaterwerk van de Oostenrijker Hans Kaltneker binnen de context van het expressionistisch drama. Zwaartepunten binnen zijn onderzoek liggen op het vlak van "Moderne" en "Postmoderne". Hij publiceerde over Georg Trakl, Franz Kafka, Gottfried Benn, Paul Celan, Volker Braun, Botho Strauß en Christoph Ransmayr. Publicaties zijn onder andere "Die letzten Tage der Menschheit." Georg Trakls Endzeit-Denken (Hans Weichselbaum & Walter Methlagl (red.) *Deutungsmuster*. Trakl-Studien XIX, Salzburg: Otto Müller Verlag 1996, p. 103-134); "Die Wirklichkeit durchstoßen. Elemente des Phantastischen in Georg Trakls Lyrik" (Winfried Freund, Johann Lachinger & Clemens Ruthner (red.) *Der Demiurg ist ein Zwitter. Alfred Kubin und die deutschprachige Phantastik,* München: Wilhelm Fink Verlag 1999, p. 139-163).

Anke **GILLEIR** is als postdoctoraal onderzoeker van het Fonds voor Wetenschappelijk Onderzoek Vlaanderen verbonden aan het departement literatuurwetenschap van de K.U.Leuven en tevens deeltijds docent Duitse literatuur aan de K.U.Leuven. Ze studeerde Germaanse filologie in Leuven en Dublin, promoveerde in 1998 met het proefschrift *Johanna Schopenhauer und die Weimarer Klassik*. Onderzoekszwaartepunten en publicaties over onder andere de Goetheperiode (Duitse romantiek en classicisme), reisliteratuur, literatuur van vrouwelijke Duitstalige auteurs uit de achttiende en negentiende eeuw, gender studies en Duitstalige minderhedenliteratuur.

Elke **GILSON** is als postdoctoraal onderzoeker van het Fonds voor Wetenschappelijk Onderzoek Vlaanderen verbonden aan de Vakgroep Duits van de Universiteit Gent. Zij studeerde Germaanse Taal- en

Letterkunde in Gent en Berlijn en promoveerde in 2004 op een proefschrift over strategieën van werkelijkheidsconstructie en intertekstuele patronen in het werk van Monika Maron. Ze publiceerde artikels over voormalige DDR-auteurs als Monika Maron, Uwe Johnson en Barbara Honigmann en werkt momenteel aan een studie over waarneming als simulatie, herinnering en ontmoeting in hedendaagse Duitstalige stadsromans (I. Parei, S. Lewitscharoff, P. Schneider, K. Schlesinger, J. Hermann).

Erwin JANS studeerde Germaanse filologie en theaterwetenschap aan de Katholieke Universiteit Leuven. Van 1993 tot 1998 was hij dramaturg bij de Koninklijke Vlaamse Schouwburg te Brussel onder leiding van Franz Marijnen, van 1998 tot 2005 werkte hij als dramaturg bij het ro theater in Rotterdam onder leiding van Guy Cassiers. Op dit ogenblik werkt hij als dramaturg bij het Toneelhuis in Antwerpen. Hij doceert over theater en drama aan de afdeling Culturele Studies van de K.U.Leuven en aan het Herman Teirlinck Instituut te Antwerpen. Hij publiceert uitgebreid over theater, literatuur en cultuur en is redacteur van het culturele tijdschrift 'freespace Nieuw Zuid'.

Patricia LINDEN geeft Duits in de Faculteit Toegepaste Economische Wetenschappen van de Universiteit Antwerpen. Ze is doctor in de wijsbegeerte en letteren (Germaanse talen). Haar onderzoeksgebieden zijn psychoanalytische taal- en literatuurstudie, cultuurwetenschappen en taalfilosofie, didactiek Duits als vreemde taal, ontwikkeling van interactief lesmateriaal zakelijk Duits.

Ton NAAIJKENS is hoogleraar Duitse letterkunde en Vertaalwetenschap in Utrecht. Hij studeerde Duitse taal- en letterkunde aan het Instituut Frantzen van de Rijksuniversiteit Utrecht. Hij schrijft vooral over de vele aspecten van het vertalen. Zijn onderwijs en onderzoek richten zich op vertaling en vertaalgeschiedenis, in algemenere zin op de culturele transfer tussen de Nederlandstalige en de Duitstalige gebieden wanneer interculturele uitwisseling uitdraait op vertaling. Hij is coördinator van de opleiding Duitse taal & cultuur en van het masterprogramma Vertalen en tevens directeur van het in Utrecht gevestigde Steunpunt Literair Vertalen.

Bart PHILIPSEN is hoofddocent Duitse literatuur en theater & cultuur aan de K.U. Leuven en lid van de onderzoekseenheid Literatuurwetenschap: tekst & interpretatie. Zijn onderzoekszwaartepunten zijn: Duitstalige literatuur rond 1800 (met name het werk van Friedrich Hölderlin) en hedendaagse literatuur; dwarsverbanden tussen literatuur, filosofie en theologie; hermeneutiek en posthermeneutiek; schrijven over/na Auschwitz; de thematiek van het tragische (tragedie, moderniteit en het politieke). Recente publicaties: "Worinn Inneres bestehet: Landschaft in den spätesten Gedichten" (Hölderlin-Jahrbuch 33, 2004, 183-189); (met Jan Ceuppens) "Kaddisj voor een literair archeoloog. Over W.G. Sebald (1944-2001)" (Themanummer *DWB*, 2005/1, p. 15-89); "Prosopopöie und Atropos: Blicke zwischen Text und Leser" (Eva Horn, Bettine Menke & Christoph Menke (red.), *Literatur als Philosophie. Philosophie als Literatur*. München: Wilhelm Fink Verlag 2005).

Ludo VERBEECK is emeritus gewoon hoogleraar aan de K.U. Leuven, waar hij van 1962 tot 1990 moderne Duitse literatuur doceerde. Hij schreef essays onder andere over Franz Kafka en Friedrich Hölderlin, van wie hij ook werk vertaalde.

Marianne VOGEL is coördinator en studieadviseur voor Duitslandstudies en docent Duitslandstudies en Duitse taal en cultuur aan de Rijksuniversiteit Groningen. Zij studeerde Duitse taal- en letterkunde en filosofie aan de Rijksuniversiteit Leiden, promoveerde in 1992 tot doctor in de letteren in Leiden en in 2001 tot doctor in de cultuurwetenschappen in Maastricht. Zij doceerde Nederlandse taal en cultuur aan de universiteiten van Leipzig en Frankfurt en had van 1994 tot 2001 de leiding van het lectoraat Nederlands aan het Institut für Vergleichende Germanische Philologie und Skandinavistik van de Universiteit Freiburg, waar ze tevens docent Nederlandse literatuur, cultuur en taal was. Tot haar recente publicaties horen: (red. met Frits Boterman): *Nederland en Duitsland in het interbellum. Wisselwerkingen en contacten: van politiek tot literatuur*. Bundel van het gelijknamige symposium, georganiseerd door Duitslandstudies Groningen, 17-18 januari 2002. Hilversum: Verloren; *'Baard boven baard'. Over het Nederlandse literaire en maatschappelijke leven 1945-1960*. Amsterdam: Van Gennep, 2001.